高校图书馆管理理论与
实践创新研究

杨 俐 汪丽萍◎著

中国纺织出版社有限公司

内 容 提 要

本书由高校图书馆的发展演变、高校图书馆管理创新概述、高校图书馆传统业务方面的创新、高校图书馆人力资源管理的创新、高校图书馆服务管理创新、高校图书馆数字资源建设与整合、信息技术在高校图书馆管理中的创新应用组成。全书主要研究高校图书馆管理的创新策略，旨在提升图书馆服务质量，满足高校师生的学术需求。本书对从事高校图书馆管理研究的学者、图书馆工作人员具有学习和参考价值。

图书在版编目（CIP）数据

高校图书馆管理理论与实践创新研究 / 杨俐，汪丽萍著. -- 北京：中国纺织出版社有限公司，2023.9
ISBN 978-7-5229-1070-3

Ⅰ.①高… Ⅱ.①杨… ②汪… Ⅲ.①院校图书馆-图书馆管理-研究 Ⅳ.① G258.6

中国国家版本馆 CIP 数据核字（2023）第 183710 号

责任编辑：赵晓红　　责任校对：江思飞　　责任印制：储志伟

中国纺织出版社有限公司出版发行
地址：北京市朝阳区百子湾东里 A407 号楼　邮政编码：100124
销售电话：010—67004422　传真：010—87155801
http://www.c-textilep.com
中国纺织出版社天猫旗舰店
官方微博 http://weibo.com/2119887771
天津千鹤文化传播有限公司印刷　各地新华书店经销
2023 年 9 月第 1 版第 1 次印刷
开本：710×1000　1/16　印张：16.5
字数：220 千字　定价：99.90 元

凡购本书，如有缺页、倒页、脱页，由本社图书营销中心调换

前　言

作为一种特殊的社会机构，图书馆是社会文化和知识信息的重要载体，特别是在高校环境中，它不仅是知识的殿堂，也是科研和教学的重要基地。然而，随着信息科技的飞速发展和普及，图书馆的角色和功能正经历着深刻的变化，它已不再仅是传统意义上的书籍储存场所，而是正在转变为一个现代化、智能化的信息服务中心。在这个转变过程中，图书馆管理也面临着诸多的挑战和机遇。身处一个信息爆炸的时代。每天不断地产生和传播大量新知识、新信息，给人们的生活和学习带来了极大的便利，同时也带来了巨大的挑战。特别是对于图书馆来说，如何有效地收集、管理、利用这些信息资源，满足用户的各种需求，是一个严峻的问题。而解决这个问题的关键，就是要不断更新图书馆管理的理念和方法，以适应新的技术环境和用户需求。同时，图书馆的角色也在发生着变化。在传统的观念中，图书馆是一个静态的、被动的知识储存中心，用户需要自己去图书馆查找和获取信息。但是，在信息技术的推动下，图书馆的角色正在向一个动态的、主动的信息服务中心转变。图书馆不再仅是提供信息的场所，而是成为用户学习、研究、交流的平台。图书馆的服务不再仅是出借图书，而是提供多元化、个性化的信息服务，满足用户的各种需求。因此，对于高校图书馆管理创新的研究具有重要的现实意义和理论价值。我们需要理解和把握信息技术对图书馆的影响，探索和实践新的管理理念和方法，以适应新的环境和需求。需要在理论和实践中寻找答案，以推动图书馆的发展和创新。

全书共分七章，第一章详细介绍了高校图书馆的发展历程、变革与创新以及未来的发展趋势，为读者揭示了图书馆从传统的书籍储存中心到现代的信息服务中心的演变过程。第二章深入探讨了高校图书馆管理创新的必要性、性质及意义、特征和主要措施，以帮助读者理解和把握图书馆管理创新的核心问题。第三章、第四章、第五章分别从传统业务、人力资源管理和服务管理三个方面，论述了高校图书馆管理的创新实践。第六章重点介绍了高校图书馆数字资源建设与整合的策略和方法，以及如何提升数字资源的利用率。第七章则关注了信息技术在高校图书馆管理中的创新应用，阐述了信息技术如何促进图书馆管理的现代化和智能化。

本书集系统性、科学性、新颖性于一体，能够为高校图书馆管理理论与实践创新提供合理建议和科学指导。本书在撰写过程中参考了一些专家、学者的研究成果和著作，在此表示衷心的感谢。由于时间仓促，笔者水平有限，难免存在不足之处和缺陷，恳切希望广大读者、专家批评指正。

杨　俐　汪丽萍

2023 年 6 月

目　录

第一章　高校图书馆的发展演变 / 001

　　第一节　高校图书馆的发展历程 / 001

　　第二节　高校图书馆的变革与创新 / 005

　　第三节　高校图书馆的未来发展趋势 / 013

第二章　高校图书馆管理创新概述 / 023

　　第一节　高校图书馆管理创新的必要性 / 023

　　第二节　高校图书馆管理创新的性质及意义 / 030

　　第三节　高校图书馆管理创新的基本特征 / 035

　　第四节　高校图书馆管理创新的主要措施 / 042

第三章　高校图书馆传统业务方面的创新 / 053

　　第一节　高校图书馆文献资源建设创新 / 053

　　第二节　高校图书馆分类编目创新 / 063

　　第三节　高校图书馆信息咨询工作创新 / 072

第四章　高校图书馆人力资源管理的创新 / 087

　　第一节　高校图书馆人力资源管理简述 / 087

　　第二节　高校图书馆人力资源管理创新的必要性 / 096

　　第三节　高校图书馆馆员职业素养的培育 / 103

第四节 高校图书馆人力资源管理创新的具体途径 / 116

第五章 高校图书馆服务管理创新 / 125

第一节 高校图书馆服务类型及特点 / 125

第二节 高校图书馆知识服务与人本服务 / 134

第三节 高校图书馆信息服务与绩效评价 / 143

第四节 高校图书馆信息服务创新的具体策略 / 151

第六章 高校图书馆数字资源建设与整合 / 163

第一节 高校图书馆数字资源建设策略的创新 / 163

第二节 高校图书馆数字资源采集与整合方法创新 / 178

第三节 高校图书馆数字资源的维护 / 192

第四节 高校图书馆数字资源利用率提升的途径 / 208

第七章 信息技术在高校图书馆管理中的创新应用 / 223

第一节 信息技术对高校图书馆的影响 / 223

第二节 信息技术与高校图书馆管理的创新融合 / 230

第三节 信息技术在高校图书馆管理中的具体应用 / 245

参考文献 / 251

第一章　高校图书馆的发展演变

第一节　高校图书馆的发展历程

高校图书馆的发展历程包括早期的高校图书馆及功能、高校图书馆的现代化进程以及信息技术对高校图书馆发展的影响三个发展的关键阶段，通过对这三个发展关键阶段的阐释能够理解高校图书馆如何从简单的书籍收藏部门发展到现在的学术信息中心。

一、早期的高校图书馆及功能

图书馆作为一种信息中心和学术资源库，在大学的研究和教学活动中扮演着不可或缺的角色。然而回溯历史，可以发现高校图书馆在起初并非如今的模样。它们的起源、形态和功能，都经历了很大的变化，这些变化受到许多因素的影响，包括但不限于社会环境、科技进步、学术需求等。本节将详细阐述早期高校图书馆的形态和功能。

早期的高校图书馆最初形态通常只是一个由学校设立的简单的收藏

点，有时甚至只是一个小房间，或者是一些架子和柜子。这个小小的空间，承载了学校内部学术研究和教学的重要资源——书籍。在没有电子设备、网络资料、现代检索系统的年代，书籍是人们获取知识的主要途径。因此，这些图书馆虽然规模小，但其价值和重要性不可忽视。为学生和教师提供书籍借阅服务，就成为这些早期图书馆的主要功能。此时的图书馆藏书量通常较少，特别是在早期的大学中，可能只有几百本或几千本书。这些书籍的内容和种类也较为有限，主要是一些教科书、参考书和学术著作。在那个时代，书籍制作的成本较高，尤其是手工抄写的书籍，每一本都是珍贵的。因此，图书馆的藏书并不多，但每一本都是精选的，能够满足教学和研究的基本需求。

　　管理这些藏书的通常是一位或几位图书馆馆员。在那个时候，图书馆馆员的工作并不像现在那样需要专业的图书馆学知识和技能。他们的主要工作是维护书籍的完整性、管理借阅记录、购置新书等。这些工作虽然看起来很简单，但对于保证学校的教学和研究活动至关重要。图书馆馆员需要确保每一本书都得到妥善的保管，不会丢失或被破坏。他们需要记录谁借阅了哪些书，何时归还，以保证所有的书籍都能够被有序地使用。购置新书也是一项重要任务，图书馆馆员需要了解学校的教学和研究需要，及时为图书馆添加新的书籍。

　　从世界范围来说，高校图书馆的产生可以追溯到12世纪末期，它是伴随大学的产生而产生的。当时，西欧的一些主要国家建立起了现代意义上的大学。但是在大学产生之初，并不具备建立图书馆的主观和客观条件。随着大学教育的不断发展，捐赠图书的出现为高校图书馆的建立积累了一定的原始文献资源，在此基础上高校图书馆逐渐建立起来。世界上最早的高校（大学）图书馆无从考证，不过可以肯定的是，初期出现的高校图书馆很大一部分的文献资源都来自捐赠，如建于1257年的巴黎大学索邦学院图书馆就是在教父索邦捐献自己藏书的基础上建立起来的。牛津大学图书馆早期也是由捐书而建成的。到15世纪末16世纪初，由于大量印刷书籍的出现，促进了高校图书馆的快速发展。到第二次世界大战以后，由于文献复制技术和计算机技术的广泛应用，西方国家产生了许多世界一流的高校图书馆，如美国的哈佛大学、耶鲁大学等高校的图书馆，英国的牛津大学图书馆、剑桥大学图书馆等。

虽然这个时期的高校图书馆相比现代的图书馆显得非常简单，甚至有些粗糙，但它们是现代图书馆的重要基础。在那个时候，它们完成了为学术研究提供必要支持的任务，为现代图书馆的发展奠定了基础。同时，这一时期的图书馆也反映了那个时代的社会环境和学术需求，为理解高校图书馆的发展历程提供了重要的线索。

二、高校图书馆的现代化进程

高校图书馆的现代化进程是一个漫长而复杂的过程，它涉及多个方面的变革和发展。在这个过程中，图书馆不断地改进和创新，以满足日益变化和提高的用户需求，为高校的教学和科研工作提供更优质的服务。下面从技术应用、服务转变、管理变革和理念更新四个方面详细论述。

从技术应用的角度看，信息技术的进步，尤其是计算机技术和网络技术的发展，对高校图书馆的现代化进程产生了深远影响。它使图书馆的资源采集、组织、服务和管理方式发生了翻天覆地的变化。一方面，信息技术的发展让图书馆的文献资源大大超越了传统的纸质书籍和期刊。由于电子书籍、电子期刊、数据库、数字档案、多媒体资料等新型信息资源的加入，图书馆的信息资源种类和数量得到了极大的丰富。这些电子化的资源不受物理空间的限制，存储和传输都极为便利，且有利于快速复制和多点共享。同时，这些新型资源可以通过网络在任何时间、任何地点访问，大大提高了信息的可获取性和使用效率，也更好地满足了现代读者的信息需求。另一方面，信息技术的应用极大地提高了图书馆的服务效率和便利性。例如，图书自动化借还系统使读者可以自主办理借书和还书业务，不仅提高了借还速度，还节省了图书馆馆员的工作量，使他们可以将更多的时间和精力投入到其他服务工作中。网络参考咨询服务让读者在任何地点、任何时间都能获得专业的图书馆服务。电子图书馆藏目录查询系统则通过网络将图书馆的文献资源信息呈现给读者，让他们可以迅速找到所需的信息。这些系统的建立和运行，都极大地提高了图书馆的服务水平和用户满意度。

从服务转变的角度看，现代化的高校图书馆正在从单一的书籍提供者转变为复合型的信息服务提供者。这一转变并非一蹴而就，而是伴随社会变革、科技发展以及用户需求变化的进程逐步实现的。高校图书馆的服务项目发生了显著的变化。传统的图书馆服务主要是提供图书和期刊的借阅服务。然而现代高校图书馆已不再仅满足于提供图书，而是扩大到了各类电子资源、数据库、电子图书、电子期刊等多元化信息资源的提供。同时，图书馆还开展了许多新的服务项目，如提供各种形式的信息检索服务，帮助用户快速精准地找到所需的信息；提供信息素养培训，帮助用户提高检索和使用信息的能力；提供舒适的阅读和研究环境，满足用户的学习和研究需求。高校图书馆的服务方式也发生了很大的变化。传统的图书馆服务方式主要是面对面的服务。而现代的高校图书馆，大量应用了计算机和互联网技术，采用了远程服务、自助服务和在线服务等新的服务方式。这些新的服务方式不仅让用户可以在任何时间、任何地点获取图书馆服务，而且大大提高了服务效率，满足了现代人快节奏生活的需求。高校图书馆也开始关注用户的体验，提供各种形式的文化活动，如学术讲座、读书会、展览等，丰富用户的文化生活，提升用户满意度。这些活动不仅丰富了图书馆的服务内容，也提升了图书馆的社会影响力。

从管理变革的角度看，现代化的高校图书馆在组织结构、人员配置、业务流程、质量控制等方面都进行了科学化的改革。组织结构方面，传统的图书馆组织结构往往较为简单，主要由采编部、流通部、阅览部等几个主要部门组成。而现代化的高校图书馆，为适应信息服务的多样性和专业性，设置了更为专业化的部门和职能，如数字资源部、信息服务部、信息技术部等。这种项目化的工作管理模式使图书馆工作更为细致和专业，提高了工作效率和效果。人员配置方面，传统的图书馆人员主要是图书馆专业的毕业生，而现代化的高校图书馆开始重视多元化的人才队伍建设，除了图书馆专业的毕业生，还招聘了信息科学、计算机科学、管理学等不同专业背景的人才，以适应图书馆业务的多元化和专业化。业务流程方面，图书馆开始采用统计分析、质量管理、绩效评价等科学方法来监控和改进服务质量。通过数据分析，图书馆可以更准确地了解用户需求，更科学地安排资源，更有效地改进服务。

从理念更新的角度看，现代化的高校图书馆以用户为中心，追求提供个性化和高质量的服务，尊重和保护用户的权益，鼓励创新和尝试新的服务模式。这种理念的转变，使图书馆的服务更加贴近用户的需求，更具人性化，也更具吸引力。这种用户导向的服务理念，不仅改善了图书馆的服务质量和用户满意度，也提升了图书馆的社会价值和影响力。

第二节　高校图书馆的变革与创新

近年来，科技进步和社会发展对教育体系提出了新的挑战，高校图书馆也因此面临着转型升级的压力。随着大数据、人工智能等技术的快速发展，高校图书馆已不再仅是存放图书的地方，而是正在成为学生学习和研究的核心支持平台。高校图书馆主要经历了以下方面的变革与创新（图1-1）。

图 1-1 高校图书馆的变革与创新

1 数字化和网络化
2 提供开放获取资源
3 空间改造与多元化服务
4 用户服务的个性化与定制化
5 合作与资源共享

一、数字化和网络化

随着信息技术和互联网的飞速发展，高校图书馆也在持续地进行数字化和网络化的转型，以满足用户的需求和期望，提供更加便捷、高效的服务。这种转型并非一蹴而就，而是一个持续不断的过程，涉及资源的采集、组织、存储、传播等多个环节。

（一）数字化

数字化可以看作信息化的基础和前提，是图书馆从传统模式向现代模式转型的关键步骤。数字化主要包括两个方面：一是数字资源的建设；二是数字技术的应用。

数字资源的建设是数字化过程中的重要环节。传统的图书馆资源主要是纸质的图书和期刊，但随着电子出版物的普及，电子图书、电子期刊、数据库等数字资源日益增多。这些资源不仅可以极大地节省空间，还可以方便地复制、传播、检索。因此，许多高校图书馆都在大力推进数字资源的建设，通过购买、订阅、合作等多种方式获取数字资源，同时也在自行开发数字资源，如扫描纸质图书、录制视频讲座、构建机构知识库等。

数字技术的应用则主要体现在信息服务上。通过智能化的检索系统，用户可以快速、精确地找到所需的信息；通过可视化的用户界面，用户可以直观、便捷地操作和交互；通过数据挖掘和分析，图书馆可以获取用户行为数据，优化服务策略；通过云计算和大数据，图书馆可以提供更高级的服务，如用户画像、个性化推荐等。

（二）网络化

网络化是信息化的重要组成部分，是图书馆服务方式的重大变革。网络化也包括两个方面：一是网络服务的提供；二是网络环境的构建。

网络服务的提供是网络化过程中的核心内容。通过互联网，图书馆可以超越物理空间的限制，扩大服务范围，提高服务效率。例如，通过图书馆的网站和移动应用，用户可以在家里查阅图书馆的资源，借阅电子图书，参加在线课程；通过邮件和在线聊天，用户可以实时获得图书馆的咨询和帮助；通过社交媒体和论坛，用户可以交流阅读体验，分享知识心得。

网络环境的构建则是保证网络服务顺利运行的基础。这包括硬件设施的配置，如服务器、路由器、防火墙等。这包括软件平台的开发，如内容管理系统、检索系统、用户系统等。这包括网络安全的保障，如数据加密、权限管理、安全审计等。

二、提供开放获取资源

在数字时代，开放获取资源已经成为学术界的一种重要趋势。开放获取的理念是使学术研究和教育资源能够自由获取和使用，尤其是那些由公共资金资助产生的资源。这种理念不仅促进了信息的自由流通，还有助于提升研究的效率和影响力，支持教育的公平和质量。

高校图书馆作为学术信息的中心和学习的空间，其使命是服务于教学、研究和学习，推动知识的创新和传播。因此，提供开放获取资源是高校图书馆的一种重要工作和服务，也是其变革和创新的一种重要方式。为实现这一目标，高校图书馆需要处理好以下几个方面的工作：一是开放获取资源的获取与整理。这是提供开放获取资源的基础工作。图书馆需要根据用户需求和学科特点，选择和获取适合的开放获取资源，如开放获取期刊、学术数据库、研究报告、学位论文等；图书馆还需要对这些资源进行整理和管理，如编制元数据、构建索引、更新内容等。二是开放获取资源的服务与推广。这是提供开放获取资源的主要工作。图书馆需要通过各种服务和活动，使用户能够方便、有效地使用开放获取资源，如提供检索服务、咨询服务、培训服务等；图书馆还需要通过各种方式和渠道，推广开放获取资源和理念，如举办讲座、发布新闻、开展合作等。三是开放获取资源的支持与评价。这是提供开放获取资源的保障工作。图书馆需要提供技术和策略支持，如构建和维护开放获取平台、制定和执行开放获取政策等；图书馆还需要进行服务和资源评价，如收集用户反馈、分析使用数据、调整服务策略等。

在这个过程中，高校图书馆需要充分利用其专业能力和资源优势，如信息素养、技术应用、用户服务等；图书馆还需要建立和发展合作关系，如与教师、学生、行业、社区等进行合作，共享资源，共创价值。

三、空间改造与多元化服务

高校图书馆的重要性不再局限于其传统角色，即收集、组织和提供资料的中心。在数字化、网络化和信息化的今天，图书馆的功能已经大大拓展，旨在建设一个更加互动、集成和用户友好的环境。实施空间改造和提供多元化服务，不仅可以提升图书馆的服务水平和用户满意度，还可以推动图书馆的创新发展，提升图书馆的社会价值和影响力。

（一）空间改造

空间改造主要包括物理空间改造和虚拟空间改造两个方面。物理空间的改造是通过对图书馆实体空间的优化和重组来适应新的服务需求。随着学习方式和学习需求的不断变化，单一的阅览区已经无法满足用户的需求。因此，许多图书馆通过改变布局、配置和环境，将传统的阅览区改造为多功能学习区。这些学习区不仅为个人学习提供了空间，还支持小组讨论和在线学习等多种服务。除此之外，一些图书馆还设立了创新空间，以满足用户探索前沿技术的需求。在这些空间中，用户可以体验和学习3D打印、虚拟现实等新兴技术。这些改造不仅优化了图书馆的使用体验，也大幅提升了图书馆的服务功能。

与物理空间的改造相比，虚拟空间的改造更加注重图书馆的网络服务平台的建设和优化。随着互联网技术的发展，图书馆的服务已经不再局限于实体空间。许多图书馆通过建立和优化网络服务平台，提供了远程访问、数字资源、在线咨询等服务。这些服务打破了时间和空间的限制，使用户可以随时随地获取所需信息。例如，一些图书馆通过建立电子图书馆，让用户可以在家中阅读电子书籍，享受到与实体图书馆相同的阅读体验；一些图书馆建立了在线咨询系统，使用户可以远程向图书馆工作人员提问，获取信息检索、资料使用等方面的帮助。

（二）多元化服务

多元化服务是在空间改造的基础上，根据用户的多样化需求，提供多元化的服务内容和形式，这包括信息服务、学习支持服务、技术支持服务、社区服务等。

信息服务是图书馆的核心服务，包括提供资料、提供咨询、提供培训等。但在数字化的环境下，信息服务不再仅是提供信息，而是要帮助用户更好地获取、使用和管理信息。这意味着图书馆需要提供更加个性化和定制化的信息服务，如信息素养教育、知识管理咨询、数据分析服务等。

学习支持服务是针对学习活动的服务，包括提供学习空间、提供学习资源、提供学习指导等。在学习型社会背景下，学习支持服务的重要性日益突出。图书馆需要提供适应多种学习方式和学习任务的学习支持服务，如协作学习服务、自主学习服务、创新实践服务等。

技术支持服务是针对技术应用的服务，包括提供技术设备、提供技术指导、提供技术培训等。在信息化的社会，技术能力成为一种重要的素养。图书馆需要提供帮助用户提升技术能力的服务，如数字技术培训、编程工作坊、创新实验室等。

社区服务是针对社区活动的服务，包括提供活动空间、提供活动资源、提供活动组织等。图书馆作为社区的中心，需要提供支持社区建设和发展的服务，如文化活动、社区教育、公共参与等。

四、用户服务的个性化与定制化

在信息爆炸的时代，高校图书馆的服务模式正在从传统的"一切向大众"转向个性化与定制化。这种变革旨在满足用户日益增长和多样化的需求，提升服务质量和效率，提高用户满意度和忠诚度。

个性化服务是根据每个用户的特性和需求，提供个性化的信息服务。例如，根据用户的学科背景和研究兴趣，提供个性化的资源推荐和文献检索服务；根据用户的学习习惯和时间安排，提供个性化的学习空间和学习服务。这种服务模式需要图书馆收集和分析用户数据，理解用户需求，定制服务策略。

定制化服务是在用户的主动参与下，提供定制化的信息服务。例如，用户可以根据自己的需求，定制资源订阅、知识更新、学术活动等服务；用户可以在图书馆的平台上，创建和管理自己的学习资源、学术网络、研究项目等内容。这种服务模式需要图书馆提供灵活的服务工具和平台，支持用户的自我服务和协同服务。

实施个性化和定制化服务，需要图书馆充分利用现代信息技术，如数据挖掘、推荐系统、社会网络等。同时，也需要图书馆关注用户隐私和数据安全，建立和维护用户信任。总的来说，个性化和定制化服务是高校图书馆服务创新的重要方向，对于提升图书馆的竞争力和影响力有着重要意义。

五、合作与资源共享

随着科技的发展和全球化的趋势，高校图书馆的合作与资源共享成为变革与创新的重要措施。合作与资源共享不仅可以提高图书馆服务的效率和质量，扩大服务范围，还能节省成本，优化资源配置。

（一）图书馆间的合作与资源共享

在当前信息化社会，资源的获取不再局限于单一的图书馆或机构，更注重全球范围内的互联互通和资源共享。面对信息资源的丰富和用户需求的多样化，图书馆间的合作与资源共享已经成为一种趋势。具体来说，图书馆间可以通过以下方式实现合作与资源共享。一是建立图书馆联盟。图书馆联盟是多个图书馆通过签订协议，形成一个共享资源和服务的网络。例如，通过联盟共享目录，可以实现图书馆间的馆际互借，让用户能够在本地图书馆借阅其他图书馆的藏书。这种方式不仅扩大了用户的信息获取范围，还节省了图书采购成本。二是数字化项目合作。数字化是图书馆信息服务的重要方向，也是实现资源共享的重要方式。图书馆可以通过共同开展数字化项目，共享数字化的特色资源。例如，一些有特色藏品的图书馆可以将其数字化，然后通过网络分享给联盟内的其他图书馆。这样不仅可以保护和传承珍贵的文化遗产，还能为用户提供更丰富的信息资源。三是服务共享。除了资源共享，图书馆还可以通过服务共享来提高服务质量和效率。例如，参考咨询服务是图书馆的基本服务，但不同的图书馆可能在参考咨询方面有不同的专长和资源。通过共享参考咨询服务，图书馆可以为用户提供更全面、更专业的咨询服务。另外，一些技术或者培训类的服务，如数据库的使用培训、信息素养教育等，也可以通过图书馆间的合作来共享。

（二）图书馆与教师、学生的合作

图书馆作为高校的重要组成部分，除了担负起信息资源的收集、组织和服务工作，还承担着支持教学和科研的职责。在现代教育理念下，图书馆不仅是知识的仓库，更是学习和研究的工作室，其与教师、学生的合作也越加密切。这种合作主要体现在以下三个方面。

（1）课程嵌入方面：课程嵌入是图书馆与教师合作的重要方式。图书馆可以与教师合作，将信息素养教育嵌入到课程中。这种方式可以帮助学生在学习具体课程的同时，提高信息获取和使用的能力。例如，图书馆可以协助教师开展课程设计，引导学生使用图书馆的各类资源进行学习和研究；图书馆还可以为学生提供信息检索、数据分析等方面的培训，提高学生的研究能力。

（2）研究支持方面：图书馆与教师和学生的合作，也体现在研究支持服务上。图书馆可以通过提供专业的信息服务，支持教师和学生的学术研究。例如，图书馆可以为教师和学生提供文献检索、文献引证、数据研究及其管理等服务，帮助他们更高效、更深入地进行研究。

（3）学术活动合作：图书馆还可以与学生合作，开展各种学术活动，如学术讲座、研讨会、创新项目比赛等。这些活动既能提升校园的学术氛围，又能增强学生的学术交流和合作能力。此外，图书馆还可以与学生合作开展志愿者服务，培养学生的社会责任感和服务精神。

这种合作可以使图书馆的服务更加贴近教学和研究的实际需求，提升图书馆的服务质量和影响力。同时，也有利于培养学生的信息素养，提升他们的学习和研究能力。

(三)图书馆与行业、社区的合作

在现代社会,高校图书馆不再只是服务于校内用户的场所,更是与外界进行交流和合作的平台。图书馆与行业和社区的合作已经成为高校图书馆发展的重要趋势。这种合作可以使图书馆的服务范围扩大,也能提升图书馆的社会影响力。

高校图书馆与行业的合作主要包括与出版社、数据库供应商、信息技术公司等合作。这种合作可以帮助图书馆获取更多、更优质的资源,提升服务质量。例如,图书馆可以与出版社合作,获取最新的图书和期刊;图书馆可以与数据库供应商合作,获取各类专业数据库的使用权;图书馆还可以与信息技术公司合作,使用先进的信息技术,提升图书馆的服务效率和用户体验。

高校图书馆与社区的合作主要体现在公共服务上。图书馆可以通过开放图书馆资源和服务,满足社区用户的信息需求。例如,图书馆可以开放阅览区和电子资源,供社区用户使用;图书馆也可以开展公共教育活动,如讲座、展览、读书会等,满足社区用户的文化和教育需求。

实施合作与资源共享,需要图书馆具备开放的理念、合作的能力,以及相应的技术和管理手段。图书馆需要具备协调和沟通的能力,与合作伙伴保持良好的合作关系;图书馆还需要具备信息技术和资源管理的能力,有效地整合和使用共享的资源。同时,图书馆也需要面对合作的挑战。如何处理好合作关系,避免产生利益冲突;如何维护用户权益,避免用户信息泄露;如何保障服务质量,避免因资源共享而导致服务水平下降,这些都是图书馆需要思考和解决的问题。

第三节 高校图书馆的未来发展趋势

高校图书馆的未来发展不仅需要瞄准现有的服务模式和资源配置,

还需要积极预判和应对未来可能的发展趋势。在探讨未来发展趋势的过程中，下面从数字化和网络化的深化、图书馆在社区中的角色定位、绿色和可持续发展战略、全球化和协作几个方面进行详细探讨。

一、数字化和网络化的深化

在未来，随着科技的进步和社会的变化，数字化和网络化将进一步渗透到高校图书馆的各个方面，成为图书馆工作和服务的重要特征。其深化发展主要体现在以下几个方面（图1-2）。

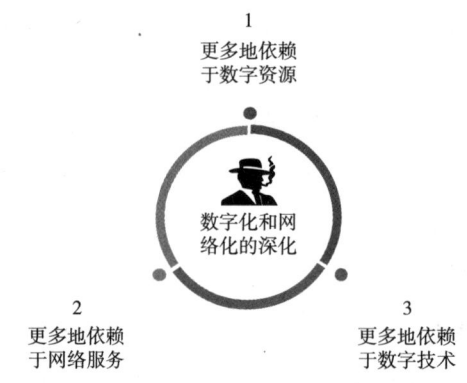

图1-2　数字化和网络化的深化

（一）更多地依赖于数字资源

高校图书馆作为知识和信息的宝库，对数字资源的依赖日益增强。在高校图书馆中，数字资源已经成为不可或缺的重要部分，它们是用户获取信息、开展研究的重要工具。电子书籍、电子期刊、数据库、音频视频等形式多样的数字资源，满足了读者多元化的需求，为高校图书馆的发展注入了新的活力。

在电子出版技术不断进步、互联网普及的今天，数字资源的优势更加明显。与传统的纸质资源相比，数字资源具有便于存储、传播快捷、易于检索、更新方便等优点。数字资源可以突破物理空间的限制，用户可以在任何地方、任何时间获取所需信息。这样的便捷性,使数字资源在图书馆资源中的地位越来越重要。为提高馆藏资源的利用率,高校图书馆必将加大对数字资源的投入。这不仅包括购买更多的电子资源,也包括自行开展数字化项目,将馆藏的纸质资源转化为数字资源。通过这种方式,图书馆可以大幅提升资源的使用效率,让更多的用户受益。在数字资源的管理和利用方面,高校图书馆也需要不断提升能力。如何有效地组织和分类数字资源,如何利用新技术提高数字资源的检索效率,如何设计和提供更优质的数字服务,都是图书馆需要研究和解决的问题。

未来的高校图书馆还需要完善数字资源的建设。这意味着图书馆不仅需要购买和收集数字资源,还需要自行创造和生产数字资源。例如,开展数字化项目,将馆藏的特色资源、珍贵资源转化为数字资源;开发学术数据库,收集和整理学校的学术产出;建设开放获取资源,分享图书馆的研究成果。

(二)更多地依赖于网络服务

在网络环境下,图书馆的服务不再局限于馆内,而是可以超越时空限制,为用户提供全天候、全方位的信息服务。网络服务可以满足用户的远程访问需求,扩大图书馆的服务范围,提高图书馆的服务效率。因此,未来的高校图书馆必将加强网络服务的建设,提升网络服务的能力,丰富网络服务的形式。

高校图书馆将会更多地依赖于网络服务,这不仅是因为网络服务的便利性,也是因为网络服务的高效性。与传统的面对面服务相比,网络服务可以节省大量的人力和物力,提高服务效率。例如,通过在线咨询,用户可以在任何地方、任何时间提出问题,而图书馆工作人员可以及时回复,解答疑问;通过远程访问,用户可以在家中、在办公室、在旅途中阅读电子资源,不需要亲自去图书馆借阅纸质资源。

未来的高校图书馆必将加强网络服务的建设。这包括建设和优化图书馆的网络平台，提供稳定、快捷的网络环境；开发和更新图书馆的网络服务，满足用户的新需求；培训和指导用户使用图书馆的网络服务，提高用户的信息素养。加强网络服务的能力，需要图书馆具备足够的技术水平。例如，图书馆需要掌握互联网技术，懂得如何建设和管理网络平台；需要了解信息检索技术，懂得如何提高资源的检索效率；需要理解用户行为，懂得如何设计和提供个性化的服务。这些技术能力，不仅可以帮助图书馆提供优质的网络服务，也可以帮助图书馆应对网络环境下的新挑战。

高校图书馆还需要丰富网络服务的形式。这包括在线咨询、远程访问、在线学习、课程辅导、电子阅览、虚拟参观等多种服务形式。这些服务形式不仅可以满足用户的多元化需求，也可以提高图书馆的服务质量和服务效率。

（三）更多地依赖于数字技术

高校图书馆将会更多地依赖于数字技术，这种趋势已经在当下显现出来。无论是大数据还是云计算，抑或是人工智能，这些新兴的数字技术都已经在图书馆的各个业务环节中发挥着重要作用。从藏书的分类和管理到用户服务的提供，再到馆内环境的优化，数字技术的影响无处不在。

大数据技术使高校图书馆可以更有效地管理和利用海量信息。通过对用户行为数据、馆藏数据、服务数据等进行收集、分析和挖掘，图书馆可以更深入地理解用户需求，更科学地配置资源，更精确地评估服务。在这个过程中，大数据技术不仅提高了图书馆的运行效率，也增强了图书馆的服务能力。云计算技术使高校图书馆可以更灵活地提供网络服务。通过将数字资源、网络平台、服务应用部署在云端，图书馆可以打破时间和空间的限制，实现信息的实时共享和服务的全天候提供。在这个过程中，云计算技术不仅扩大了图书馆的服务范围，也提高了图书馆的服务效率。人工智能技术使高校图书馆可以更个性化地满足用户需求。通过利用机器学习、自然语言处理、知识图谱等技术，图书馆可以实现对用户需求的精准推荐，对用户问题的智能回答，对用户行为的智能预测。在这个过程中，人工智能技术不仅创新了图书馆的服务模式，还提升了图书馆的服务质量。

未来的高校图书馆必将积极探索和应用数字技术。这一方面需要图书馆增加对数字技术的投入，提高数字技术的利用水平；另一方面也需要图书馆加强对数字技术的研发和创新，以适应网络环境的变化，满足用户需求的升级。例如，图书馆可以联合计算机科学与技术、信息科学与技术等相关专业，开展数字技术的研究和应用；图书馆也可以开展创新性的服务实践，探索数字技术在图书馆服务中的新用途。

二、图书馆在社区中的角色定位

高校图书馆未来发展趋势中的另一个重要方向，就是图书馆社区角色的发挥。传统上，图书馆被视为学习和研究的重要场所，提供书籍、期刊、数据库等各种信息资源。然而，随着信息技术的发展和用户需求的变化，图书馆的角色正在发生改变。图书馆不仅是信息资源的提供者，更是社区的核心，促进学习、创新和交流。

高校图书馆能够推动学习和研究。图书馆提供的各种信息资源，如书籍、期刊、数据库、电子资源等，是学习和研究的重要基础。图书馆还提供各种服务，如信息素养教育、课程嵌入、研究咨询等，帮助用户更有效地利用信息资源，提高学习和研究的效率。图书馆还提供各种设施，如阅览座位、研究空间、创新实验室等，为用户提供舒适的学习和研究环境。通过以上的资源、服务和设施，图书馆成为知识的核心，推动了学习和研究的发展。

高校图书馆促进创新和创造。图书馆提供的各种创新设施，如创新实验室、创新空间、创新工具等，为用户提供创新和创造的可能性。图书馆还提供各种创新服务，如创新教育、创新咨询、创新活动等，帮助用户更有效地进行创新和创造。图书馆还提供各种创新资源，如创新书籍、创新数据库、创新案例等，为用户提供创新和创造的启示和灵感。通过以上的设施、服务和资源，图书馆成为创新的平台，促进了创新和创造的发展。

高校图书馆还能够促进交流和合作。图书馆提供的各种交流设施，如交流空间、交流场所、交流工具等，为用户提供交流和合作的场所。图书馆还提供各种交流活动，如学术报告、文化讲座、社交聚会等，帮助用户建立交流和合作的关系。图书馆还提供各种交流服务，如交流咨询、交流指导、交流培训等，帮助用户更有效地进行交流和合作。通过以上的设施、活动和服务，图书馆成为社区的中心，促进了交流和合作的发展。

三、绿色和可持续发展战略

绿色和可持续发展，已成为当今社会发展的重要理念和趋势，高校图书馆未来的发展也将沿着这个方向推进。在面临资源有限、环境压力增大、社会责任日益重要等问题的当下，图书馆的发展不能只关注当前，而要注重长远，实现环境、社会和经济的平衡发展。

从环境的角度来看，绿色发展是高校图书馆必须重视的问题。图书馆作为知识传播的场所和信息资源的承载者，其运营和服务活动对环境有着直接和间接的影响。因此，图书馆应当采取一系列措施来降低对环境的不良影响，并提高环境效益。图书馆可以着重从能源的角度考虑，采取节约能源的措施。例如，引入节能设备和照明系统，使用能源效率更高的电气设备，优化空调系统，减少能源的消耗。此外，通过合理设置温度和湿度控制，可以降低对环境的负面影响，同时提供一个舒适的学习和研究环境。图书馆可以关注减少排放和噪声的问题。在图书馆的运营过程中，尽量采用低污染的材料和清洁剂，减少有害物质的排放。同时，采取噪声隔离措施，以降低外部噪声对图书馆的影响，提供一个安静的学习环境。图书馆还可以通过优化馆藏结构和推广数字资源的方式，降低对自然资源的消耗。优化馆藏结构可以减少过度采购和资源的浪费，通过定期评估馆藏的使用情况和需求，及时调整和更新馆藏，提供用户所需的资源。同时，推广数字资源的使用可以减少纸质资源的印刷和消耗，提供更便捷的访问和使用方式。此外，图书馆还可以采用绿色建筑的理念，通过使用环保的建筑材料和节能设施，降低建筑对环境的影响。绿色建筑不仅可以减少能源消耗，还可以提供更舒适和健康的室内环境。通过上述的环境措施，高校图书馆不仅可以减少对环境的不良影响，也可以提高环境效益。提供一个良好的学习和研究环境，有利于用户的学习效果和体验。此外，图书馆还可以通过环境友好的服务和实践，树立一个环保意识和责任感的典范，为用户传递绿色和可持续发展的理念。

从社会的角度来看，高校图书馆必须考虑可持续发展的问题。一方面，图书馆应致力于满足社会的信息需求。作为知识和信息的中心，图书馆应提供多元化的信息服务，以满足不同用户群体的需求。这包括提供丰富的馆藏资源，包括书籍、期刊、报纸、电子资源等，涵盖各个学科领域的知识和信息。同时，图书馆还应承担公共信息角色，提供准确、可靠的信息，帮助用户获取和利用知识。另一方面，图书馆应承担社会责任，服务弱势群体，参与公益活动，实现公平访问。图书馆作为公共机构，应为社会的弱势群体提供平等的信息服务机会。这包括为残障人士提供无障碍的设施和服务，为贫困地区的学生提供免费借阅服务，为偏远地区的用户提供远程访问服务等。图书馆还应积极参与社区的公益活动，组织文化活动、学术讲座、读书俱乐部等，为社区居民提供学习、交流和娱乐的机会。

从经济的角度来看，高校图书馆必须考虑效益最大化的问题。这意味着图书馆需要在提供优质服务的同时，合理利用资源和资金，以确保经济的可持续发展。图书馆应致力于提高服务效率，通过运用现代技术来自动化和优化图书馆的各项工作流程。例如，引入图书馆管理系统，实现自助借还书、自动分类和检索等功能，提高图书流通效率。同时，图书馆还可以推广数字化服务，提供电子资源和在线咨询服务，以满足用户的远程访问需求，进一步提高服务效率。此外，图书馆还应注重员工培训，增强员工的专业素质和服务意识，以提升整体服务质量。图书馆保障经济效益，确保资金的稳定来源和合理运用。图书馆需要建立稳定的经费渠道，确保图书馆的基本运营资金。这可以通过与学校、政府等部门的合作协议、项目资助等方式来实现。同时，图书馆还需要进行经费的合理分配和管理，确保经费的有效利用，避免资源浪费。此外，图书馆还应制定合理的收费政策，根据用户的需求和经济实际情况，提供有偿服务，并维护用户的权益。图书馆还可以通过开展合作与资源共享，降低运营成本并拓宽经济来源。与其他图书馆、机构、社区进行合作，共享资源和服务，可以在一定程度上减少重复投入，提高资源利用效率。合作伙伴可以共同开展采购、数字化项目、学术交流等活动，通过资源共享和合作，进一步降低运营成本，并提供更丰富多样的服务。

四、全球化和协作

全球化和协作是高校图书馆未来发展的重要趋势。通过与全球其他图书馆的资源共享和服务协同，图书馆可以提高资源的利用效率，拓宽服务领域，促进文化的交流和学术的交流。在全球化的背景下，图书馆需要加强国际交流和合作能力，提升自身的发展水平和竞争力。只有适应全球化的挑战和机遇，图书馆才能在竞争日益激烈的环境中取得长足的发展。

全球化促使图书馆加强与全球其他图书馆的资源共享。通过建立图书馆联盟、协议或网络，图书馆可以分享馆藏资源，实现图书馆之间的馆际互借。这样可以大大拓展图书馆的资源范围，使用户可以更全面地获取所需的图书、期刊、数据库等信息资源。通过资源共享，图书馆可以避免重复采购和建设，减少资源浪费，提高资源利用效率。全球化还推动了图书馆的服务协同和合作。图书馆可以通过合作开展共同的项目和活动，如学术研讨会、文化展览、数字化项目等。这样可以汇集多方的专业知识和资源，提供更丰富多样的服务。例如，图书馆可以与国际出版社合作，引进优秀的国际出版物；与国际数据库供应商合作，提供世界各地的电子资源；与其他高校图书馆合作，共同开展数字化项目，推动文化遗产的保护和数字化转型。通过协作与合作，图书馆可以提高服务质量和水平，满足用户的多样化需求。另外，全球化也加强了图书馆之间的学术交流和合作。图书馆可以与全球其他图书馆建立学术交流渠道，共同开展学术研究、数据分析和知识创新等活动。这可以促进学术资源的共享和传播，提升学术研究的水平和影响力。图书馆可以组织国际学术会议、研讨会和讲座，邀请国际知名学者和专家来访，促进学术思想的碰撞和交流。通过全球化的学术合作，图书馆可以为用户提供更广阔的学术资源和研究支持。

在全球化和协作的背景下，图书馆需要加强国际交流和合作能力。这需要图书馆具备跨文化交流和合作的能力，了解国际图书馆发展的趋势和最新技术，参与国际图书馆组织和项目。图书馆还可以加强国际人员交流，派遣工作人员到国外图书馆进行交流学习，邀请国际专家来访指导。通过全球化和协作，图书馆可以更好地适应国际化的需求，提升自身的发展水平和竞争力。

第二章　高校图书馆管理创新概述

第一节　高校图书馆管理创新的必要性

高校图书馆管理创新的必要性体现在适应信息化时代的需求、提升服务质量和用户体验、推动图书馆与学校发展的协同、提高资源利用效率以及促进学术创新与研究成果的传播等方面。通过管理创新，高校图书馆能够不断适应变化的环境和用户需求，更好地发挥其在学术研究和教学中的作用。

一、适应信息化时代的需求

高校图书馆作为学术信息资源中心，承担着支持学校教学、科研和学术交流的重要角色。在信息化时代的背景下，高校图书馆面临着迫切的需求来适应不断变化的信息环境和用户期望。因此，进行管理创新是高校图书馆不可或缺的必要性。

信息化时代的到来，对高校图书馆提出了更高的要求和挑战。信息技术的快速发展和互联网的普及，使获取和传播信息变得更加便捷和高效。学生、教师和研究人员对学术信息的需求也变得更加多样化和个性化。高校图书馆需要通过管理创新，利用先进的信息技术手段，建立数字化资源平台，提供更广泛、更便捷的学术信息服务。适应信息化时代的需求意味着高校图书馆需要促进数字化转型。图书馆需要将传统的纸质资源转变为数字资源，建立和维护电子图书、期刊、数据库等在线资源。数字化资源的建设和管理是管理创新的重要方向之一。通过数字化转型，高校图书馆可以为用户提供更加便捷的学术资源获取途径，支持在线阅读和下载，方便学生、教师和研究人员进行学术研究和教学工作。管理创新还包括推进图书馆的信息技术应用。随着人工智能、大数据分析、云计算技术等新技术的发展，图书馆可以利用这些技术提升管理效率和服务质量。例如，通过人工智能技术，图书馆可以实现智能问答系统，为用户提供快速、准确的咨询服务；利用大数据分析，图书馆可以分析用户借阅和阅读行为，为用户推荐个性化的学术资源；借助云计算技术，图书馆可以实现资源共享和远程访问，提供无处不在的学术信息服务。这些信息技术的应用将极大地促进图书馆的管理创新和服务创新。高校图书馆管理创新还需要注重用户导向。用户需求是图书馆服务的核心，图书馆需要深入了解用户的需求和期望，根据用户反馈和需求调研，调整和改进服务内容和形式。管理创新应该以满足用户需求为导向，注重用户体验，提供个性化、多样化的学术信息服务。例如，可以通过用户调研、焦点小组讨论、在线反馈等方式收集用户意见，针对用户需求开展创新的服务模式，如移动图书馆、虚拟图书馆等，通过技术手段为用户提供更灵活、更便捷的服务。此外，管理创新还可以促进图书馆与学校发展的协同。高校图书馆作为学校的重要组成部分，需要与学校整体发展保持协同和互动。管理创新可以促进图书馆与学校各个部门之间的合作与交流，共同推动学校的发展目标。例如，与教学部门合作开展信息素养教育，培养学生的信息素养；与科研机构合作开展科研数据管理和科研成果传播，提升学校的学术影响力。除了适应信息化时代的需求，高校图书馆管理创新还能够提高资源利用效率。高校图书馆的资源包括图书、期刊、数据库等各种学术信息资源，以及人力、财力等各类管理资源。通过管理创新，可以优化资源配置和利用，提高资源利用效率，更好地满足用户需求。例如，通过采用自动化的借还书流程和图书馆自助服务设备，可以减轻图书馆工作人员的负担，提高办事效率；利用大数据分析，可以预测用户的需求，优化图书采购和馆藏布局，提高图书利用率。

高校图书馆管理创新对于推进学术创新与研究成果的传播也具有重要意义。高校图书馆不仅仅是信息资源的存储和提供者，还应承担推广学术创新和研究成果的责任。通过管理创新，可以引入新的科研成果传播方式和平台，提升学术成果的可见度和影响力。例如，利用数字化技术和开放获取平台，促进学术论文和研究数据的开放共享，为学术界提供更便捷的获取途径；通过举办学术讲座、研讨会等活动，促进学术交流与合作。

二、提升服务质量和用户体验

高校图书馆作为学术信息资源中心，其服务质量和用户体验的提升是管理创新的重要目标。随着信息化时代的发展，用户对图书馆的服务期望越来越高，因此，高校图书馆需要通过管理创新来不断提升服务质量和用户体验。提升服务质量与用户体验是高校图书馆管理创新的核心内容。具体来说，需要从以下几个方面进行深入探讨（图2-1）。

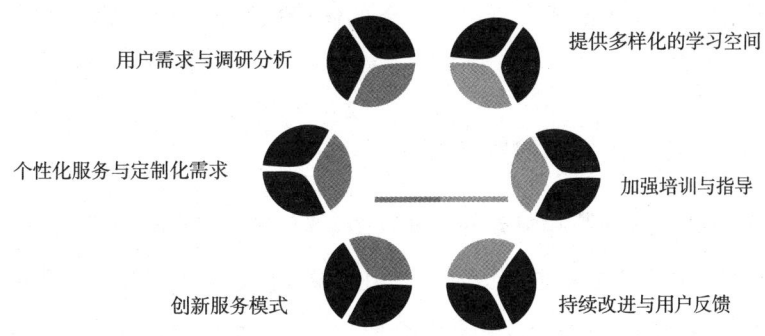

图 2-1 提升服务质量和用户体验

（一）用户需求与调研分析

为了提供符合用户期望的服务，高校图书馆需要深入了解用户的需求。通过开展用户调研、焦点小组讨论、用户反馈等方式，可以收集用户意见和建议，了解他们对服务的期望和需求。这些调研数据可以为图书馆制定服务策略和改进方案提供有力的依据。

（二）个性化服务与定制化需求

高校图书馆的用户群体多样化，他们对学术信息的需求也存在差异。因此，图书馆应该致力于提供个性化服务和满足定制化需求。通过利用先进的信息技术，可以实现用户画像分析、个性化推荐和定制化服务，为不同用户提供符合其需求和兴趣的学术资源和服务。

（三）创新服务模式

传统的图书馆服务模式已经不能完全满足用户的需求，因此高校图书馆需要不断创新服务模式。例如，可以推出移动图书馆服务，在校园各个地点提供便捷的借阅和归还服务；通过虚拟图书馆，为用户提供24小时在线服务；引入图书馆自助服务设备，方便用户自助查询和借还图书等。这些创新服务模式可以提高服务的便捷性和灵活性，提升用户的体验感。

（四）提供多样化的学习空间

除提供学术资源和服务外，高校图书馆还应该创造多样化的学习空间，以满足用户的学习和研究需求。可以设计出适合不同学习方式和学科特点的学习空间，如独立学习区、合作学习区、小组讨论区等，为用户提供舒适、灵活的学习环境。

(五)加强培训与指导

高校图书馆可以通过加强培训与指导,提升用户的信息素养和利用图书馆资源的能力。举办信息素养培训课程、学术数据库使用指导等活动,帮助用户更好地掌握信息检索技巧和利用学术资源的方法,提高他们的学术研究水平。

(六)持续改进与用户反馈

高校图书馆应该建立持续改进的机制,并重视用户的反馈。通过定期的评估和调研,了解用户对服务质量的评价和建议,及时调整和改进服务策略和模式。同时,建立用户反馈渠道,鼓励用户提出意见和建议,积极回应用户需求。

通过上述措施的实施,高校图书馆可以不断提升服务质量和用户体验。重视用户需求调研和分析,提供个性化服务和定制化需求;创新服务模式,提高服务的便捷性和灵活性;提高服务效率和响应时间;创造多样化的学习空间;加强培训与指导;持续改进与用户反馈等都是提升服务质量和用户体验的关键要素。通过提升服务质量和用户体验,高校图书馆可以树立良好的品牌形象,增强用户对图书馆的信任和认可。同时,满足用户需求和提供优质的学术资源和服务,也有助于提升学校的学术声誉和影响力。因此,提升服务质量和用户体验对高校图书馆管理创新来说是至关重要的。

三、推动图书馆与学校发展的协同

高校图书馆作为学校的重要组成部分,需要与学校整体发展保持协同和互动。图书馆是一个知识库,是学术研究和学习的重要场所,对于高等教育机构尤其重要。随着科技的发展和信息社会的进步,图书馆的角色也在不断发展和变化。在这个环境下,推动图书馆与学校发展的协同成了一个重要的议题。

高校图书馆既是知识信息的存储库，也是知识信息的处理中心和传播中心，与学校教学、科研和社区服务等多元化的职能有着密切的联系。因此，图书馆与学校的协同发展不仅有利于提升图书馆的服务水平和运行效率，还有利于推动学校整体发展，提高教学质量和科研水平。

图书馆与学校的协同发展可以推动知识的创新和传播。图书馆可以与学校的教师、学生、科研人员等多方合作，共同开发、使用和推广各类知识资源，促进知识的创新和传播。例如，图书馆可以与教师合作，共同开发一些教学资源，为学生提供更丰富、更高质量的学习资源；图书馆也可以与科研人员合作，共享科研数据和信息，为科研工作提供支持。图书馆与学校的协同发展还可以提高学习效率和质量。图书馆提供的多样化的学习资源和服务，如电子书籍、数据库、在线学习平台等，可以帮助学生更高效、更深入地学习。与此同时，图书馆也可以提供一些学习指导和辅导服务，如信息素质教育、学习策略指导等，帮助学生提高学习技能，提高学习效果。此外，图书馆与学校的协同发展还能够提升科研效能。图书馆的丰富资源和专业服务可以为科研工作提供强大的支持。例如，图书馆可以提供科研文献的查找、获取、管理等服务，帮助科研人员获取和处理科研信息；图书馆也可以提供科研数据的存储、分析、共享等服务，支持科研数据的管理和使用。

然而，推动图书馆与学校的协同发展并不容易，需要解决一些关键的问题。例如，如何建立有效的协作机制，如何调整图书馆的服务模式和运行方式，如何提高图书馆的技术能力和服务质量，如何保证知识资源的安全和合规使用等。这些问题都需要图书馆和学校共同思考，共同努力。

四、提高资源利用效率

图书馆是知识和信息的宝库，是社区的学习中心和信息中心，图书馆中的资源包括各种图书、期刊、数据库、电子资源等。然而，这些资源如果没有得到有效的管理和利用，它们的价值就不能被充分体现出来。因此，提高资源利用效率，使图书馆的资源能为更多的人所用，更好地服务于学校的教学和科研，是图书馆工作的一个重要方向。提高资源利用效率，不仅能更好地满足读者的需求，提供更优质的服务，还能更合理地分配图书馆的资源，避免资源浪费。此外，提高资源利用效率也是实现图书馆可持续发展的重要途径，有助于提高图书馆的经济效益和社会效益。

图书馆需要根据读者的需求，合理采集和配置资源。这需要图书馆深入了解读者的需求，定期进行需求调查和分析，确定资源采购的方向和重点。此外，图书馆还需要通过资源合作、资源共享等方式，扩大资源的覆盖范围，提高资源的利用率。图书馆还需要对资源进行有效的整合和管理，提高资源的检索效率和使用效率。这包括建立和优化资源的分类体系、检索系统等，使读者能够快速、准确地找到所需的资源；提供资源推荐、个性化服务等，帮助读者更有效地利用资源。图书馆还应该通过各种方式，提高资源的开发利用水平。例如，通过举办各种活动，推广资源的使用；通过提供培训、指导等服务，提高读者的信息素养，帮助读者更好地利用资源。

提高资源利用效率，不仅需要图书馆自身的努力，还需要与其他机构、社区的合作。这既是一种挑战，也是一种机会。图书馆需要在面对挑战的同时，把握机会，积极探索和实践，提高资源利用效率。

五、促进学术创新与研究成果的传播

图书馆在学术研究和学术交流中发挥着重要的作用。特别是高校图书馆，不仅是教师和学生获取知识资源的场所，更是学术创新和研究成果传播的重要平台。通过提供丰富的信息资源、高效的信息服务和专业的信息支持，高校图书馆能够推动学术创新，加快研究成果的传播。

一方面，高校图书馆的信息资源和服务可以刺激和激发学术创新。图书馆提供的各类学术资源，如图书、期刊、数据库、电子资源等，可以为教师和学生提供丰富的学术信息和研究素材，激发他们的学术思考和创新思维。此外，图书馆的信息服务，如信息检索、文献利用、数据分析等，也可以帮助他们高效获取和利用信息，提高研究效率，促进学术创新。另一方面，高校图书馆可以通过各种方式，加快研究成果的传播。例如，图书馆可以通过建立学术成果展示平台、组织学术交流活动、推广开放获取等方式，提高研究成果的可见度和影响力，促进研究成果的传播和交流。

第二节 高校图书馆管理创新的性质及意义

对于每一所高校图书馆来说，管理创新不仅是发展的需求，更是进步的驱动力。在信息时代的大背景下，图书馆服务和管理模式也必须随之变革，以满足社会需求的演变和技术环境的更新。因此，深化对高校图书馆管理创新性质和意义的理解和认识，不仅可以帮助图书馆把握发展方向，还有助于图书馆制定适应时代发展的策略和措施，以更好地服务于高校的教学和科研工作，推动社会的进步和发展。

一、高校图书馆管理创新的性质

高校图书馆的管理创新是一个复杂而系统的工程，涉及图书馆的各个层面和方面。图书馆需要通过技术应用、服务提供、人员配置和管理，以及组织结构和文化的创新，不断提高其服务效率和质量，满足读者的多元化需求，以实现图书馆的持续发展和升级。在这个过程中，图书馆应当积极主动地以开放的态度接受新的理念和技术，以满足读者的需求，为其提供更优质的服务。

在技术应用方面，图书馆必须将自己置于最前沿的技术革新中，以提供最新和最高效的服务。新的技术如人工智能、大数据和云计算都在图书馆服务中发挥着关键作用。大数据的使用使图书馆有能力更好地理解和预测读者的行为和需求。借助数据挖掘和分析技术，图书馆能够洞悉读者的借阅习惯、偏好主题和学习模式，以此为基础提供更为精准和个性化的服务。通过对用户行为的深度分析，图书馆可以实时调整和优化资源配置，推出针对性的服务策略，满足不同读者群体的特定需求。如此，不仅增强了图书馆的服务能力，还使服务更加贴近用户，提升了用户满意度。云计算的引入极大地推动了图书馆服务的远程化和便利化。云计算技术使学习和研究资源能够在任何时间、任何地点被读者获取和使用，摆脱了地理位置的限制。读者可以随时随地访问图书馆的电子资源，参与在线学习活动，享受图书馆的各项服务。这样的服务模式，无疑极大地提升了图书馆的服务效率和便利性，同时也丰富了读者的学习体验。人工智能也在图书馆的各个领域找到了应用场景，如机器学习技术。机器学习可以帮助图书馆自动分类文献，推荐读者可能感兴趣的内容，甚至进行智能回答等。机器学习算法通过分析和学习大量数据，可以自动识别模式，预测趋势，从而提供精准的推荐和建议。此外，机器学习也可以用于图书馆的管理和决策，如根据过去的数据预测未来的借阅需求，帮助图书馆做出更合理的资源采购和分配决策。这种自动化和智能化的技术应用，大大提高了图书馆服务的效率和质量，使图书馆能够以更高效、更精确的方式满足读者的需求。

在服务提供方面，图书馆需要充分理解并适应它们的主要用户群体——学生和教师的多样化需求，为他们提供最符合需求的服务和资源。这种服务的提供涵盖了各种类型的学习和研究资源，包括在线资源和印刷资源。在线资源以其便捷性和时效性逐渐成为主流，包括电子图书、电子期刊、数据库等，为读者提供了丰富、快捷的学术信息服务。印刷资源作为传统的信息载体，依然在特定领域和群体中具有不可替代的作用。高校图书馆需要精准掌握资源配置的比例和重点，满足多元化的用户需求。除了学习和研究资源的提供，图书馆还需要提供一系列的学习工具和服务，以满足用户日益多样化的学习和研究方式。这包括开展各类研究咨询服务，帮助读者解决信息检索、文献引用、学术伦理等问题；开设多样化的工作坊和研讨会，提升读者的信息素养和学术能力；推出图书馆导览、主题展览、学术讲座等活动，增强读者对图书馆资源和服务的认识和使用。此外，图书馆需要构建更为有效的服务渠道，让用户可以方便快捷地获得服务，提高服务的可达性和满意度。这包括构建清晰易用的图书馆网站，为用户提供一站式服务；推动移动图书馆服务，让用户随时随地获取信息和服务；优化前台服务，提升用户的现场服务体验。在服务提供的创新过程中，需求理解和预测是至关重要的。图书馆需要通过用户调查、数据分析等方式，深入理解用户需求，预测需求变化，从而设计出更符合需求的服务。同时，图书馆需要保持开放的创新意识，不断尝试新的服务模式和新的服务方式，以适应用户需求的变化，提升服务的效果和满意度。

在人员配置和管理方面，图书馆的目标应该是构建一个具有专业知识、高效能、开放思维和协作精神的团队。在数字化的趋势下，图书馆馆员的角色已经从传统的收藏管理者，转变为信息专家和服务提供者。他们不仅需要掌握丰富的专业知识，熟练运用先进的信息技术，还需要具备良好的服务理念和团队协作能力。对于图书馆来说，首要的任务就是制订合理的人员配置方案。这意味着需要根据图书馆的服务需求和发展策略，确定所需的职位类型和人数，以及对应的职责和能力要求。同时，也需要考虑到人员的成长路径和职业发展，以吸引和留住优秀的图书馆馆员。在人员配置的基础上，图书馆需要为员工提供多样化的职业培训。这包括基础的专业知识和技能培训，如目录编制、文献检索、数据库使用等；也包括先进的信息技术培训，如大数据分析、人工智能应用等；还包括服务理念和团队协作的培训，以提升员工的服务能力和团队合作精神。同时，图书馆还可以鼓励员工参加外部的学习和培训活动，以引进新的思想和技术。图书馆还需要营造一个鼓励创新和服务精神的工作环境。这意味着需要在组织文化和管理方式上，强调创新和服务的价值，鼓励员工持续学习，尝试新的方法和思路，提升服务的效果和满意度。此外，图书馆还可以通过激励机制，如奖励制度和表彰制度，以激发员工的积极性和创新性。

在组织结构和文化方面，图书馆需要创建一个开放、灵活、协作和学习的环境。组织结构是决定图书馆运作效率和效果的关键因素。在当前的信息化和数字化背景下，图书馆需要构建一个更加灵活和响应的组织结构，以适应服务需求的变化和技术环境的发展。这可以通过实行项目化和团队化的管理方式来实现。项目化管理意味着根据服务项目或工作任务设立专门的项目团队，由具有相关知识和技能的员工组成，负责项目的整个流程。这种管理方式可以提高工作的灵活性和效率，更好地满足用户的需求。团队化管理则强调跨部门、跨专业的合作，鼓励信息共享和知识交流，提升工作效率和创新能力。组织文化是指在图书馆内部形成的一种共享的价值观、信念和行为规范。一个积极的组织文化可以激发员工的工作热情，促进创新和学习。为实现这一目标，图书馆需要深入服务理念到每一个层级和方面，强调以用户为中心，以服务为本，致力于提升服务效果和用户满意度。同时，图书馆需要鼓励员工的持续学习和个人发展，为他们提供学习和发展的机会和资源，以提升他们的专业素养和职业能力。除此之外，图书馆还需要培育创新文化，鼓励员工接受新思想，尝试新方法，不断寻求改进和进步。这可以通过提供创新的机会和支持，如设立创新基金、开展创新竞赛，以及认可和奖励创新的成果等方式来实现。通过这些方式，图书馆可以创建一个鼓励创新、激励学习、注重服务和合作的环境，推动图书馆服务的持续改进和发展。

二、高校图书馆管理创新的重要意义

高校图书馆需要积极采取措施，鼓励和支持创新，创建一个开放、协作和学习的环境，培养一支高素质的员工队伍，构建一种以用户为中心、以服务为本、以创新为动力的图书馆文化。通过这些方式，图书馆可以更好地服务于高校的教学和科研工作，推动社会的进步和发展。高校图书馆管理创新的重要意义主要体现在以下四个方面（图2-2）。

图 2-2　高校图书馆管理创新的重要意义

（一）提高用户满意度

图书馆的主要任务之一是满足用户的信息需求，提供高质量的服务。因此，对服务流程、服务方式和服务内容的创新，能够更好地满足用户的需求，提升用户体验，从而提高用户满意度。例如，通过在线预约和自助借还书的服务，可以让用户在任何时间、任何地点都能方便地使用图书馆的资源，大大提高了用户的便利性和满意度。再如，通过使用大数据和人工智能技术，图书馆可以更好地了解和预测用户的行为和需求，从而提供更精确和个性化的服务。这不仅可以满足用户的具体需求，还可以提供超出用户期待的服务，进一步提高用户满意度。

（二）优化服务质量

图书馆服务质量的提升，离不开服务流程、服务工具和服务环境的创新。例如，通过流程再造，可以简化服务流程，提高服务效率；通过引入新的服务工具，如电子资源、移动应用和虚拟现实等，可以提供更丰富和多元的服务内容；通过改善服务环境，如设施升级、空间布局和照明音响等，可以提供更舒适和愉悦的服务体验。这些创新可以提高图书馆服务的效率和效果，提升服务的质量和水平。

（三）更好地利用新的技术

新的技术，如云计算、大数据、人工智能和区块链等，为图书馆的服务和管理带来了新的机会和挑战。通过管理创新，图书馆可以更好地应用这些技术，提高工作效率，优化服务效果，增强竞争优势。例如，通过云计算，图书馆可以为用户提供远程访问和使用服务，打破了时间和空间的限制；通过大数据，图书馆可以分析用户的行为和需求，提供更个性化的服务；通过人工智能，图书馆可以实现自动分类、推荐和搜索等功能，提高服务的精准性和智能性。

（四）推动图书馆的持续发展

在当前的信息社会，图书馆的角色和任务正在发生变化。只有不断创新，图书馆才能适应这些变化，满足新的需求，实现持续发展。管理创新可以推动图书馆的变革和发展，使图书馆从传统的书籍仓库转变为现代的信息中心，从服务的提供者转变为知识的创造者。这不仅可以提高图书馆的社会价值和影响力，还可以促进图书馆的长远发展和持续创新。

第三节　高校图书馆管理创新的基本特征

高校图书馆管理创新具有明显的特征，主要表现在以下五个方面（图2-3）。

图2-3　高校图书馆管理创新的基本特征

一、以用户为中心

以用户为中心是高校图书馆管理创新的首要特征，它将用户的需求和期望置于一切工作和决策的核心，力求在每一次与用户的交互中都能提供极好的体验。这不仅可以提高用户满意度，还可以提升图书馆的社会价值和影响力。为实现这一目标，图书馆需要深入理解用户，不断创新，持续优化用户体验，引入用户参与，并致力于用户赋权。

在高校图书馆的环境中，以用户为中心的工作方式被视为是保持竞争力和满足用户期望的关键。以用户为中心的管理创新要求图书馆深入理解用户的需求、期望和行为。这意味着图书馆需要进行大量的用户研究，包括用户访谈、调查问卷、使用数据分析等，以获取对用户的深入了解。在此基础上，图书馆需要根据用户的需求和期望，不断创新服务内容、服务方式和服务工具，以提供更个性化和高质量的服务。图书馆还需要持续优化用户体验。优秀的用户体验不仅仅是满足用户的基本需求，而是超越用户的期望，给用户带来惊喜和愉悦。这需要图书馆在服务设计、服务流程和服务环境等方面进行创新，以提供更便捷、更舒适、更人性化的服务。

此外，以用户为中心的管理创新还涉及用户参与和用户赋权。这意味着图书馆需要积极引入用户的声音和意见，让用户参与到服务设计和决策过程中来。同时，图书馆需要通过提供信息工具和信息教育，帮助用户提升信息素养，使用户能够更有效地获取和利用信息资源。

二、技术驱动

技术驱动作为高校图书馆管理创新的核心特征之一，不仅体现在新的科技工具和平台的使用，还在于将这些工具和平台融入图书馆的日常运营中，使其成为服务提供和内部管理的重要组成部分。这种融合不仅可以提高工作效率，优化服务效果，还可以开创新的服务模式，增强图书馆的竞争优势。

云计算作为一种重要的技术驱动力，为图书馆提供了强大的数据处理能力，使图书馆能够为用户提供远程访问和使用服务，打破了时间和空间的限制。此外，云计算还可以帮助图书馆实现数据的集中管理，提高数据的安全性和可用性。大数据则可以帮助图书馆从海量的数据中提取有价值的信息，对用户的行为和需求进行深度分析，从而为用户提供更个性化的服务。通过对用户行为的实时跟踪和分析，图书馆可以了解到用户的真实需求和期望，然后调整和优化服务策略，提升用户满意度。人工智能技术，如机器学习和深度学习，可以使图书馆实现自动分类、推荐和搜索等功能，提高服务的精准性和智能性。例如，通过机器学习，图书馆可以自动识别和分类图书，大大提高了工作效率；通过深度学习，图书馆可以根据用户的行为和喜好，推荐相关的图书和资源，增强了服务的个性化。

在新技术的推动下，图书馆的服务模式和管理方式也正在发生变化。例如，通过移动应用和社交媒体，图书馆可以实现与用户的实时互动，提供及时的咨询和帮助；通过在线学习平台，图书馆可以提供各种在线课程和培训，帮助用户提升信息素养；通过虚拟现实和增强现实，图书馆可以提供更生动和直观的学习体验。

三、服务导向

通过扩大服务范围、丰富服务内容、优化服务流程、提升服务效率和提供多元化的服务工具和平台，图书馆能够不断满足用户的需求，提供更高质量的服务，推动学术研究和知识传播的发展。

（一）扩大服务范围

图书馆作为信息资源中心，应致力于为广大师生提供全方位的服务。扩大服务范围是服务导向管理创新的重要方面，具体方法包括：虚拟服务方面，借助信息技术的发展，图书馆可以建设虚拟图书馆和数字资源平台，提供在线检索、电子资源访问、远程参考咨询等服务。这样的虚拟服务能够打破时空限制，满足用户在任何时间、任何地点获取信息的需求。移动服务方面，通过开发移动应用程序或移动网站，图书馆可以将服务延伸到移动设备上，方便用户随时随地查找图书、预约座位、查询馆藏等。移动服务的便捷性可以更好地满足用户的个性化需求。社区合作方面，图书馆可以与校内外其他部门、社区组织合作，开展合作项目，扩大服务范围。例如，与学术部门合作举办学术讲座、研讨会，与社区合作组织读书俱乐部等活动，以提供多元化的服务。

（二）丰富服务内容

为满足用户多样化的信息需求，图书馆需要不断丰富服务内容。以下是一些创新的服务内容：提供学术写作指导、文献检索培训、学术发表咨询等服务，帮助用户提升学术研究和写作能力；举办主题展览、阅读推广活动等，引导用户了解各个领域的知识和文化，拓宽视野；为研究人员提供数据管理的支持，包括数据存储、整理、共享等，帮助他们更好地管理和利用研究数据；设置创客空间、多媒体创作室等，为用户提供创新实践和多媒体制作的支持。

（三）优化服务流程

优化服务流程是提高服务效率和用户满意度的关键：引入自助借还书机、自助打印等设备，方便用户自助操作，缩短借还书和打印复印等流程的时间。

通过预约系统，用户可以提前预约图书、座位、学术咨询等服务，避免排队等待，提高效率；通过用户信息管理系统，记录用户借阅偏好、阅读兴趣等，为用户提供个性化的推荐和定制服务；利用自动分类系统、机器人导航等技术，提高图书馆内部流程的效率，节约人力资源。

（四）提升服务效率

提升服务效率是服务导向管理创新的重要目标。以下是一些提升服务效率的创新举措：利用自动化系统对图书馆的采购流程进行管理，提高图书采购的效率和准确性；通过数据分析工具对用户需求、图书馆资源利用情况等进行分析，以便更好地优化资源配置和服务策略；建立服务评估机制，收集用户反馈意见，并针对问题进行改进，不断提高服务质量和效率。

（五）提供多元化的服务工具和平台

为了满足用户的多样化需求，图书馆需要提供多元化的服务工具和平台。以下是一些创新的服务工具和平台。

1. 社交媒体平台

利用微博、微信等社交媒体平台，与用户进行互动，发布图书馆动态、推送图书推荐等，增加用户参与度。

2. 在线学习平台

为用户提供在线学习资源和课程，支持用户自主学习和知识获取。

3. 虚拟助手

通过智能语音助手、聊天机器人等技术，为用户提供快速的参考咨询和问题解答服务。

4. 数据可视化工具

通过数据可视化工具，将图书馆的统计数据、资源利用情况等以直观的方式展示给用户，帮助他们更好地了解和利用图书馆的资源。

四、组织灵活

在当今快速变化的社会和技术环境下,图书馆必须具备更强的适应能力和变革能力,以满足用户的需求和期望。组织灵活性涉及图书馆的组织结构、服务策略和管理策略的调整,以及员工的灵活配置,以提高工作效率。

图书馆的组织结构需要具备灵活性。传统的图书馆组织结构通常是以部门划分的,各部门之间相对独立,流程相对僵化。然而,现代图书馆需要采用更加灵活的组织结构,如采用跨部门团队、项目组或者矩阵式管理等方式。这样的组织结构能够促进信息流通和协作,加强各个部门之间的联系,从而更好地应对外部环境的变化。图书馆还需要能够快速响应外部环境的变化,调整服务策略和管理策略。随着社会和技术的发展,用户对图书馆的需求也在不断变化。为满足用户的需求,图书馆需要持续关注用户的反馈和期望,及时调整和优化服务策略。这可能涉及增加新的服务项目、改进现有的服务模式,以及加强与其他机构的合作,提供更加多样化和个性化的服务。图书馆的管理策略也需要具备灵活性。管理策略应该根据变化的外部环境和内部需求进行调整,以确保图书馆的运作高效且适应变化。这可能包括采用灵活的决策机制,推行创新的管理方法和工具以及持续的评估和改进。

此外,员工的灵活配置也是组织灵活的重要方面。图书馆应该根据工作需求和人员的技能进行快速调整和配置,以提高工作效率和资源利用率。这可能涉及员工的多岗位培训和跨部门合作,使员工能够适应不同的工作要求,并具备多样化的能力。

五、持续学习

在当今的信息社会中,新的知识和技术以前所未有的速度产生和发展,这对图书馆的管理和服务提出了新的挑战和机遇。为应对这些变化,图书馆需要建立一种持续学习的文化和机制，鼓励员工持续学习，掌握新的知识和技术，提升专业能力和服务水平。同时，图书馆还需要进行组织学习，从服务实践中反思和学习，不断优化服务策略和管理策略，推动组织的持续发展和进步。

持续学习对于员工来说至关重要。作为图书馆的核心资产，员工的专业能力和知识水平直接影响到图书馆的服务质量和创新能力。图书馆应该鼓励员工参与各种形式的学习活动，包括参加培训课程、研讨会、学术会议等，以及阅读相关的学术文献和行业报告。此外，图书馆还可以建立内部学习平台或知识共享平台，促进员工之间的交流和学习，形成学习型组织。持续学习的文化应该被纳入图书馆的绩效评估和职业发展体系中，激励员工不断提升自己的专业能力和知识储备。持续学习也需要注重技术和创新能力的培养。随着信息技术的迅猛发展，图书馆需要掌握新的技术工具和应用，以提供更加先进和便捷的服务。图书馆可以通过组织内部培训、外部专家讲座、合作项目等方式，提升员工的技术应用能力，让他们能够灵活地运用各种技术手段，满足用户的需求。同时，图书馆还应该鼓励员工关注行业的前沿动态和创新实践，积极参与创新项目，推动图书馆的创新发展。此外，图书馆的持续学习还包括组织层面的学习。组织学习是指图书馆通过对服务实践的反思和学习，不断优化服务策略和管理策略，推动组织的持续发展和进步。图书馆可以通过定期的评估和反馈机制，收集用户的意见和建议，了解用户的需求和期望。同时，图书馆还可以借鉴其他图书馆和行业的成功经验，学习他们的创新实践和管理模式，以提高自身的服务质量和竞争力。组织学习应该是图书馆的一项重要工作，需要得到组织领导和管理层的支持和重视。

持续学习对于高校图书馆管理创新具有重要意义。通过持续学习，图书馆能够不断地更新知识和技能，适应变化的环境和需求，提供更好的服务。同时，持续学习也有助于培养员工的创新能力和团队合作精神，推动图书馆的创新发展。因此，图书馆应该积极构建持续学习的机制和文化，为员工提供学习的机会和平台，营造学习型组织的氛围，以实现管理创新和持续发展的目标。

第四节　高校图书馆管理创新的主要措施

高校图书馆作为知识传播和学术支持的重要机构，在不断变化的信息时代面临着新的挑战和机遇。为适应时代发展和满足用户需求，高校图书馆需要采取一系列创新的管理措施。其中，采用新型技术管理工具、打造学习型社区、提供个性化服务和加强跨机构合作等措施成为高校图书馆管理创新的主要方向。通过这些措施的实施，高校图书馆可以提高资源管理效率、拓展服务范围、满足用户多样化需求，并为学生和教师提供更好的学术支持和创新环境。高校图书馆的管理创新将不断推动知识的传播和学术的发展。

一、采用新型技术管理工具

应用区块链技术来管理图书馆资产，以提高流通效率，同时保证信息的安全性；使用机器学习和人工智能来对用户数据进行分析，为用户提供更为精准的个性化服务。

在现代化的图书馆管理中，利用先进的技术管理工具，如区块链和人工智能，已经成为图书馆管理的重要趋势。区块链技术被誉为互联网技术的第三次革命，它是一种去中心化的分布式数据库技术。通过这种技术，可以记录和追踪任何事物的状态变化，从而有效地提高图书馆的资产管理效率。这对于高校图书馆来说尤为重要。对于一所大型的高校图书馆来说，每年都会有大量的新书入库、旧书报废或者转移，同时还需要处理各种类型的期刊、电子资源等。这就要求图书馆必须有一套高效、可靠的资产管理系统。区块链技术就可以满足这样的需求。通过将每一本书、每一份资源的信息都记录在区块链上，就可以实时、准确地了解到图书馆的资产状态，从而提高图书馆的服务效率。此外，区块链技术的去中心化特性，还能有效地保护图书馆资产信息的安全性。因为在区块链上的数据，一旦被记录下来，就无法被修改或者删除。这就极大地降低了信息被篡改的风险，保证了图书馆资产信息的真实性和可靠性。

而对于人工智能和机器学习技术的应用，主要是为了提供更为精准的个性化服务。在高校图书馆中，每个用户都有自己独特的需求和兴趣。通过对用户数据进行深度分析，可以更好地了解用户的需求，从而提供更精准的个性化服务。例如，通过对用户借阅记录的分析，可以发现用户的阅读兴趣和习惯，从而向用户推荐他们可能感兴趣的书籍；通过对用户搜索行为的分析，可以发现用户的信息需求，从而提供更精准的搜索服务。此外，通过对用户反馈的分析，还可以持续改进图书馆的服务，以提高用户满意度。

二、打造学习型社区

在高校图书馆管理创新的主要措施中，打造学习型社区是一个重要的方向。传统的图书馆已不再只是提供书籍和资源的场所，而是应该成为学习、交流和创新的中心。通过打造学习型社区，高校图书馆可以提供更加多样化和丰富的服务，满足用户的多元化需求，具体如图 2-4 所示。

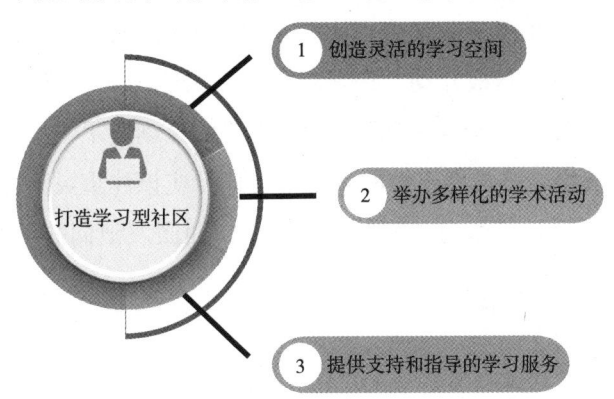

图 2-4　高校图书馆管理创新的主要措施

（一）创造灵活的学习空间

为打造学习型社区，高校图书馆需要提供灵活多样的学习空间。传统的阅览室只提供安静的阅读环境，但学习不仅是阅读，还包括合作、讨论、实践等多种形式。因此，图书馆可以设置多功能的学习空间，如小组讨论室、创客空间、实验室等，以满足不同用户的学习需求。小组讨论室是提供合作学习环境的重要空间。这些室内设计上可以配备圆桌、白板、投影仪等设备，为学生们提供一个团队合作和交流的场所。在这里，学生们可以组成小组，共同讨论和解决问题，互相学习和启发。小组讨论室的设立鼓励了学生之间的互动和合作，培养了团队合作和沟通技巧，同时也激发了他们的创造力和想象力。创客空间为学生提供先进的工具和设备，以支持他们进行创新实践和制作原型。这些空间可以配备3D打印机、激光切割机、电子元件等工具，使学生们能够将自己的想法和创意变为现实。创客空间的设立鼓励了学生们的创新思维和实践能力，同时也培养了他们解决问题和独立思考的能力。实验室为学生们提供实验和研究的场所。这些实验室可以配备各种专业的设备和仪器，供学生们进行科学实验和研究项目。实验室的设立能够提供实践机会，让学生们将课堂所学应用到实际情境中，培养他们的实验技能和科学精神。

通过提供灵活多样的学习空间，高校图书馆可以满足不同用户的学习需求，提供一个积极互动、创新思维和实践能力得以培养的环境。这些学习空间不仅提供了学习的场所，更重要的是创造了学生们交流合作、探索创新的机会。高校图书馆的学习空间设计应该注重灵活性和开放性，鼓励学生们主动参与学习、探索和实践，从而激发他们的学习热情和创造力。

（二）举办多样化的学术活动

为建立一个学习型社区，高校图书馆应该积极举办多样化的学术活动，以促进学术交流和知识分享。这些学术活动可以包括讲座、研讨会、工作坊等形式，旨在提供一个学术交流的平台，让学生和教师们有机会互相学习和启发，增强他们的学术能力和创新思维。

高校图书馆可以邀请知名学者和专家进行学术讲座。这些学术讲座可以涵盖不同学科领域的研究成果和前沿知识，为学生和教师们提供与顶尖学者面对面交流的机会。通过与学术界的权威人士进行互动，学生们可以深入了解最新的学术进展和研究方向，拓宽自己的学术视野。图书馆还可以组织研讨会和工作坊，让学生和教师们共同探讨某一学科领域的热点问题。这些研讨会和工作坊可以设立专题小组，让参与者围绕特定的主题进行讨论和交流，分享彼此的研究成果和心得体会。通过这样的交流平台，学生和教师们可以互相借鉴和启发，促进学术思想的碰撞和创新。此外，高校图书馆还可以开展学术写作培训和指导活动，帮助学生提升学术写作和论文撰写的能力。这包括针对不同学术层次和需求的写作课程、研讨会和个别辅导，以帮助学生更好地理解学术写作的规范和技巧，提高他们的学术表达能力和论文质量。

通过举办多样化的学术活动，高校图书馆可以激发学生和教师们的学术兴趣和热情，促进他们的学术成长和创新能力的提升。这些活动为学生提供了与学术界专家交流的机会，拓宽了他们的学术视野，增强了他们的专业素养和综合能力。同时，这些活动也促进了教师之间的学术互动和合作，提升了教学质量和教学方法的创新。

（三）提供支持和指导的学习服务

学习型社区的核心在于为用户提供支持和指导的学习服务。高校图书馆可以通过个性化咨询、学术写作指导、信息素养培训等方式，帮助用户提高学习能力和信息获取能力。例如，图书馆可以设立学术写作指导中心，为学生提供学术写作的指导和反馈。同时，图书馆还可以开展信息素养培训课程，帮助用户学习如何有效搜索和评估信息，提高信息获取和利用的能力。通过这样的学习服务，高校图书馆可以成为学生学习和成长的重要支持者，帮助他们取得更好的学术成绩和发展机会。

三、深化跨机构合作

高校图书馆管理创新的另一个重要措施是深化跨机构合作。这包括与其他高校图书馆、公共图书馆、出版社等机构之间的合作与资源共享（图2-5）。通过跨机构合作，高校图书馆可以扩大资源获取渠道，提供更广泛的学术资源和服务，以满足用户的需求。

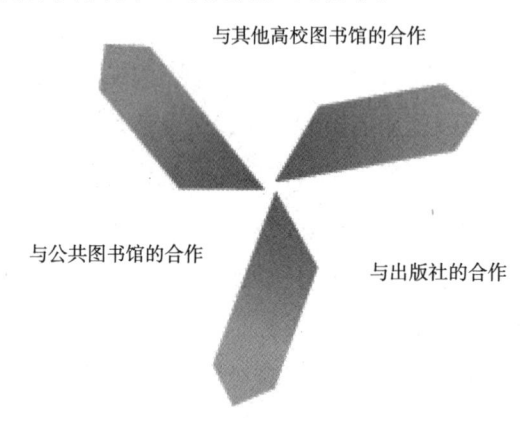

图 2-5　深化跨机构合作

（一）与其他高校图书馆的合作

高校图书馆可以积极寻求与其他高校图书馆的合作，共享资源、合作采购，并开展联合活动。通过与其他高校图书馆的合作，高校图书馆可以拓展用户获取图书和电子资源的范围，提供更多领域和专业的学术资源。合作采购可以降低资源采购成本，实现资源的共享和互补，使学生和教师们能够更广泛地获取所需的学术资源。此外，高校图书馆之间可以联合举办学术讲座、研讨会等活动，促进学术交流和合作，增加学术资源的可及性。例如，某高校图书馆与其他高校图书馆合作，共享电子期刊数据库资源。学生和教师们可以通过登录各个高校图书馆的系统，获取其他高校图书馆订阅的期刊和数据库，实现资源的共享和互相借阅。这样，学生和教师们可以方便地获取更广泛的学术资源，支持他们的学术研究和教学工作。

（二）与公共图书馆的合作

高校图书馆可以与公共图书馆建立合作关系，共同举办活动、开展社区服务，为更广泛的用户提供学习和阅读的机会。通过与公共图书馆的合作，高校图书馆可以扩大服务范围，不仅能为校内师生提供资源和服务，还能服务于社区居民、教育机构和其他公众用户。合作活动可以包括主题讲座、读书分享会、知识培训等，通过共同举办这些活动，高校图书馆和公共图书馆可以汇集专业知识和资源，丰富社区的学习环境和文化氛围。此外，高校图书馆还可以与公共图书馆共享图书资源，通过互相借阅和合作采购，提供更多样化的图书和阅读材料。例如，某高校图书馆与当地公共图书馆合作，共同举办读书活动。学生和社区居民都可以参与其中，通过分享阅读心得和交流，促进学术与文化的交流。高校图书馆可以提供相关的图书和学术资源，公共图书馆则提供场地和组织力量。通过这种合作，高校图书馆和公共图书馆共同努力，为社区居民提供丰富的学习和阅读机会。

（三）与出版社的合作

高校图书馆可以与出版社建立合作关系，以提供更全面和及时的学术出版物和电子资源。合作可以包括订购图书、期刊和数据库等出版物，共同推动学术出版和知识传播。通过与出版社的合作，高校图书馆可以获取优质的学术资源，并及时为学生和教师们提供最新的研究成果和学术资讯。合作还可以包括举办学术出版物展览、讲座等活动，以推广学术出版物和促进学术交流。高校图书馆可以与出版社合作，邀请作者和编者来图书馆举办讲座，介绍其最新出版的著作和研究成果，为学生们和教师们提供学术分享和交流的机会。例如，某高校图书馆与多家出版社建立合作关系，共同举办学术出版物展览。图书馆向出版社征集最新的学术著作，并将其展示在图书馆的专题展区。学生和教师们可以通过展览了解最新的学术成果和研究动态，同时还可以与作者进行面对面的交流和讨论。

通过深化跨机构合作，高校图书馆能够拓展资源获取渠道，提供更多元化的学术资源和服务。合作与资源共享能够满足用户多样化的学术需求，促进学术交流和合作，提高服务质量和影响力。高校图书馆的管理创新需要积极寻求跨机构合作，以共同推动知识的传播和学术的发展。

四、培养信息素养

高校图书馆作为信息资源的中心，需要主动担当起培养用户信息素养的角色。信息素养是指个体在信息时代有效获取、评估、利用和管理信息的能力。通过开展相关教育和培训，高校图书馆可以帮助用户提高信息获取和使用的能力，提升他们的信息素养水平，具体如图2-6所示。

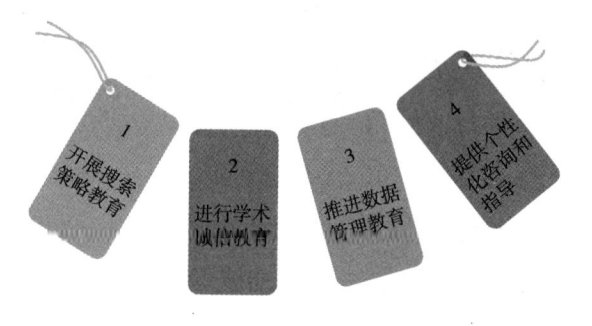

图2-6 培养信息素养

（一）开展搜索策略教育

搜索策略教育是培养用户有效获取信息的基础。高校图书馆可以开展搜索策略教育，教授用户如何使用图书馆的搜索工具和数据库，如何选择关键词、使用逻辑运算符、筛选搜索结果等。此外，还可以教授用户如何评估搜索结果的可靠性和权威性，避免误导性和低质量的信息。例如，图书馆可以开设搜索策略培训课程，向用户介绍常用的搜索工具和数据库，如 Google Scholar、Web of Science 等。课程包括搜索技巧、高级搜索选项的使用、文献检索的方法等。通过培训，用户可以学习如何制定有效的搜索策略，提高信息检索的效率和准确性。

（二）进行学术诚信教育

学术诚信既是高校学习和研究的基本原则，也是信息素养的重要组成部分。高校图书馆在管理创新中应该开展学术诚信教育，向用户介绍学术道德规范和学术诚信的重要性。这方面的教育内容可以包括引用规范、避免抄袭、文献管理等方面。图书馆可以组织学术诚信培训课程，教授用户如何正确引用文献和使用引文管理工具。在学术写作中，正确引用他人的观点和研究成果是必不可少的，同时也是尊重知识产权和学术交流的基本要求。图书馆可以教授用户如何选择适当的引用方式，如何编写引文和参考文献列表，以及如何使用引文管理工具来管理引用信息。这样的培训有助于用户遵循学术引用规范，准确记录和引用他人的成果，避免抄袭行为。图书馆还可以提供有关学术诚信的教育资源，如学术诚信指南、学术道德准则等。这些资源可以帮助用户了解学术道德的重要性，明确学术研究和写作中的诚信原则。通过了解学术诚信的基本要求和规范，用户可以更好地掌握学术写作的技巧和规范，提高他们的学术素养和研究质量。此外，图书馆还可以提供反抄袭软件和查重工具的使用指导。这些工具可以帮助用户检测自己的学术作品是否存在抄袭行为，确保作品的原创性和独立性。图书馆可以组织相关培训，教授用户如何使用这些工具进行查重和反抄袭检测，以及如何正确解读检测结果。通过使用这些工具，用户可以主动保证自己的学术作品的原创性，避免意外抄袭的问题。

在学术诚信教育中，图书馆还可以与其他相关部门和机构合作，共同推进学术诚信的教育工作。与学院、研究生院等部门合作，可以在课程中加入学术诚信的内容，强化学生对学术道德的认识和理解。与科研机构和学术期刊合作，可以推动学术出版伦理的建设和宣传，加强对学术论文的审核和查重工作。通过开展学术诚信教育，高校图书馆可以帮助用户树立正确的学术价值观，提高他们的学术道德素养和学术写作水平。这样的教育工作有助于培养用户的学术诚信意识，促进学术交流和合作，维护学术界的健康发展。同时，通过提供反抄袭工具和指导，图书馆也能帮助用户自我检查和纠正学术作品中的抄袭问题，保证作品的原创性和学术质量。

（三）推进数据管理教育

随着科研数据的快速增长和重要性的提升，数据管理成为信息素养的重要组成部分。高校图书馆可以开展数据管理教育，向用户介绍数据管理的基本原则和方法。这包括数据收集、整理、存储、共享和出版等方面的知识。

图书馆可以举办数据管理培训课程，向用户传授数据管理的基本原则和方法。课程内容可以包括数据收集的规范和方法，数据整理和清洗的技巧，数据存储和备份的策略，以及数据共享和开放科学的概念。通过培训，用户可以了解数据管理的基本流程和关键环节，学会合理地组织和管理自己的研究数据，提高数据的可重复性和可信度。图书馆还可以介绍和推广数据管理工具和平台，帮助用户更好地进行数据管理。这些工具和平台可以提供数据收集、整理、存储和共享等功能，帮助用户高效地管理大量的研究数据。图书馆可以组织相关的培训和指导，教授用户如何使用这些工具和平台，如何进行数据备份和共享，以及如何确保数据的安全性和隐私保护。通过推进数据管理教育，高校图书馆可以帮助用户更好地掌握数据管理的基本原则和方法，提高他们的数据管理能力和数据质量。这样的教育工作有助于促进科学研究的可靠性和可持续性，推动数据共享和开放科学的实践。图书馆作为数据管理和服务的中心，扮演着重要的角色，为用户提供相关培训、支持和资源，促进学术界数据管理水平的提升。

（四）提供个性化咨询和指导

除了开展信息素养教育的群体培训，高校图书馆还可以提供个性化的咨询和指导服务，根据用户的需求和问题，为他们提供针对性的帮助和指导。这样的服务能够更加贴近用户的具体情况和需求，帮助他们解决实际问题，提高信息素养水平。一方面，高校图书馆可以通过设置咨询台或在线咨询平台，提供个性化咨询服务。用户可以通过面对面咨询、电话咨询或在线聊天等方式向图书馆咨询，询问有关信息获取、文献检索、数据库使用等方面的问题。图书馆工作人员可以根据用户的具体需求，提供相关资源、技巧和指导，帮助用户解决实际问题，提高他们的信息检索和利用能力。另一方面，高校图书馆可以开展个性化指导服务，根据用户的具体研究课题或学习领域，提供专门的指导和支持。例如，对于研究生和学者，图书馆可以提供学术论文写作的指导，包括文献综述的撰写、论文结构的设计、引用规范的遵循等。对于本科生和研究新手，图书馆可以提供研究方法和学术写作的基础培训，帮助他们掌握学术研究的基本技能和规范。

第三章　高校图书馆传统业务方面的创新

第一节　高校图书馆文献资源建设创新

高校图书馆作为知识传播的重要枢纽，其文献资源建设面临着重大的挑战和机遇。优质、丰富的文献资源不仅是高校图书馆的基础，还是推动学术研究、教学活动和社区服务的关键因素。因此，创新性地构建和优化文献资源是当下高校图书馆的重要任务。这需要深入理解新的技术趋势、学术需求，同时以用户为中心，通过科学的采集策略和管理手段，提供更加有效、便捷的文献服务，从而为学术和教育工作提供坚实的支撑。

一、全媒体资源建设

随着社会媒体和数字技术的发展，全媒体资源的建设已经成为图书馆文献资源建设的重要部分。全媒体资源包括各种类型的媒体内容，如文字、图片、音频、视频等，以及来自各种新媒体平台的内容，如社交网络、博客、论坛等。全媒体资源可以提供丰富和多元的信息，满足用户的多样化需求。

在全媒体资源建设中，以学科需求为导向是至关重要的一环。作为高校图书馆，其服务的主要对象为学生和教师，他们的需求因学科背景和研究方向的不同而呈现多样化和专业化的特点。为更好地满足这些需求，图书馆必须依据各学科的特性和需求，精心制定相应的全媒体资源建设策略。理工科学科的特点通常是数据和研究结果密集，因此全媒体资源建设策略对于理工科学科，可能会更重视收集和整理学术论文、研究报告、实验数据等资源。这类资源可以通过学术数据库、学术社区、研究机构网站等渠道获取。除了传统的学术资源，图书馆还应该关注包括代码库、数据集、实验结果等新型学术资源的收集，因为这些资源在理工科学科中发挥着越来越重要的作用。相反，对于人文社科学科，因为研究的对象和方法的多样性，全媒体资源建设可能会更重视收集和整理新闻报道、博客文章、社交网络评论等资源。这类资源不仅可以反映社会和文化的现象和变迁，而且可以提供丰富的观点和分析，对于人文社科学科的研究有很高的价值。除了传统的新闻媒体和社交网络，图书馆还应该关注包括博客、论坛、个人网站、网络社区等新型媒体的资源收集。

不同学科的全媒体资源建设策略不应是固定不变的，而应是灵活和动态的。图书馆需要定期调查和分析用户的需求，以便及时调整和优化资源建设策略。例如，随着研究热点和社会趋势的变化，某些类型或主题的资源可能会变得更重要或更受欢迎。同时，用户的信息技能和使用习惯也可能会随着技术和环境的变化而变化，这也需要图书馆在资源建设中予以考虑。

充分利用新媒体平台是全媒体资源建设的关键。新媒体平台不仅提供了丰富的信息资源，而且具有互动性和实时性，能够反映最新的学术动态和社会趋势。因此，图书馆应该积极关注和参与新媒体平台，如社交网络、博客、论坛等。一方面，可以从这些平台收集和整理信息，如获取学者的最新研究成果、收集网民的观点和评论等。另一方面，也可以在这些平台上发布和推广图书馆的资源和服务，吸引更多的用户。

然而，全媒体资源建设也面临一些挑战。一方面，全媒体资源的收集和整理需要大量的人力和物力，尤其是对于大规模和实时的数据。因此，图书馆需要探索新的技术和方法，如使用爬虫技术自动获取网页数据、使用文本挖掘技术自动分析和分类文本等。另一方面，全媒体资源的质量和真实性需要严格的审查和验证。图书馆需要建立完善的质量控制和审查机制，如定期评估和检查资源的准确性和有效性、设立专门的审查团队和流程等。最后，全媒体资源的版权和隐私问题需要妥善处理。因此，图书馆需要遵守相关的法律法规，如尊重版权、保护个人隐私等。

二、用户参与型文献资源建设

用户参与型文献资源建设是一种在图书馆领域逐渐被广泛接受和采纳的资源建设方式。顾名思义，它是指图书馆在进行文献资源建设时，积极引入和利用用户的智慧和力量，让用户参与到资源建设的过程中。这种方式突破了传统的由图书馆专业人员独立完成资源建设的模式，实现了用户和图书馆在资源建设中的共创和共享。

（一）用户参与型文献资源建设的理念和重要性

用户参与型文献资源建设的理念源自 21 世纪初，Web 2.0 的兴起，这个理念强调的是用户的主体地位和创新精神。用户参与不仅仅是资源获取的被动接收者，更是资源建设的主动参与者和贡献者。他们通过自己的知识、技能、经验和观点，为图书馆提供了宝贵的资源和信息，丰富了图书馆的资源库。

用户参与型文献资源建设的重要性表现在多个方面。首先，它可以提高资源建设的效率和质量。由于用户通常具有专业的学科背景和实践经验，他们对资源的质量和适用性有深刻的理解和独特的评价。通过用户参与,图书馆可以获取更广泛、更深入、更精准的资源建设信息和反馈,从而提高资源建设的效率和质量。其次,它可以提升图书馆服务的满意度和影响力。用户参与型文献资源建设可以让用户深度参与图书馆的服务和活动,感受图书馆的价值和影响,从而提升他们对图书馆服务的满意度和忠诚度。

(二)用户参与型文献资源建设的实施方式

用户参与型文献资源建设可以通过多种方式实施。以下是一些常见的方式:图书馆可以设置建议箱或在线反馈系统,邀请用户提供对图书馆资源和服务的建议和反馈。例如,用户可以推荐新的图书和期刊,提出对电子资源的需求,提出对资源分类和标签的建议等。图书馆可以发起众包项目,邀请用户参与到具体的资源建设任务中。例如,用户可以参与到图书馆的目录建设、全文数字化、元数据标注、资源评论等任务中。图书馆还可以建立开放的社区平台,让用户分享自己的知识和经验。例如,用户可以在社区平台上发布自己的学术文章、研究报告、课程笔记、学习心得等。

(三)用户参与型文献资源建设的优点

用户参与型文献资源建设的优点主要表现在以下三个方面:

(1)资源的丰富性和多样性。通过用户参与,图书馆可以获取更广泛和多样的资源,包括一些传统的图书馆资源获取途径无法涵盖的资源。例如,用户可以提供一些图书馆无法获得的本地资源、特殊主题的资源、私人收藏的资源、原创的资源等。

(2)服务的个性化和精准化。通过用户参与,图书馆可以更深入地了解用户的需求和习惯,从而提供更个性化和精准化的服务。例如,图书馆可以根据用户的反馈和建议,优化资源的组织和检索,提供更适合用户需求的新资源,提供更符合用户习惯的服务方式等。

(3)社区的活跃度和凝聚力。通过用户参与,图书馆可以提升社区的活跃度和凝聚力。用户参与不仅可以让用户更深入地参与和了解图书馆的活动,还可以让他们感受到自己是图书馆社区的一部分,从而提升他们的归属感和满意度。

(四)用户参与型文献资源建设的解决策略

用户参与型文献资源建设,虽然带来了许多前所未有的机遇和优势,但在实践过程中,也必然会遭遇一些挑战。这些挑战的具体解决策略包括确保用户参与的质量和效率、调动和维系用户的参与热情以及处理用户之间的利益冲突等(图3-1)。

1	2	3
确保用户参与的质量和效率	调动和维系用户的参与热情	处理用户之间的利益冲突

图3-1 用户参与型文献资源建设的解决策略

1.确保用户参与的质量和效率

确保用户参与的质量和效率是用户参与型文献资源建设面临的首要挑战。因为用户的学术背景、技能水平、热情投入程度等因素的差异,可能导致用户参与的结果存在较大的质量差距。另外,用户参与的过程可能因为信息传递、协作机制等问题影响到效率。为解决这个挑战,图书馆需要制定明确的参与指导和提供必要的支持。对于众包项目,图书馆应提供详细的任务说明和标准,明确用户的工作职责和期望结果,避免因为任务目标模糊、操作流程复杂等问题影响用户的参与质量。同时,图书馆还应提供易用的工具和接口，减少用户的技术壁垒，提高用户的参与效率。另外，图书馆还可以设立在线帮助和支持系统，及时回答用户的问题，解决用户的困难。

2.调动和维系用户的参与热情

调动和维系用户的参与热情是另一个重要挑战。用户参与的动力可能源自内在的学习兴趣、社区责任感，也可能源自外在的社交需求、实际利益。然而随着时间的推移，用户的热情可能会消退，导致参与度下降。为了激发和保持用户的参与热情，图书馆需要提供一定的激励和奖励机制。例如，图书馆可以为用户提供积分、徽章、证书等形式的奖励，以表彰他们的贡献。这些奖励既可以提高用户的成就感，也可以刺激他们的竞争意识。此外，图书馆还可以为积极参与的用户提供优先服务、特殊权利等待遇，让他们感受到自己的价值和影响力。

3.处理用户之间的利益冲突

处理用户之间的利益冲突也是一个不可忽视的挑战。由于用户的需求和期望可能存在差异，因此在参与过程中可能产生争议和冲突。例如，用户对某个资源的分类、标签、解释等可能存在不同的看法。为了处理这类问题，图书馆需要建立公平和透明的规则和机制。例如，图书馆可以设立用户行为准则，明确用户的权利和责任，避免用户的不当行为。图书馆还可以设立投诉机制，允许用户反映和解决问题。同时，图书馆需要设立专门的管理人员和程序，公正、公平、公开地处理用户之间的纠纷和投诉。

三、知识图谱建设

知识图谱是一种新型的知识组织和表达方式，它采用图结构表示知识，以实体为节点，以关系为边，构建起丰富的语义网络。知识图谱能够提供更深入、更直观的知识理解和探索方式,因此在高校图书馆的文献资源建设中,具有重要的应用价值和发展潜力。

(一)知识图谱的定义和特性

知识图谱是一种以图形方式展示和组织知识的工具。它是一个巨大的网络,其中的节点代表实体(如人、地点、概念等),而边则代表实体之间的关系。知识图谱最大的特点在于它的可视化,以直观的图形展现复杂的信息和关系,使用户能够更好地理解和记忆知识。另一个特点是知识图谱的动态性,可以随着新的知识和信息的添加而更新和扩展。

(二)知识图谱在高校图书馆的应用价值

知识图谱在高校图书馆的应用价值主要体现在以下几个方面。

通过构建知识图谱,高校图书馆可以有效地提升资源检索和推荐效果。在传统的检索方式中,用户往往通过输入关键词查找与之相关的文献。然而这种方式往往会忽略那些间接相关或者潜在相关的文献。知识图谱以实体为节点,以关系为边,构建起丰富的语义网络。基于知识图谱的检索,用户可以找到与查询实体直接相关的文献,也可以通过实体间的关系,找到间接相关或潜在相关的文献。这样,用户的知识视野得以拓宽,对学习研究的深度和广度也都有所提升。知识图谱还可以用来推荐文献。通过分析用户的历史行为和偏好,图书馆可以基于知识图谱推荐用户可能感兴趣的文献。与传统的推荐方法相比,基于知识图谱的推荐更具有针对性和准确性,可以大幅提升用户的满意度和效率。

知识图谱以直观的图形展示复杂的知识和信息,有助于提高用户的理解和记忆效果。传统的文献展示方式往往是线性和文本的,用户需要花费大量的时间和精力阅读和理解。而知识图谱则是以图形的方式展示知识,用户可以通过视觉的方式快速把握关键信息,理解复杂的关系。知识图谱还能展示知识的演变和发展过程,有助于用户理解知识的历史背景和学术脉络。例如，图书馆可以构建一个学科的知识图谱，展示该学科的主要研究主题、关键理论、重要学者等，并展示它们之间的关系和演变。这样，用户可以更全面和更深入地理解该学科，从而提升学习效果。

知识图谱是一种新型的文献资源表现形式，它能够丰富和拓宽图书馆的服务内容和形式。传统的图书馆服务往往以借阅和查询为主，而知识图谱则可以提供更具吸引力和价值的服务。例如，图书馆可以基于知识图谱提供知识导航服务，帮助用户快速定位到感兴趣的知识领域；图书馆可以构建学科地图，展示学科的研究现状和趋势；图书馆可以构建学者网络，展示学者的合作关系和学术影响力。这些基于知识图谱的服务，可以增强图书馆的吸引力和影响力，满足用户更高层次的需求。

（三）高校图书馆知识图谱的建设策略

高校图书馆知识图谱的建设是一个复杂的系统工程，需要采取有效的策略来保证其效果和效率。以下是一些可能的策略（图3-2）。

1. 明确目标和范围
2. 数据获取和处理
3. 知识表示和组织
4. 知识更新和维护
5. 用户接口和服务
6. 进行持续更新

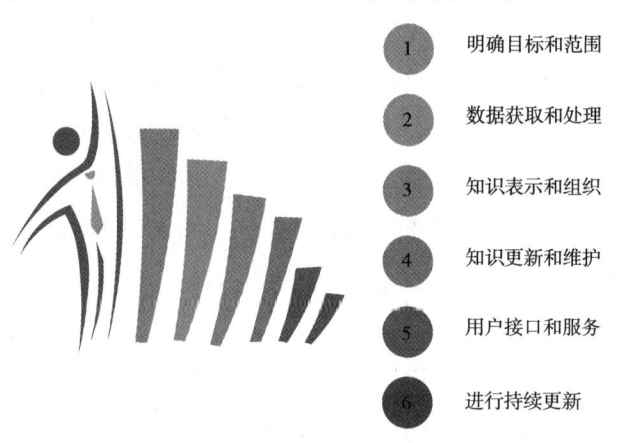

图3-2　高校图书馆知识图谱的建设策略

1. 明确目标和范围

高校图书馆需要明确知识图谱的目标和范围。知识图谱的目标可能是提升检索效果、推动学术研究、推广教育资源等。明确目标可以帮助图书馆确定知识图谱的核心内容和功能。知识图谱的范围可能是某一学科、某一主题、某一类型的文献等。明确范围可以帮助图书馆有针对性地收集和处理数据。

2.数据获取和处理

知识图谱的建设需要大量的数据作为基础。这些数据可能来自多种渠道，包括但不限于图书馆自身的馆藏资源、网络的开放数据、用户的使用数据等。其中，图书馆自身的馆藏资源是建设知识图谱的重要数据源，包括书籍、期刊、报纸、学位论文、会议论文、研究报告等各类文献资料。网络的开放数据，如 Wikipedia、DBpedia、Linked Data 等，也是知识图谱建设的重要数据源，可以提供大量的事实知识和语义关系。用户的使用数据，如借阅记录、检索记录、标注记录等，也可以作为知识图谱建设的数据源，可以提供用户的需求信息和行为信息。获取到数据后，需要对数据进行预处理，以提高数据的质量和一致性。数据预处理包括数据清洗、数据整合、数据标注等环节。数据清洗是指去除数据中的错误和冗余，如去除无效数据、去除重复数据、去除异常数据等。数据整合是指将来自不同源的数据进行融合，如统一数据格式、解决数据冲突、构建数据链接等。数据标注是指对数据进行语义标注，如标注实体类型、标注关系类型、标注属性值等。为提高数据处理的效率和效果，可以采用各种自动化工具和算法，如数据挖掘算法、机器学习算法、自然语言处理算法等。同时，也可以采用人工智能和众包的方式，充分利用专家的知识和用户的智慧。例如，可以邀请专家进行数据审核和数据修订，可以邀请用户进行数据标注和数据贡献。

3.知识表示和组织

知识图谱的核心是知识的表示和组织。高校图书馆需要采取合适的知识表示模型，如 RDF 模型、OWL 模型等，以表达知识的实体、属性、关系等。此外，图书馆还需要采取合适的知识组织方式，如层次结构、网络结构等，以展现知识的复杂性和多样性。

4. 知识更新和维护

知识图谱需要随着知识和信息的更新而进行更新和维护。高校图书馆需要建立有效的知识更新机制，如定期的数据采集、自动的数据处理、专家的数据审核等。此外，图书馆还需要建立有效的知识维护机制，如用户的错误反馈、用户的知识贡献、专家的知识修订等。

5. 用户接口和服务

知识图谱的价值主要体现在对用户的服务。高校图书馆需要设计易用和友好的用户接口，如视觉化的检索界面、个性化的推荐界面等。此外，图书馆还需要提供多元和高质的服务，如知识导航、学科地图、学者网络等。

6. 进行持续更新

知识图谱是一个动态的系统，需要随着新的知识和信息的添加而进行更新。因此，图书馆需要建立有效的更新机制，保证知识图谱的及时性和完整性。

四、可持续发展的文献资源建设策略

可持续发展的文献资源建设是高校图书馆面临的重要任务之一。为实现可持续发展，高校图书馆需要采取一系列策略，包括资源管理、技术创新、用户参与和合作伙伴关系等方面的策略。

（1）资源管理是实现可持续发展的基础。高校图书馆应定期评估和筛选现有的文献资源，剔除陈旧、过时或不受欢迎的资源，以释放资源和预算用于更有价值的资源获取和服务提供。在资源订购与采购方面，高校图书馆应根据用户需求和学科发展趋势，合理订购和采购文献资源，与出版商和供应商建立合作关系，争取获得更有竞争力的价格和优惠条件。此外，高校图书馆应提倡资源利用与共享，通过开放获取、互联网资源、联盟订购等方式，扩大资源的使用范围，并鼓励用户之间的资源共享，实现资源的共享与互利。

（2）技术创新是实现可持续发展的重要手段。高校图书馆应积极推动技术创新，利用数据挖掘和智能分析等技术，对文献资源进行智能分析和挖掘，为用户提供个性化的推荐和服务。同时，支持和推广开放获取的文献资源，通过建立开放获取平台、支持开源软件等方式，促进科学研究的公正和共享。高校图书馆还应引入新的服务模式和技术手段，如数字图书馆、虚拟实验室等，提供更便捷、更多样化的文献资源服务。

（3）用户参与是实现可持续发展的重要环节。高校图书馆应鼓励用户参与文献资源建设，通过用户调研、需求调查等方式，了解用户的需求和意见，从而调整和优化文献资源的建设策略。同时，高校图书馆还可以引入用户评价和反馈机制，鼓励用户对文献资源进行评价和推荐，以提高资源的质量和适用性。用户参与的过程不仅可以提升用户体验，还可以促进用户对文献资源的有效利用和管理。

（4）合作伙伴关系是实现可持续发展的重要支撑。高校图书馆应与其他图书馆、学术机构、出版商等建立合作伙伴关系，共享资源和经验，开展资源的联合采购和共建，提高资源获取的效率和质量。通过合作伙伴关系，高校图书馆能够获取更多的资源支持，共同推动文献资源建设的可持续发展。

第二节　高校图书馆分类编目创新

在高校图书馆中，分类编目是最基础也是最重要的业务之一。随着信息技术的快速发展，这项传统业务也面临着需要创新和改变的挑战，下面进行详细论述。

一、分类编目的创新理念

当今社会正处在信息爆炸的时代，高校图书馆的文献资源也在不断增加。如何有效地组织和管理这些资源，使用户能够方便快捷地获取所需的信息，是图书馆分类编目面临的挑战。这需要从根本上改变对分类编目的理念，将其定位为一项用户导向的服务。创新的分类编目理念不再局限于单纯的书刊整理工作，而是以提高用户检索效率和满意度为核心目标。同时，要关注新的技术和工具，尤其是人工智能和大数据技术，将它们融入分类编目的各个环节中。

分类编目的创新理念首先需要明确其服务导向的属性。在以往的实践中，分类编目的工作常常集中于对文献的科学管理和严谨整理，但在信息化社会，对用户的需求和体验的关注越来越重要。传统的分类编目工作主要以文献本身为出发点，着重于按照科学准确的体系对文献进行分类整理，使其满足在物理空间中的寻书和借阅需求。然而随着数字化和网络化技术的发展，文献资源已经超越了物理空间的限制，用户的检索方式和需求也发生了根本的变化。用户不再满足于被动接收图书馆提供的服务，而是希望根据自己的需求和习惯，主动快捷地获取信息。因此，图书馆需要调整服务方式，从用户的角度出发，重视用户的信息需求和检索体验。在这个背景下，分类编目的理念也需要发生改变，明确其服务导向的属性。用户导向的分类编目理念把用户的需求和满意度作为工作的核心目标，不仅关注用户的具体需求，如需要获取哪些信息，还要关注用户的检索习惯和体验，如何获取信息、获取信息的难易程度等。这样，分类编目工作不再局限于对文献的整理，而是涵盖了对用户需求的识别、对检索工具的优化、对服务过程的管理等多个环节，成为一项全面的服务工作。为了实现用户导向的分类编目，需要不断优化分类编目的标准、流程和工具。这首先需要深入了解用户的需求和习惯，这可以通过用户调研、数据分析等方式实现。例如，通过用户满意度调查、用户行为分析等方式，了解用户对分类编目服务的评价，对检索工具的使用习惯，对信息需求的特点等。然后，根据这些了解，调整和优化分类体系，使之更贴近用户的思维习惯；改进检索工具，使之更方便用户操作；优化服务流程，使之更满足用户的个性化需求。同时，也要建立反馈机制，通过用户反馈、数据监控等方式，持续了解服务效果，及时调整优化方案。

分类编目的创新理念还需要强调技术和创新的重要性。在当今的数字时代，新的信息技术，特别是人工智能和大数据技术，为分类编目工作提供了强大的工具和广阔的可能性。这些技术不仅可以大大提高工作效率，降低人工成本，而且能够提高服务质量，满足用户的多样化和个性化需求。可以利用自然语言处理（NLP）技术，自动分析文献的内容，提取关键词，生成分类号和主题词。这样，不仅可以避免人工操作的误差，还可以处理大量的数据，提高编目速度。同时，自然语言处理技术也可以实现对非结构化数据的处理，如对文本、音频、视频等多种形式的文献进行分类编目。还可以利用机器学习技术，预测用户的检索需求，提供个性化的检索服务。通过对用户的检索行为和偏好的分析，机器学习模型可以学习到用户的特定需求和习惯，然后为用户提供更精确的检索结果，或者主动推荐相关的资源。这样，不仅可以提高用户的检索效率，而且可以提高用户的满意度。此外，还可以利用大数据技术，对图书馆的大量数据进行分析和挖掘，从而优化分类编目的工作。例如，通过对历史编目数据的分析，可以找出编目的规律和趋势，优化编目体系；通过对用户行为数据的分析，可以了解用户的需求和习惯，改进检索工具。

分类编目的创新理念更需要注重协同和共享。在全球信息网络的背景下，任何一个图书馆的资源都是有限的，无法满足用户的全面需求。因此，需要通过协同和共享，构建更大的信息资源库，提供更全面的服务。这不仅包括文献资源的共享，还包括编目数据的共享。例如，图书馆可以共享编目数据，形成联合编目系统。这样，用户可以在一个平台上检索多个图书馆的资源，提高检索效率。同时，图书馆也可以共享编目的经验和技术，提高编目的质量和效率。通过云计算和大数据技术，还可以实现编目数据的实时交换和同步，保证数据的时效性和一致性。

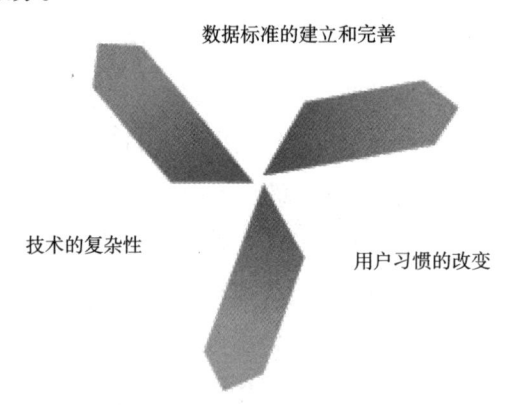

二、电子编目的实施与优化

电子编目的实施与优化是一项复杂的工作，需要充分考虑数据标准的建立和完善、技术的复杂性、用户习惯的改变等因素（图 3-3），并通过制定适合的标准、选择合适的技术、培训专业的人员等方式进行优化。只有这样，电子编目才能真正成为分类编目创新的一种有效方式，为用户提供高质量的服务。

图 3-3 电子编目的实施与优化

（一）数据标准的建立和完善

缺乏统一、科学和适用的数据标准会严重影响电子编目的质量和效率，甚至可能阻碍其正常实施。因此，解决数据标准问题不仅是技术问题，还是管理问题，关系到电子编目工作的全局。

数据标准的制定首先要基于对图书馆业务和用户需求的深入理解。这不仅包括图书馆的收藏特点和业务流程，还包括用户的检索习惯和信息需求。通过深入的业务分析和用户研究，可以确定数据标准的基本框架和主要内容，保证其对编目工作和用户服务的实用性。然而，数据标准的制定并非一次性的任务，而是一个持续的过程。信息环境的变化、技术的发展、用户需求的变动都可能导致原有的数据标准不再适用。为适应这种变化，数据标准需要具有足够的灵活性和可扩展性。这就需要在制定数据标准时，考虑到未来的可能变化，预留足够的空间和接口。此外，数据标准的优化和完善也需要多元的参与和反馈。编目人员、用户、技术人员等都是数据标准制定和使用的主体，他们的反馈和建议是数据标准优化的重要依据。因此，需要建立有效的反馈机制，如专家讨论、用户调研、在线反馈等，使数据标准能够在实践中不断完善和发展。

数据标准的制定与优化是一项系统工程，需要全馆的参与和支持。从制定标准的任务组到实施标准的编目人员，从提供技术支持的 IT 部门到使用服务的用户，都是数据标准工作的重要参与者。只有形成全馆的合力，数据标准的制定和优化工作才能得到有效的推进，为电子编目的成功实施奠定坚实的基础。

（二）技术的复杂性

电子编目的实施必然伴随着技术的使用和应用，这些技术包括但不限于数据库技术、互联网技术、人工智能技术等。技术的引入带来了巨大的便利，但同时也带来了挑战，其中最明显的就是技术复杂性。这些技术需要专业的知识和技能来驾驭，它们的使用和维护对编目人员的技术能力提出了较高的要求。

针对这个问题，一个明显的解决方案是加强对编目人员的技术培训。这不仅包括基础的计算机操作技能，更重要的是掌握相关的专业技术，如数据库的设计和管理、互联网的使用和维护、人工智能的应用等。通过定期的技术培训，可以提高编目人员的技术水平，使他们能够更好地应对电子编目的技术需求。技术培训并非一劳永逸的事情，而需要持续进行。因为信息技术在不断发展，新的技术、工具和平台不断出现，需要持续关注和学习，以保持技术的前瞻性和竞争力。因此，技术培训应该成为图书馆常规的工作和投资，以保证编目工作的技术需求能够得到满足。图书馆还需要考虑引入专门的技术团队，负责电子编目系统的开发和维护。虽然编目人员可以通过培训提高技术能力，但他们的主要职责仍然是编目，不可能成为全职的技术人员。引入专门的技术团队，不仅可以提供专业的技术服务，还可以释放编目人员的精力，使他们更专注于核心的编目工作。

（三）用户习惯的改变

电子编目的实施与优化改变了用户获取信息的途径，这不仅涉及新技术的引入，还意味着用户习惯的改变。随着电子编目的广泛使用，用户获取信息的方式从传统的卡片目录转向了电子化的在线检索，这无疑提高了用户的检索效率，同时也需要用户适应新的检索方式。

用户的检索习惯和能力是影响电子编目使用效果的重要因素。如果用户不熟悉电子编目的检索方式，或者不适应电子编目的检索界面，可能会影响他们的检索效果，降低他们对电子编目的满意度。因此，高校图书馆需要在电子编目实施过程中，重视用户培训和指导工作，帮助用户掌握新的检索技巧，提高他们的检索能力。用户培训可以通过多种方式进行，如编写详细的检索指南、举办定期的培训课程等。检索指南可以详细介绍电子编目的使用方法，包括检索技巧、检索工具的使用、检索结果的理解和利用等。培训课程可以通过实际操作让用户了解电子编目的使用流程，通过反复练习提高用户的操作熟练度。除了用户培训，优化检索界面和工具也是提高用户满意度的重要措施。检索界面和工具的设计应该以用户为中心，充分考虑用户的操作习惯和使用需求。例如，检索界面应该简洁明了，方便用户快速定位和操作；检索工具应该功能齐全，能够满足用户的多样化检索需求。

三、面向用户的分类策略

面向用户的分类策略是一个全面而复杂的过程，需要图书馆在理解用户需求、引入用户参与、保证灵活性和动态性、保护用户隐私等多方面进行深入研究和实施。

面向用户的分类策略首先强调用户需求的理解与洞察。这意味着不能忽视任何一位用户的信息需求和检索习惯。在信息化社会，用户需求的多样性和独特性成为一个显著的特征。这就要求图书馆工作人员放下传统的编目理念，站在用户的角度思考问题，理解和研究用户的信息需求。这一过程并非简单地收集用户的反馈和建议，而需要进行深入的用户研究，包括用户的行为分析、心理研究等。例如，可以通过用户调研，了解用户的信息需求、检索习惯和满意度；可以通过数据分析，了解用户的检索行为和需求变化。通过这些研究，图书馆可以更准确地把握用户需求，从而更有针对性地优化分类系统和检索工具，提高用户的检索效率和满意度。这样的分类策略不仅体现了用户导向的服务理念，还更能满足用户的实际需求。

用户参与是面向用户的分类策略实施过程中的一项重要手段。让用户参与到分类编目的过程中，不仅可以更好地反映用户的需求，还有助于提高用户对图书馆及其资源的认识和理解。例如，图书馆可以引入用户标签，让用户在使用资源的过程中为其添加标签，这些标签可以作为分类的一个重要参考。同样，图书馆也可以引入用户评论，让用户分享他们对某个资源的看法和感受，这些评论也可以作为分类的一个重要参考。这样的方式可以让用户在获取信息的同时，也成为分类的参与者，使分类系统更贴近用户的实际需求。同时，这也大大提高了用户的参与感和满意度，使用户在享受图书馆服务的同时，也感受到了自身的价值和影响力。因此，用户参与不仅是面向用户的分类策略的重要手段，还是提升图书馆服务质量的重要途径。

对于灵活性和动态性的考虑是面向用户分类策略的重要组成部分。用户需求是多变的，它受到社会环境、技术发展、个人兴趣等多种因素的影响。而分类系统作为信息组织和检索的工具，需要适应这种变化，满足用户的新需求。这就要求在制定分类策略时，不能仅依赖于固定的规则和标准，而需要引入更多的灵活性。例如，可以引入更多的用户参与元素，让用户根据自己的需求和理解为信息资源打标签；也可以引入机器学习等人工智能技术，自动学习和适应用户的检索习惯。动态性是分类策略应对用户需求变化的重要手段。分类策略不仅需要适应当前的用户需求，还需要预测和适应未来的变化。这就需要图书馆在分类策略的制定和实施过程中，持续关注用户需求的变化，及时调整分类系统和工具。例如，可以通过数据分析，预测用户需求的趋势和变化；可以通过用户反馈，了解用户对分类系统和工具的满意度，及时进行优化和改进。

在实施面向用户的分类策略的过程中，保护用户隐私和数据安全也是一个非常重要的问题。在用户参与和用户研究的过程中，可能会接触到很多敏感的个人信息，这就需要对这些信息进行严格的管理和保护。图书馆需要建立一套完善的数据管理和保护制度，对用户数据的收集、存储、使用、分享等各个环节进行严格的规定和监控，确保不会泄露或滥用用户的个人信息。同时，也需要对用户进行充分的说明和教育，让他们了解自己的数据权利，理解数据保护的重要性，这样才能更好地获得用户的信任和合作。

四、利用 AI 技术进行编目

AI 技术的运用在高校图书馆分类编目创新中发挥着重要的作用。以前，图书馆馆员需要人工阅读、理解文献内容，再根据分类体系和规则进行分类编目。这个过程既费时又费力，而且受人力资源的限制，难以应对信息量的快速增长。现在，通过 AI 技术，尤其是自然语言处理（NLP）技术和机器学习（ML）技术，可以实现分类编目的自动化和智能化。

自然语言处理技术以其精密的文本分析能力成为推动编目工作的强大工具。这种技术通过算法，对文本进行深度理解，能够准确抽取出文本的关键信息。例如，作者的名字、作品的出版年份、作品的主题等关键元素。同时，自然语言处理技术也能对文本的内容进行准确的识别和分类，无论是识别文本的类型，还是分析文本的风格，甚至是挖掘出文本中的情感色彩，都能够游刃有余。自然语言处理技术在自动生成分类号和主题词上的应用，成为现代编目工作的新方向。通过该技术，能够自动提取文献中的关键词，根据这些关键词与分类体系的对应关系，自动生成相应的分类号。这种基于算法的自动分类，不仅提高了编目工作的效率，还提高了分类的准确度。机器学习技术在预测和推荐用户检索需求方面的应用，也为图书馆提供了新的服务手段。通过学习用户的检索行为和偏好，机器学习技术能够精准预测用户可能感兴趣的信息，提供个性化的检索服务。例如，通过对用户检索历史的分析，结合机器学习技术，可以根据用户的检索模式，推荐与用户需求相符的文献，使图书馆的服务更加贴近用户需求。

在实施这些技术时，应持续关注其进步和新的应用领域，对于技术的选择和应用需要充满开放和进取的态度。同时，还需要有足够的实践和尝试，以不断优化和调整技术应用策略，使其更好地服务于图书馆编目工作和满足用户需求。总的来看，自然语言处理技术和机器学习技术为高校图书馆的分类编目工作带来了新的可能和机遇，但也带来了新的挑战和问题，需要以积极的态度和科学的精神去探索和实践。

利用 AI 技术进行编目也面临一些挑战。AI 模型的训练和优化是一个复杂的过程，需要大量的高质量数据和专业的技术知识。这就要求图书馆具备相应的数据资源和技术能力，或者通过外部合作获取这些支持。数据的质量和隐私保护是 AI 编目的重要考虑因素。AI 模型的效果在很大程度上取决于训练数据的质量。如果数据质量差，或者数据不全，可能会影响模型的准确性和可靠性。同时，在收集和使用数据的过程中，也需要注意保护用户的隐私。技术和伦理的平衡也是 AI 编目必须面对的问题。虽然 AI 技术可以大大提高编目的效率和质量，但也可能引发一些伦理问题，如算法偏见、数据歧视等。因此，在利用 AI 技术进行编目时，需要考虑如何平衡效率和公正，如何保护用户的权益，如何负责任地使用 AI 技术。

第三节　高校图书馆信息咨询工作创新

在今天的信息时代，高校图书馆不仅仅是书籍和学术资源的保管者，也正在成为学术交流和信息咨询的中心。因此，信息咨询工作已经成为高校图书馆的核心职能之一。然而，面对日新月异的科技进步，社会变迁以及读者需求的多样化，如何创新信息咨询工作，提升其效率和质量，已经成为高校图书馆面临的重要任务。

一、利用先进技术提供在线咨询服务

高校图书馆作为知识传播的关键枢纽，不断地迎接着技术革新的挑战。在此背景下，图书馆的信息咨询服务也正在经历深刻的变革。最为显著的一点在于，利用先进的技术如人工智能（AI）、自然语言处理（NLP）、虚拟现实（VR）等，为用户提供在线咨询服务。

人工智能（AI）与自然语言处理（NLP）的应用在图书馆的信息咨询服务中起着至关重要的作用。这些先进技术的发展与应用对于图书馆来说，不仅是技术升级，还是服务理念的创新，体现出图书馆对用户需求的深度理解与对用户体验的极致追求。AI 作为近年来最为火热的技术之一，其核心价值在于模拟人类的智能，处理和解决复杂任务。在图书馆的环境下，AI 的应用场景多样，例如在搜索建议、检索结果优化、智能问答等方面，都有它的身影。特别是在线聊天机器人的应用，更是体现了 AI 技术的魅力。这种基于 AI 的聊天机器人，可以理解和处理用户的咨询请求，提供准确的信息，极大地提高了信息咨询服务的效率和质量。其中，NLP

作为 AI 的一个重要子领域，它专注于使机器理解和生成人类语言。NLP 技术的应用，使聊天机器人能够理解用户的查询需求，快速、准确地回应用户的问题。无论是关于图书馆的开放时间，还是对藏书的查询，抑或是参考文献的索引，都能得到及时而精确的答复。这样的服务不仅极大地提升了用户体验，还实现了 24 小时全天候服务，满足了用户的信息需求。不仅如此，AI 技术和 NLP 技术的引入，也为图书馆馆员的工作带来了深远的影响。以前，图书馆馆员需要花费大量时间来回应用户的各类咨询，现在这部分工作可以交由聊天机器人来完成，图书馆馆员能将更多的精力投入更需要人工参与和专业知识的工作中，如策划文化活动、参与学术研究、编目分类等。这样的变化，无疑提升了工作效率，也使图书馆馆员的工作内容更加丰富和有意义。

虚拟现实（VR）技术，以其独特的沉浸式体验和空间自由度，为图书馆的信息咨询服务带来了全新的变革。这种变革不仅在于服务方式和服务内容，而且在于服务理念和用户体验的创新。VR 技术提供了一个三维的沉浸式的交互环境，使用户有一种身临其境的感觉。这种身临其境的感觉极大地提升了用户体验，也给用户带来了全新的阅读和学习环境。在这个虚拟的图书馆环境中，用户可以进行各种活动，如书籍搜索、借阅甚至在虚拟的阅览室中阅读，这些都极大地丰富了用户的阅读体验。此外，VR 技术还突破了物理空间的限制，使用户能够在任何地方、任何时间"走入"图书馆，享受阅读和学习的乐趣。VR 技术的应用实质上是对图书馆服务理念的一种创新。在这个虚拟的图书馆中，用户不再是被动的接受者，而是变成了主动的参与者。他们可以根据自己的需求和兴趣，自由选择阅读的内容和方式，也可以在虚拟的环境中与其他用户进行交流和分享，体验到前所未有的互动和参与。这种新型的服务理念，体现了图书馆对用户需求和体验的深度理解和尊重。此外，VR 技术的引入，也改变了图书馆的形象。在 VR 技术的帮助下，图书馆不再是一个单纯的物理空间，而是变成了一个充满可能性的虚拟世界。在这个虚拟的世界里，图书馆已不再只是一个存放书籍的地方，而是变成了一个信息交流、知识创新、文化传播的中心。这种变化不仅提升了图书馆的形象，也为图书馆的发展开辟了全新的道路。

当然，利用这些先进技术提供在线咨询服务并非没有挑战。如何提高 AI 技术和 NLP 技术的准确性和自然性，如何保证 VR 环境的真实感和交互性，如何处理技术问题的同时确保用户隐私的安全等问题，都需要图书馆和技术开发者们共同去探索和解决。在追求技术创新的同时，也应该明确技术是服务于人的，图书馆的最终目标始终是满足用户的信息需求，提供优质的阅读体验。这样看来，借助 AI、NLP 和 VR 等先进技术，高校图书馆的信息咨询服务正在迈向更高效、更便捷、更个性化的新阶段。虽然挑战重重，但只要紧跟技术的步伐，善于创新，保持对用户需求的敏感，高校图书馆定能在新的时代中继续发挥其重要作用。

二、提供定制化的信息咨询服务实施策略

高校图书馆作为知识资源的中心，致力于为用户提供高质量、个性化的信息咨询服务。在信息咨询工作的创新中，提供定制化的信息咨询服务是一个重要的方向。通过根据用户的需求和偏好，提供个性化、精准的咨询服务，图书馆可以更好地满足用户的信息需求，提升用户的满意度和体验，具体实施策略如图 3-4 所示。

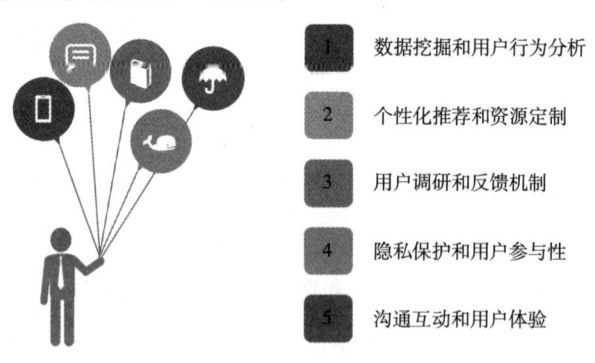

1. 数据挖掘和用户行为分析
2. 个性化推荐和资源定制
3. 用户调研和反馈机制
4. 隐私保护和用户参与性
5. 沟通互动和用户体验

图 3-4 提供定制化的信息咨询服务实施策略

（一）数据挖掘和用户行为分析

数据挖掘和用户行为分析在高校图书馆的信息咨询工作中起着重要的作用。通过数据挖掘技术，图书馆可以对大量的用户行为数据进行分析和挖掘，以发现其中的潜在模式、规律和关联，从而获得对用户偏好和需求的深入洞察。

一方面，数据挖掘技术可以帮助图书馆了解用户的搜索行为和信息需求。通过分析用户的搜索记录，图书馆可以得知用户感兴趣的主题、领域和关键词。这样的分析有助于发现用户的偏好和需求，为用户提供更准确、个性化的咨询服务。例如，当用户搜索某个特定主题时，图书馆可以基于数据分析的结果向其推荐相关的书籍、期刊和数据库资源，从而满足用户的需求并提高用户的满意度。另一方面，数据挖掘技术也可以帮助图书馆理解用户的借阅行为和阅读偏好。通过分析用户的借阅记录和阅读历史，图书馆可以了解用户感兴趣的学科领域、作者偏好、出版年份等信息。这些分析结果可以用于个性化推荐和资源定制，为用户提供符合其兴趣和需求的图书和期刊推荐。同时，通过对用户的阅读行为进行分析，图书馆还可以了解用户对不同资源的使用情况，进一步改进和优化咨询服务的质量和效果。

数据挖掘技术的应用还可以帮助图书馆预测用户的未来需求。通过对用户行为数据的建模和分析，图书馆可以利用机器学习和预测算法，预测用户可能感兴趣的新兴领域、研究方向或专题。这种预测分析可以帮助图书馆提前准备相关资源，为用户提供更具针对性的信息咨询服务。

（二）个性化推荐和资源定制

个性化推荐和资源定制是高校图书馆信息咨询工作创新中的重要方向。通过数据挖掘和用户行为分析，图书馆可以了解用户的兴趣、偏好和需求，以便向用户提供个性化的推荐和定制化的咨询服务。

个性化推荐是根据用户的兴趣和行为模式，向其推荐符合其偏好的资源。通过分析用户的搜索记录、借阅历史、阅读行为等，可以获取对用户兴趣的深入了解。基于这些数据分析的结果，图书馆可以利用推荐算法和机器学习技术，为用户提供个性化的图书、期刊、数据库等资源推荐。个性化推荐能够帮助用户发现可能感兴趣但未曾接触过的资源，扩展其知识领域，提供更加精准和丰富的阅读体验。图书馆还可以根据用户的需求提供定制化的咨询服务。针对用户的学科领域、研究方向，图书馆可以为用户提供专业化的咨询支持。例如，对于研究生、学者等特定群体，图书馆可以提供更深入、更专业的学术资源咨询，协助其开展科研工作。通过与用户的沟通和了解，图书馆可以根据用户的需求和偏好，为其量身定制信息咨询服务，提供更精准和有效的支持。

个性化推荐和资源定制的实施离不开信息技术的支持。图书馆可以借助机器学习、数据挖掘、自然语言处理等技术，自动化地分析用户行为数据和资源元数据，建立个性化推荐模型和定制化服务系统。通过不断迭代和优化，图书馆可以提供越来越准确和个性化的推荐和咨询服务。个性化推荐和资源定制不仅可以提高用户的检索效率和满意度，还有助于增加用户对图书馆的利用和认知度。通过精准地满足用户的信息需求，图书馆能够树立起专业化、贴近用户需求的形象，提升其在高校学术社区中的影响力和地位。

（三）用户调研和反馈机制

用户调研和反馈机制是高校图书馆信息咨询工作中的重要环节。通过与用户进行直接的交流和调研，图书馆可以了解用户的需求、偏好和建议，从而优化咨询服务并提供更好的用户体验。

用户调研是了解用户需求的有效手段之一。通过开展问卷调查、焦点小组讨论、用户访谈等形式的调研，图书馆可以向用户直接征求意见和建议。调研可以覆盖多个方面，包括用户对图书馆现有服务的满意度、对新服务的期望、对咨询服务质量的评价等。通过分析和总结调研结果，图书馆可以了解用户的真实需求，为用户提供更贴合其期望的信息咨询服务。图书馆还可以通过建立反馈机制来收集用户的意见和建议。在咨询服务的过程中，图书馆可以设立意见反馈渠道，如在线建议箱、用户反馈表单等，鼓励用户积极参与并提供反馈。用户的反馈可以包括对咨询服务的评价、对服务质量的意见、对资源需求的建议等。图书馆应及时回应用户的反馈，采取有效措施解决用户遇到的问题，并在可能的范围内改进咨询服务。

用户调研和反馈机制的应用对高校图书馆的信息咨询工作具有重要意义。通过与用户的直接交流，图书馆可以了解用户的真实需求和期望，为用户提供更加贴心和个性化的服务。用户调研和反馈机制可以帮助图书馆发现问题和改进不足之处，持续提升咨询服务的质量和效果。此外，通过与用户的积极互动，图书馆可以增加用户的参与感和满意度，建立良好的图书馆用户关系。

（四）隐私保护和用户参与性

隐私保护和用户参与性在定制化的信息咨询服务中具有重要意义。图书馆应当确保用户的个人信息得到合理的收集、使用和保护，并遵循相关的隐私保护政策和法规。

一方面，图书馆应提供明确的隐私保护政策和措施，向用户解释数据收集的目的、范围和使用方式。用户应在使用咨询服务前清楚了解其个人信息的处理方式，以便做出知情决策。图书馆应确保用户的个人信息不被滥用、泄露或非法获取，并采取合适的技术和组织措施保障信息的安全性。另一方面，图书馆应提供用户参与的机制，让用户能够自主选择是否参与数据收集和个性化咨询服务。用户应有权利选择是否提供个人信息，并对个人数据的使用方式进行控制。图书馆可以建立明确的授权和选择机制，充分尊重用户的隐私权和自主权。用户的参与是基于自愿和知情的基础上进行的，他们有权拒绝提供个人信息或撤回授权，而不会受到任何歧视或不便。

此外，图书馆还应积极鼓励用户参与信息咨询服务的改进和发展。通过用户调研、意见反馈等方式，图书馆可以了解用户的需求，评估咨询服务的效果，并做出相应的调整和改进。用户参与有助于建立良好的图书馆用户关系，增加用户的满意度和忠诚度。图书馆可以通过开展用户参与活动、设立用户反馈渠道等方式，鼓励用户积极参与和贡献意见，从而提高咨询服务的质量和用户体验。

在隐私保护和用户参与性方面，图书馆需要平衡信息咨询服务的个性化和用户权益的保护。图书馆应以用户的隐私权和自主权为前提，确保数据收集和使用的透明度和合法性。图书馆应注重用户教育，提供相关的隐私保护宣传和培训，帮助用户了解隐私保护的重要性和相关的权利。

（五）沟通互动和用户体验

沟通互动和用户体验是高校图书馆信息咨询工作中的关键要素。通过与用户建立有效的沟通互动，图书馆可以更好地理解用户的需求、回应用户的反馈，并提供更贴心和个性化的咨询服务。

图书馆可以建立多样化的沟通渠道，以便用户能够选择最适合自己的方式与图书馆进行互动。这包括传统的渠道，如电话咨询、电子邮件咨询等，以及现代化的渠道，如在线聊天、社交媒体等。不同的沟通渠道能够满足用户的不同需求和偏好，提供更便捷、更灵活的交流方式。

图书馆还应建立反馈机制，鼓励用户积极参与并提供意见和建议。通过建立用户反馈渠道，如在线建议箱、反馈表单等，用户可以随时向图书馆提供反馈和意见。图书馆应及时回应用户的反馈，认真对待用户的意见，并采取措施解决用户遇到的问题。这种积极的反馈机制可以帮助图书馆了解用户的需求和期望，优化咨询服务，提升用户的满意度。

图书馆还可以通过定期的用户调研和焦点小组讨论等方式，与用户进行深入的互动。通过这些活动，图书馆可以直接与用户交流，了解他们对咨询服务的评价、需求的变化以及对新服务的期望。这种互动可以帮助图书馆更准确地把握用户需求，为用户提供更贴合其期望的咨询服务。

沟通互动的关键在于倾听和回应。图书馆应充分倾听用户的需求和意见，从用户的角度出发，调整和改进咨询服务。在回应用户时，图书馆要积极、及时地回应用户的问题和反馈，给予用户满意的答复和解决方案。通过有效的沟通互动，图书馆可以建立良好的用户关系，增强用户的参与感和忠诚度。用户体验是沟通互动的重要目标之一。图书馆应关注用户体验的方方面面，包括咨询服务的响应速度、服务态度、信息准确性等。图书馆可以通过培训员工、改进服务流程、提供便利的咨询工具等方式，不断提升用户体验，使用户感受到高效、专业和友好的咨询服务。

三、知识管理在高校图书馆中的应用方法

知识管理在高校图书馆信息咨询工作中扮演着重要的角色。通过构建知识地图、建立知识库、实施元数据管理和协同共享等方法（图3-5），图书馆可以高效地组织和管理知识资源，提供定制化的优质的信息咨询服务。

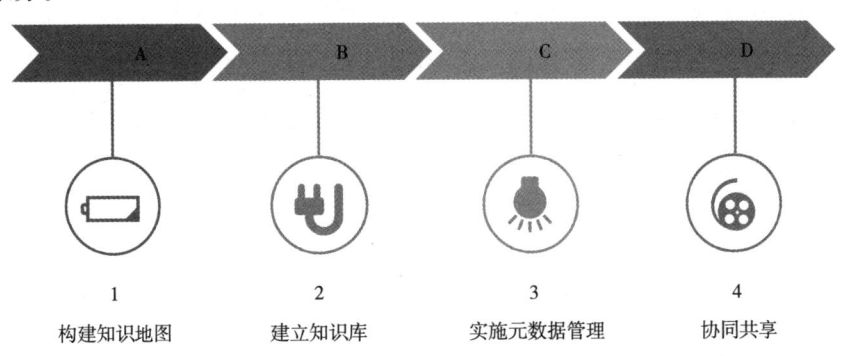

图3-5 知识管理在高校图书馆中的应用方法

1 构建知识地图
2 建立知识库
3 实施元数据管理
4 协同共享

（一）构建知识地图

在信息咨询工作中，知识地图的构建和应用对于高校图书馆至关重要。知识地图通过图形化的方式展示各个学科领域的知识结构和知识之间的关系，能够帮助图书馆馆员更好地了解学科的知识框架、关键概念和重要论文，以及不同学科之间的关联和交叉点。

知识地图可以帮助图书馆馆员全面了解各个学科的知识结构和知识体系。在构建知识地图的过程中，图书馆馆员需要对不同学科的主题、概念、关键词等进行梳理和整理。通过对学科的知识结构进行图形化展示，图书馆馆员可以更清晰地了解各个学科的基础知识、发展趋势和研究前沿，从而为用户提供更全面和准确的咨询服务。知识地图还可以帮助图书馆馆员提供跨学科的咨询服务。由于知识地图展示了不同学科之间的关联和交叉点，图书馆馆员可以借助知识地图快速了解不同学科领域的知识，从而为用户提供跨学科的综合咨询服务。例如，当用户提出一个涉及多个学科领域的问题时，图书馆馆员可以根据知识地图的导航，快速找到相关的领域和资源，提供更准确和全面的解答。此外，知识地图能够帮助图书馆馆员提供个性化的咨询服务。通过对知识地图进行细分和细化，可以将知识地图与用户的兴趣和需求进行匹配，为用户提供个性化的咨询服务。例如，当用户提出一个具体的问题或需求时，图书馆馆员可以根据知识地图的结构和关联点，为用户推荐相关的学科、领域和资源，提供更精准和更具针对性的咨询建议。

知识地图的构建过程需要图书馆馆员的专业知识和研究能力，同时也需要借助先进的技术工具和平台。现代的图书馆往往利用信息技术和图书馆管理系统，将知识地图与资源检索系统、数字图书馆等进行集成，从而实现知识的可视化展示和快速访问。

（二）建立知识库

建立知识库是高校图书馆信息咨询工作中的一项重要举措。知识库是一个集中存储和管理知识的数据库，其中包含了各类学科领域的核心知识、经验和解决方案。在图书馆的信息咨询工作中，建立知识库可以帮助图书馆馆员有效管理和利用已有的知识资源，提高咨询服务的效率和质量。一方面，建立知识库可以收集和整理图书馆馆员在咨询过程中积累的宝贵经验和案例。在日常的咨询工作中，图书馆馆员面对各种问题和需求，通过与用户的交流和解决问题的实践，积累了丰富的经验和解决方案。这些经验和案例可以被整理并存储在知识库中，成为图书馆的宝贵资产。当用户提出类似问题时，图书馆馆员可以快速检索知识库，找到相关的答案和解决方案，提供高效、准确的咨询服务。另一方面，知识库可以与用户共享，提高咨询服务的自主性和便捷性。通过将知识库开放给用户，用户可以自主查询和获取相关知识。知识库可以采用搜索引擎等技术，使用户能够通过关键词检索到相关的知识内容。用户可以在任何时间、任何地点自助获取自己需要的信息，不再受限于图书馆的工作时间和地点。这不仅提高了用户的满意度，而且减轻了图书馆馆员的工作压力。

（三）实施元数据管理

元数据是描述和组织信息资源的数据，它包含了关于资源的各种属性和特征。在图书馆的信息咨询工作中，元数据管理可以帮助图书馆更好地组织和检索信息资源，提供高效、准确的咨询服务。

实施元数据管理可以提高信息资源的组织和检索效率。通过为每个信息资源添加元数据，可以准确地描述资源的属性和特征，如标题、作者、出版日期、主题分类等。这些元数据可以被用于建立信息资源的索引和分类体系，帮助用户快速定位和获取自己需要的信息。例如，通过元数据管理，用户可以根据关键词、作者、出版日期等属性进行检索，找到与自己需求相关的资源。元数据管理提高了信息资源的可发现性和可用性，为用户提供了更便捷、高效的咨询服务。实施元数据管理还可以支持信息资源的共享和互操作性。元数据提供了一种统一的描述方式，使不同类型和来源的信息资源能够相互关联和交互。通过使用标准的元数据格式和规范，图书馆可以将自己的信息资源与其他图书馆或机构的资源进行整合和共享。这样，用户不仅可以通过本地图书馆的资源进行咨询，还可以利用跨机构的资源进行更广泛的查询和访问。元数据管理促进了信息资源的互通和共享，提供了更丰富、多样化的咨询服务。实施元数据管理还有助于提高信息资源的质量和可信度。通过元数据管理，可以对信息资源进行质量控制和验证。例如，元数据可以包含资源的来源、质量评估标准等信息，帮助用户了解资源的可信度和适用性。元数据管理还可以对资源进行持续的更新和维护，确保资源的准确性和时效性。这样，图书馆可以提供经过严格筛选和评估的信息资源，提升咨询服务的质量和可信度。

（四）协同共享

强调图书馆与其他机构和用户之间的合作与共享，以提高信息咨询服务的效果和覆盖范围。

协同共享能够促进资源的共享与互补。高校图书馆可以与其他图书馆、研究机构、学术社区等建立合作关系，共享各自的信息资源。通过建立联合编目系统、共享数字资源库等机制，图书馆可以获得更多的资源，为用户提供更全面、多样化的咨询服务。同时，图书馆也可以将自己的资源共享给其他机构和用户，提高资源的利用率和影响力。协同共享打破了信息孤岛，实现了资源的整合与共享，使用户能够获得更广泛、更深入的咨询服务。

协同共享可以提供跨机构、跨学科的咨询支持。通过与其他机构的合作，图书馆可以建立跨学科的咨询团队，整合不同学科领域的专业知识和资源。这样，图书馆可以为用户提供更全面、更深入的咨询服务，解决复杂问题和跨学科需求。例如，当用户提出的问题涉及多个学科领域时，图书馆可以借助跨学科咨询团队的力量，提供更具深度和专业性的解答和指导。协同共享为用户提供了多元化、高水平的咨询支持，帮助他们获取更全面、更准确的知识和信息。

协同共享还可以通过用户参与的方式，提高咨询服务的质量和可信度。图书馆可以积极引导和鼓励用户参与咨询工作，提供意见、建议和反馈。通过与用户的紧密合作，图书馆可以了解用户的需求和反馈，及时调整和改进咨询服务。例如，图书馆可以设立用户委员会或用户咨询小组，定期举办用户座谈会、用户满意度调查等活动，以促进用户参与和提供更贴心、有效的咨询服务。协同共享与用户参与相结合，能够更好地满足用户的需求，提升咨询服务的可信度和用户满意度。

实施协同共享需要建立良好的合作机制和平台。图书馆可以与其他机构建立协作网络，共享资源和经验，形成良好的合作伙伴关系。同时，图书馆还可以利用现代技术和工具，如云计算、协同办公平台等，实现远程协作和共享。通过加强协同共享，高校图书馆可以提供更广泛、更专业的咨询服务，为用户提供优质、多样化的知识与信息支持。

四、建立跨学科的信息咨询团队

传统的图书馆咨询服务往往以学科专业为基础，但随着学科交叉和融合的不断增加，单一学科的专业知识已经不能完全满足用户的需求。因此，建立跨学科的信息咨询团队可以更好地满足用户的需求，提供更全面、综合的咨询服务。

跨学科的信息咨询团队是一个由不同学科领域的专业人士组成的团队，他们的目标是整合各个学科的专业知识和资源，为用户提供全面、准确的咨询支持。这样的团队可以汇集来自不同学科背景的图书馆馆员、专家和研究人员，形成一个多元化、多学科的合作网络，以应对复杂的跨学科问题。在一个跨学科的信息咨询团队中，团队成员之间可以进行交流和合作，分享各自领域的知识和经验。这种合作可以通过定期的会议、讨论和工作坊等形式进行，促进不同学科之间的沟通和理解。团队成员可以互相学习，了解其他学科领域的最新进展和研究成果，从而为用户提供更全面和准确的咨询服务。一个跨学科的信息咨询团队可以应对各种跨学科问题。例如，在处理一个复杂的问题时，团队成员可以共同讨论和协作，汇集不同学科的观点和方法。通过整合多个学科的知识和经验，团队可以提供更具深度和广度的解答和指导。这种综合性的方法可以帮助用户获得更全面的视角，并且在解决问题的同时能够考虑到不同学科的因素和影响。跨学科的信息咨询团队可以为各种用户提供支持。他们可以为学生、研究人员和教育机构提供学术咨询和研究支持。团队成员可以帮助用户在特定学科领域中进行文献检索、信息获取和数据分析等工作。同时，他们也可以为政府机构、非营利组织和企业提供跨学科问题的解决方案和决策支持。通过整合多学科的专业知识和资源，团队可以为用户提供定制化的解决方案，满足他们特定领域的需求。

跨学科的信息咨询团队在满足用户需求方面具有独特的优势，可以提供跨领域的专业化咨询服务。随着学科交叉融合的趋势不断加强，用户的需求往往涉及多个学科领域，传统的学科专业咨询往往难以满足这种需求。而跨学科的信息咨询团队可以通过团队成员的专业知识和协作能力，提供更具综合性和专业性的咨询服务。团队成员来自不同学科背景，拥有各自的专业知识和技能。他们可以结合自己的专业背景和经验，为用户提供跨领域的综合咨询服务。以涉及工程、医学和环境科学的研究项目为例，团队成员可以共同协作，提供全面的研究支持。他们可以从不同学科的角度出发，为用户提供文献检索、数据分析、研究方法等方面的咨询。通过综合运用多个学科领域的专业知识，团队可以提供更全面和准确的解决方案，帮助用户解决复杂的问题。跨学科的信息咨询团队还可以促进不同学科之间的合作和交流。团队成员可以通过定期的会议、讨论和工作坊等形式，共享各自领域的最新研究成果和技术进展。这种合作和交流可以加深团队成员对其他学科领域的了解，提高他们解决跨学科问题的能力。团队成员还可以相互学习和借鉴，从而不断提升自己的专业水平和综合能力。跨学科的信息咨询团队还可以为用户提供定制化的咨询服务。他们可以根据用户的具体需求，组织不同学科的专家共同参与，形成一个专业化的咨询团队。这样的团队可以根据用户的项目或问题特点，提供个性化的解决方案和建议。他们可以整合多个学科领域的专业知识，为用户提供全面、准确的咨询支持，帮助用户在跨学科领域取得更好的研究成果或解决问题。

跨学科的信息咨询团队还能促进知识的跨学科传播和共享。通过团队成员的交流和合作，不同学科领域的知识和经验可以得到整合和传递，提高知识的跨学科应用和共享。团队成员可以定期举行学术研讨会、工作坊等活动，分享各自的专业知识和研究成果，促进跨学科的交流和合作。这样的团队可以成为知识共享的平台，为用户提供更广泛、更深入的学术支持和咨询服务。

第四章　高校图书馆人力资源管理的创新

第一节　高校图书馆人力资源管理简述

一、人力资源管理的定义

人力资源管理是一个涵盖组织中所有关于人力的管理活动的术语。这包括了对人力资源的规划、招聘、培训、评估、激励和保留等方面的管理。人力资源管理的核心思想在于，人是组织中最重要的资源，需要通过有效的管理，使他们的能力得到充分地发挥，以实现组织的目标。

在一般理解中，人力资源管理通常被认为是企业中的一个部门，负责管理员工的雇用、培训、发展、福利和离职等事务。然而，人力资源管理实际上远不止于此。它涉及组织中所有级别和部门，是一种整体的、战略性的管理方法。人力资源管理是战略性的。这意味着人力资源管理不仅关心员工的日常事务，也关心如何通过有效的人力资源管理，来支持和推动组织的战略目标。例如，人力资源管理可能会涉及如何设计激励机制，以鼓励员工的创新和高效率工作；或者如何通过培训和发展，提升员工的技能和知识，以应对业务的变化。人力资源管理是全面的。这意味着人力资源管理关心的是员工的全面发展，包括他们的技能、知识、态度、价值观、职业生涯等各个方面。人力资源管理致力于创建一个有利于员工发展的环境，以帮助他们达到职业目标，同时也满足组织的需求。人力资源管理是以人为本的。这意味着人力资源管理尊重和关心员工的需求和权益，努力维护和提升员工的工作满意度。人力资源管理认识到，满足员工的需求，如公正的待遇、有意义的工作、良好的工作环境等，是激发他们的积极性和创造性的关键。

在应对日常的人力资源管理问题时，人力资源管理依赖于一系列的理论和工具。例如，招聘和选择员工时，人力资源管理可能会依赖于工作分析、面试技巧、心理测试等工具；在培训和发展员工时，可能会依赖于需求分析、培训方法、效果评估等理论和工具；在激励员工时，可能会依赖于目标设定理论、公正理论和激励理论等。

二、高校图书馆人力资源管理的特点

高校图书馆人力资源管理的特点体现在其专业性、服务导向、稳定性和公益性（图4-1）。

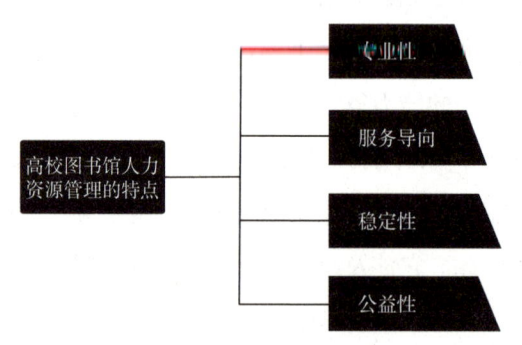

图 4-1　高校图书馆人力资源管理的特点

（一）专业性

高校图书馆人力资源管理的专业性体现在对员工的专业知识和技术的高度重视。这是高校图书馆提供高质量服务的基础，也是高校图书馆在激烈的竞争中保持优势的关键。

图书馆员工需掌握大量图书馆学和信息学的专业知识。图书馆学的知识包括图书馆管理、图书分类、目录编制、馆藏开发等方面的知识。信息学的知识包括信息检索、信息分析、信息组织等方面的知识。这些知识是图书馆员工有效组织和提供图书馆服务的基础。例如，通过图书分类和目录编制的知识，图书馆员工可以有效地管理馆藏资源；通过信息检索和信息分析的知识，图书馆员工可以有效地为读者提供信息服务。由于图书馆服务涉及各种学科领域，图书馆员工还需要有较广的学科知识背景。例如，为了更好地服务于理工科的读者，图书馆员工需要了解理工科的基本知识和研究动态；为了更好地服务于社会科学的读者，图书馆员工需要了解社会科学的基本理论和研究方法。这样，图书馆员工不仅可以更好地理解和满足读者的信息需求，也可以更好地与读者进行沟通和交流。随着数字技术的发展，图书馆员工也需要熟悉信息技术。这包括电子资源管理、数字图书馆建设、数据库设计和管理、网页设计和制作等方面的技术。通过这些技术，图书馆员工不仅可以更有效地处理和提供电子资源，还可以更好地开发和利用数字图书馆，从而提高图书馆服务的效率和质量。

因此，高校图书馆的人力资源管理需要注重员工的专业培训和发展。这包括定期举办各种培训活动，如讲座、研讨会、研修班等，以更新员工的专业知识和技术；设立专门的培训基金，以支持员工参加国内外的学术会议和培训活动；制定完善的职业发展规划，以激发员工的学习动力和工作热情。

（二）服务导向

服务导向是高校图书馆人力资源管理的一个重要特点。这就要求高校图书馆的人力资源管理策略应当以服务质量的提升为目标，通过培养员工的服务意识、提升员工的服务能力、优化员工的服务行为，实现图书馆的服务目标和使命。

对图书馆员工来说，提供优质服务并不仅仅是他们的职责，更是他们的职业宗旨。这就要求他们具有良好的服务态度和承诺，愿意并能够以用户为中心，为满足用户的信息需求而付出努力。因此，高校图书馆的人力资源管理策略应当重视培养员工的服务意识，如通过工作研讨、案例分析等形式，使员工理解并接受服务导向的价值观。

服务导向的人力资源管理注重图书馆员工的服务能力。在高校图书馆中，服务能力主要表现为提供信息咨询、进行文献检索、管理图书馆馆藏等方面的技能。这就要求图书馆员工不仅熟悉图书馆业务流程，而且精通信息技术，能够有效地利用电子资源和网络资源，满足用户的信息需求。因此，高校图书馆的人力资源管理策略应当注重提升员工的服务能力，如通过职业培训、技能竞赛等形式，提升员工的业务水平和技术水平。

服务导向的人力资源管理也关注图书馆员工的服务行为。在高校图书馆中，服务行为主要表现为与用户的互动和沟通，如回应用户的需求、解答用户的问题、接受用户的反馈等。这就要求图书馆员工具有良好的人际交往能力和沟通能力，能够以友好、耐心、专业的态度与用户进行有效的互动。因此，高校图书馆的人力资源管理策略应当关注优化员工的服务行为，如通过角色扮演、情景模拟等形式，培训员工的沟通技巧和服务技巧。

（三）稳定性

高校图书馆人力资源管理的稳定性体现在员工队伍的稳定性、工作流程的稳定性及与用户关系的稳定性三个方面。这要求高校图书馆的人力资源管理策略应当注重员工的满意度和留任率，通过提供良好的工作环境和待遇，以保证图书馆的稳定运行。

高校图书馆的稳定性体现在员工队伍的稳定性上。图书馆员工承担着复杂多样的工作职责，包括书目建设、馆藏管理、信息咨询、用户服务等，这些工作需要员工具备丰富的专业知识、熟练的业务技能以及高效的工作效率。如果图书馆的人员流动过大，就会对图书馆的服务质量和运行效率造成影响。因此，保持员工队伍的稳定性，是高校图书馆人力资源管理的一个重要目标。

工作流程的稳定性对于高校图书馆的运行也至关重要。图书馆的工作流程包括采编、分类、目录、借阅等多个环节，每个环节的工作都需要固定的人员来负责。如果工作流程经常变动，或者负责某个环节的人员经常更替，就会对图书馆的运行效率和服务质量造成影响。

与用户的关系稳定性也是高校图书馆运行的重要保证。图书馆员工需要经常与用户进行交流和互动，通过了解用户的需求，提供满足用户需求的服务。如果图书馆的员工经常更替，用户可能就会感到不安，这会对用户的满意度和图书馆的形象造成影响。

为了保证高校图书馆的稳定性，人力资源管理策略应该注重提升员工的满意度和留任率。这包括提供一个良好的工作环境，满足员工的工作需求和职业发展需求；提供具有竞争力的薪酬待遇，以激励员工的工作积极性和主动性；构建和谐的工作关系，建立公正、公开、公平的人事制度，以保持员工的工作积极性和工作稳定性。

（四）公益性

高校图书馆人力资源管理的公益性体现在强化员工的公益意识、提升员工的公益能力、激励员工的公益行为、创建有利于员工公益行为的工作环境等方面。通过注重员工的公益性，高校图书馆的人力资源管理可以更好地实现图书馆的公益目标，提升图书馆的服务质量和影响力。

高校图书馆人力资源管理需要强化员工的公益意识。公益意识是指员工对其工作的公益性有深刻的认识，愿意为实现图书馆的公益目标而付出努力。为强化员工的公益意识，高校图书馆可以采取多种方式，如举办公益讲座、开展公益活动、引导员工参与志愿服务等。通过这些方式，员工可以更好地理解图书馆的公益性质，提升自己的公益意识。

高校图书馆人力资源管理需要提升员工的公益能力。公益能力是指员工具备为实现图书馆的公益目标提供服务的能力，如信息服务能力、用户服务能力、团队协作能力等。为提升员工的公益能力，高校图书馆可以提供各种培训机会，如业务培训、技能培训、领导力培训等。通过这些培训，员工可以提升自己的业务水平和技能水平，以提供更好的公益服务。

高校图书馆人力资源管理需要激励员工的公益行为。公益行为是指员工在工作中表现出来的为实现图书馆的公益目标而付出努力的行为，如提供优质服务、积极解决问题、主动承担责任等。为了激励员工的公益行为，高校图书馆可以设立各种激励机制，如表彰制度、奖励制度、晋升制度等。通过这些激励机制，员工会更愿意为实现图书馆的公益目标而付出努力。

高校图书馆人力资源管理还需要创建有利于员工公益行为的工作环境。这包括建立公平的工作制度，提供优越的工作条件，创造和谐的工作氛围等。有利于员工公益行为的工作环境可以激发员工的工作热情，提升员工的工作满意度，从而促使员工更好地为实现图书馆的公益目标而付出努力。

三、高校图书馆人力资源管理的主要职能

高校图书馆人力资源管理的主要职能包括招聘、培训和发展、评估和激励、劳动关系管理等（图4-2），这些职能都是为了实现图书馆的服务目标，提升图书馆的服务质量和影响力。

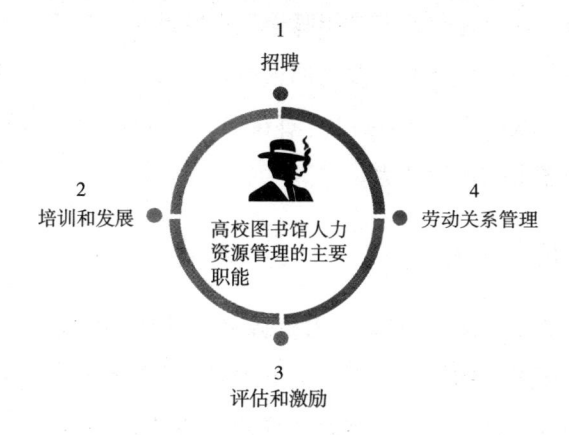

图4-2　高校图书馆人力资源管理的主要职能

（一）招聘

人力资源管理在高校图书馆中扮演着重要角色，其中招聘是一项基础但至关重要的职能。有效的招聘和选拔策略能够帮助图书馆吸引并挑选出最有潜力和最适合的员工，从而提升图书馆的整体服务质量和效率。

为了吸引和选拔最佳的人才，高校图书馆需要设计一套公正、有效的招聘和选拔制度。这一制度不仅需要满足图书馆的实际需求，还需要符合人力资源管理的基本原则。而制定这一制度的关键在于深入理解图书馆的工作需求和人才需求。图书馆的工作需求通常涵盖多个方面，包括书籍和资料的采集、分类、储存和借阅服务，还有数字化工作和客户服务等。理解这些需求可以帮助人力资源管理者确定所需要的人才类型和数量，从而制订出更为精确的招聘计划。人力资源管理者还需要深入了解图书馆员

工应具备的专业知识、技能和素质。这些可能包括图书馆学的专业知识、信息技术的应用能力，以及良好的沟通技巧和服务意识等。了解这些要求可以帮助人力资源管理者制定出更为合适的选拔标准，从而提升招聘的有效性。

为了吸引优秀的应聘者，人力资源管理者还需要充分利用各种方式进行招聘宣传。这可能包括发布招聘信息在网站和社交媒体上，参加各类招聘会和就业市场，还有在学校内部进行宣讲和推介等。这些活动不仅可以提高图书馆的知名度，还可以向潜在应聘者展示图书馆的优势和吸引力，从而增加图书馆的竞争力。

（二）培训和发展

培训和发展是高校图书馆人力资源管理的核心职能，包括新员工的入职培训、在职员工的业务培训、员工的职业发展计划，以及支持员工的终身学习和职业发展等。通过有效的培训和发展策略，高校图书馆可以提升员工的工作能力和服务水平，提升图书馆的服务质量和影响力。

新员工的入职培训是培训和发展计划的重要组成部分。这种培训通常涵盖图书馆的工作流程、工作标准、规章制度等基本知识，以及专业技能、客户服务技巧等必备技能。通过入职培训，新员工可以快速熟悉图书馆的工作环境和要求，更好地融入图书馆的工作中。对在职员工进行业务培训也是提升员工能力和服务水平的有效手段。由于图书馆业务的复杂性和多样性，以及技术和知识的快速更新，图书馆员工需要不断学习和提升自己的知识和技能。因此，图书馆需要设立一套针对在职员工的业务培训计划，定期提供各种业务培训和技能培训，以支持员工的持续发展。图书馆还需要关注员工的职业发展。这可能包括制订个人职业发展计划，提供职业指导和咨询，以及提供晋升和转岗的机会等。通过这些措施，图书馆不仅可以提升员工的工作满意度和留任率，也可以培养出更多的专业人才和领导力人才。此外，高校图书馆还需要提供各种学习和发展的机会，支持员工的终身学习和职业发展。这可能包括组织内部和外部的培训课程，支持员工参加专业研讨会和学术会议，还有提供各种学习资源和平台等。通过这些措施，图书馆不仅可以提升员工的知识和技能，还可以鼓励员工的创新和独立思考，从而提升图书馆的整体竞争力。

（三）评估和激励

在人力资源管理中，评估和激励起着至关重要的作用。这两个职能可以通过影响员工的行为和态度，进一步影响图书馆的工作效率和服务质量。因此，高校图书馆需要设立一套公正、公开、公平的员工评估和激励制度，以提升员工的工作积极性和创新能力。

员工评估方面，通过对员工的工作表现和工作成果进行评估，图书馆可以了解员工的工作情况，发现工作问题，给予必要的反馈和指导。同时，员工评估也是决定员工的工资、奖金和晋升的重要依据。因此，员工评估需要公正、公开、公平，不能因人而异，不能偏袒或者歧视任何员工。此外，员工评估的标准和流程也需要透明，员工需要了解自己的评估结果和评估依据，以便接受评估结果，也可以据此调整自己的工作行为和态度。

激励制度方面，通过各种方式鼓励和奖励员工的优秀表现，以提升员工的工作积极性和满意度。激励制度可以包含各种形式的激励，如物质激励和精神激励。物质激励包括工资、奖金、福利、晋升等，满足员工的物质需求，提升员工的生活满意度。精神激励包括表扬、荣誉、信任、尊重等，满足员工的精神需求，提升员工的工作满意度。激励制度需要根据员工的需求和期望进行设计，以达到最佳的激励效果。

（四）劳动关系管理

在高校图书馆人力资源管理中，劳动关系管理是一个至关重要的职能。高校图书馆需要构建和维护良好的劳动关系，以保障图书馆的稳定运行和服务质量。这涉及员工的权益保护、劳动合同管理、劳动纠纷解决等多个方面。

高校图书馆要尊重和保护员工的合法权益。根据国家的劳动法规，员工有一系列的权益，如合理的工资、合理的工作时间、健康和安全的工作环境等。高校图书馆需要在日常的管理中尊重和保护这些权益，不能侵犯员工的合法权益。如果员工的权益被侵犯，图书馆人力资源管理就要及时进行纠正，赔偿员工的损失，避免引发劳动纠纷。高校图书馆还需要管理好劳动合同。劳动合同是规定员工和图书馆之间的权益和义务的重要文件。图书馆需要与每个员工签订合法、公正、公平的劳动合同，规定双方的工作内容、工作时间、工资待遇、合同期限等内容。同时，图书馆需要遵守劳动合同的规定，不能随意修改或者解除劳动合同，避免引发劳动纠纷。高校图书馆还要设立机制解决劳动纠纷。尽管图书馆做出了最大的努力，但是劳动纠纷仍然可能发生。为了解决劳动纠纷，图书馆需要设立公正、公开、公平的纠纷解决机制，如员工申诉制度、调解委员会等。同时，图书馆需要尊重和执行纠纷解决的结果，以保障员工的权益，维护图书馆的正常运行。

第二节　高校图书馆人力资源管理创新的必要性

高校图书馆人力资源管理的创新是推动图书馆发展的重要因素，能够为高校图书馆带来更大的成功和成就。高校图书馆人力资源管理创新的必要性主要体现在以下五个方面。

一、应对图书馆业务发展的需求

面对图书馆业务发展的需求，高校图书馆人力资源管理的创新是必要的。只有通过创新，才能使图书馆工作人员具备应对新形势的能力，满足读者的多元化需求，优化组织结构和工作流程，提升工作人员的职业发展，从而提升图书馆的整体服务质量和竞争力。

随着数字化和网络化趋势的加强，图书馆业务的发展已经逐渐从实体书籍借阅转向电子资源的利用，这也要求图书馆工作人员必须具备更高的信息素养和技能。因此，人力资源管理的创新就应在人员招聘、培训和评价中将这些能力作为重要标准。只有具备这些能力的图书馆工作人员，才能有效应对日益复杂的图书馆业务需求，满足读者的信息需求。

现代图书馆不仅是提供书籍和资料的地方，还是提供各类学术服务的场所。读者的需求已经从单一的借书阅读转向了获取各类信息服务，如学术咨询、参考服务、信息素养教育等。因此，图书馆工作人员必须具备更强的服务意识和服务能力，这也是人力资源管理创新的重要方向。通过改变人力资源的配置和培训机制，以提升工作人员的服务能力，满足读者的多元化需求。

在信息化条件下，图书馆的组织结构和工作流程都需要进行适应性的调整。例如，采用项目化的工作模式，可以更好地组织和利用人力资源，提高工作效率。同时，合理的岗位设置和人员配置，可以更好地发挥工作人员的专业技能和创新能力。这也是人力资源管理创新的重要内容。

随着工作环境和工作内容的变化，图书馆工作人员的职业发展也面临新的挑战。人力资源管理的创新应该关注工作人员的职业发展，提供适合的培训和发展机会，增强工作人员的职业满意度和忠诚度。这不仅有利于提高图书馆工作人员的工作效率和服务质量，也有利于图书馆的长远发展。

二、提升图书馆服务质量

在信息社会的大背景下，高校图书馆的服务范围不断扩大，服务方式也在不断创新，以满足读者日益增长和多元化的信息需求。因此，人力资源管理的创新成为提升图书馆服务质量的关键。如何以创新的视角重新审视和设计图书馆的人力资源管理策略，将直接影响图书馆的服务质量。

在当今的数字化社会，图书馆服务不仅涵盖了传统的借阅服务，还扩展到电子资源服务、信息检索指导、学术资源咨询等多个领域。这要求图书馆馆员具有多种技能和广泛的知识领域。因此，图书馆需要创新人力资源管理策略，以发展和引进多元化的服务人才。具体来说，可以从招聘策略入手，强调在招聘过程中考察候选人的多元技能，如信息技术、交际能力、问题解决能力等；也可以通过培训机制，提升图书馆馆员的专业技能和服务能力。

高校图书馆的服务质量取决于员工的服务意识，员工的服务意识和态度直接影响读者的使用体验。因此，提升员工的服务意识是人力资源管理创新的重要任务。图书馆可以通过制定明确的服务标准、开展定期的服务培训，以及建立良好的服务评价机制等方式，提升员工的服务意识。同时，还需要通过激励机制，如表彰优秀服务行为，激励员工提供高质量的服务。优化服务流程和工作模式也是提升服务质量的重要手段。随着信息科技的发展，图书馆的服务流程和工作模式也需要进行适应性的改变。例如，可以通过建立线上服务平台，提供 24 小时在线咨询服务，让读者随时随地获取所需的信息和服务；也可以通过合理配置人力资源，提高服务效率和质量。用户是图书馆服务的最终接受者，他们的反馈和评价对于提升服务质量至关重要。因此，图书馆需要创新人力资源管理方式，注重收集和分析用户反馈，以便持续改进服务。例如，图书馆可以定期开展用户满意度调查，了解用户对图书馆服务的满意度和期望，同时还可以通过用户反馈，发现服务中的问题和不足，及时进行改正。

三、优化资源配置

高校图书馆人力资源管理的创新对于优化资源配置具有重要的意义。只有通过针对新的服务需求进行人员配置、通过岗位设置优化资源配置以及通过培训和发展机制优化资源配置等方式（图 4-3），才能提升图书馆的运营效率，更好地满足用户需求。

```
                    ┌─── 1 针对新的服务需求
                    │      进行人员配置
                    │
          2 通过岗位设置 ───┤
            优化资源配置    │
                    │
                    └─── 3 通过培训和发展
                           机制优化资源配置
```

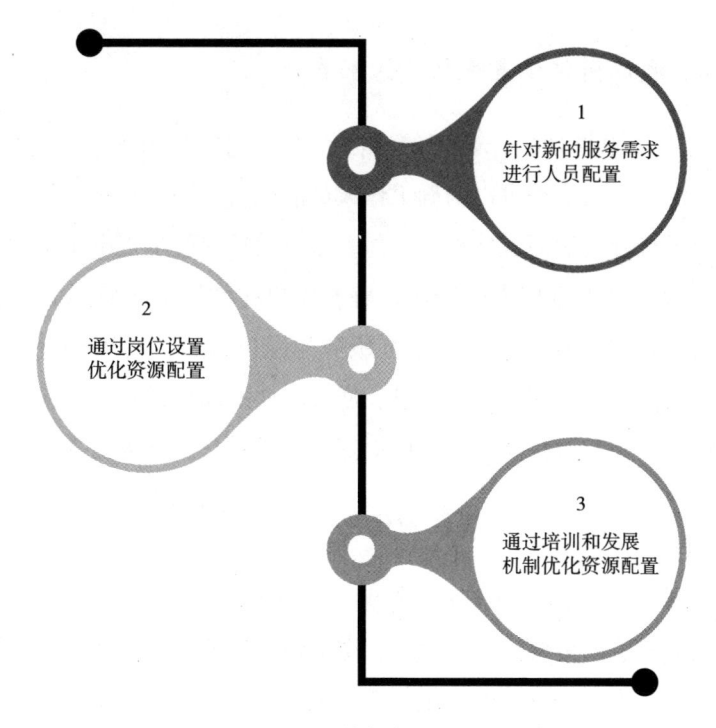

图 4-3　优化资源配置

（一）针对新的服务需求进行人员配置

在数字化转型过程中，图书馆的服务范围和服务形式都在不断变化。例如，图书馆不再只是提供书籍借阅服务，而是要提供电子资源服务、信息素养教育、学术咨询等多样化的服务。因此，图书馆需要根据这些新的服务需求来进行人员配置。

一方面，需要招聘和培养具有相关技能和知识的工作人员，以满足新的服务需求。例如，对于电子资源服务，需要有懂得信息技术的工作人员；对于学术咨询服务，需要有了解相关学科知识的工作人员。另一方面，也需要调整现有工作人员的职责，让他们可以适应新的服务模式。例如，原本负责书籍借阅服务的工作人员，可能需要接受信息技术培训，以便他们可以提供电子资源服务。

（二）通过岗位设置优化资源配置

在人力资源管理中，合理的岗位设置是优化资源配置的重要手段。通过岗位设置，图书馆可以明确工作人员的职责，同时根据工作人员的技能和知识进行合理的岗位分配。例如，可以设置专门负责电子资源服务的岗位，负责管理和推广电子资源，解答用户在使用电子资源时遇到的问题；也可以设置专门负责学术咨询服务的岗位，负责对用户进行学术指导，帮助用户获取和使用学术信息。通过这样的岗位设置，不仅可以充分利用工作人员的专业技能，还可以更好地满足用户的服务需求。

（三）通过培训和发展机制优化资源配置

对于图书馆工作人员来说，持续的培训和发展机制是他们提升技能、适应新服务需求的重要途径。因此，图书馆需要建立有效的培训和发展机制，帮助工作人员提升技能，优化资源配置。具体来说，图书馆可以提供定期的技能培训，如信息技术培训、服务技巧培训等，帮助工作人员提升服务能力。同时，还可以提供职业发展机制，如提供晋升机会，激励工作人员提高工作效率和质量。

四、吸引和保留优秀人才

优秀的人才是图书馆持续发展和提供高质量服务的重要支持。他们带来的专业知识、技能和创新思维，能够推动图书馆适应快速变化的信息环境，满足用户日益增长的需求。然而吸引和保留这些优秀人才并非易事，这需要图书馆通过人力资源管理的创新，建立吸引人才的环境和保留人才的机制。

（1）为了吸引优秀的人才，图书馆需要创建一个有吸引力的工作环境。这包括提供具有竞争力的待遇，提供充满挑战和发展机会的工作，以及建立公正、开放和积极的工作氛围。具体来说，图书馆可以提供具有市场竞争力的薪酬待遇，以吸引优秀的人才。这不仅包括基本的工资待遇，还包括各种福利待遇，如健康保险、退休计划、假期福利等。此外，图书馆还需要提供丰富的工作机会和职业发展路径。这不仅可以吸引那些寻求挑战和发展的人才，还可以激发员工的工作积极性和创新精神。例如，图书馆可以提供不同领域的工作岗位，如信息技术、信息服务、研究支持等，让员工可以选择符合他们兴趣和技能的工作；也可以提供不同的职业发展路径，如专业发展路径、管理发展路径等，让员工可以根据他们的职业规划选择适合的发展方向。在此基础上，图书馆还需要建立公正、开放和积极的工作氛围。这不仅可以让员工感到被尊重和认可，也可以促进员工之间的合作和创新。例如，图书馆可以实施公正的评价和激励机制，确保员工的努力和贡献得到公正的认可；也可以提供开放的交流和学习平台，让员工可以分享知识和经验，共同解决问题。

（2）在吸引了优秀的人才之后，图书馆还需要通过保留人才的机制，让他们愿意长期留在图书馆工作。这包括提供持续的职业发展机会，实施有效的员工关怀和支持政策，以及构建长期的激励和忠诚度机制。具体来说，图书馆可以提供持续的职业发展机会，如提供定期的技能培训和教育补贴，让员工可以持续提升自己的技能和知识；也可以提供晋升机会，让员工可以看到他们的职业发展前景。此外，图书馆还需要实施有效的员工关怀和支持政策，以帮助员工解决工作和生活中的困难和挑战。例如，图书馆可以提供健康和福利服务，如提供健康检查和心理咨询服务，帮助员工维护健康；也可以提供工作支持服务，如提供灵活的工作时间和远程工作机会，帮助员工平衡工作和生活。在此基础上，图书馆还需要构建长期的激励和忠诚度机制，让员工愿意长期留在图书馆工作。例如，图书馆可以提供长期的工作奖励，如提供长期服务奖，以认可员工的长期贡献；也可以提供长期的职业发展机会，如提供长期的教育和发展计划，以支持员工的长期职业发展。

五、适应高校环境和文化

高校图书馆位于特定的高校环境中,服务于具有特定学术文化需求的读者群体,因此,其人力资源管理的创新必须考虑到高校的环境因素和文化因素。这不仅包括对高校教育环境的适应,还包括对高校学术文化的认同和传承。

(一)适应高校教育环境

高校是教育和学术研究的重要场所,具有特定的教育环境和学术氛围。因此,图书馆的人力资源管理创新需要适应这种环境,以满足教育和学术研究的需求。一方面,图书馆需要招聘和培养具有教育和学术背景的工作人员,以提供专业的教育和学术服务。这包括提供信息素养教育、学术咨询、研究支持等服务,帮助读者有效利用图书馆资源,提高学习和研究效率。另一方面,图书馆也需要建立符合教育环境的服务模式和工作流程。例如,图书馆可以根据学期制度,调整服务时间和服务项目,以满足不同学期的学习需求;也可以根据教学进程,提供特定的学习资源和学术活动,以支持教学和学习。

(二)认同和传承高校学术文化

高校具有独特的学术文化,包括学术价值观、学术传统和学术精神等。因此,图书馆的人力资源管理创新需要认同和传承这种学术文化,以构建与之相符的服务氛围和工作精神。一方面,图书馆需要通过培训和教育,让工作人员理解和认同高校的学术价值观。例如,可以通过研讨会、讲座、阅读材料等方式,让工作人员了解学术诚信的重要性,理解学术自由和学术独立的意义。另一方面,图书馆需要通过服务和活动,传承高校的学术传统和学术精神。例如,可以通过展览、讲座、研讨会等活动,展示和传播高校的学术历史和学术成就;也可以通过服务模式和服务精神,体现和传承学术独立、学术创新和学术追求的精神。

第三节　高校图书馆馆员职业素养的培育

一、高校图书馆馆员的职业素养要求

在当前信息化社会背景下，图书馆已经逐渐从传统的书籍存储场所转型为信息资源中心。对于高校图书馆馆员来说，他们的角色和职责也在发生深刻的变化，对其职业素养有了更高的要求。高校图书馆馆员的职业素养要求主要包括以下三个方面（图4-4）。

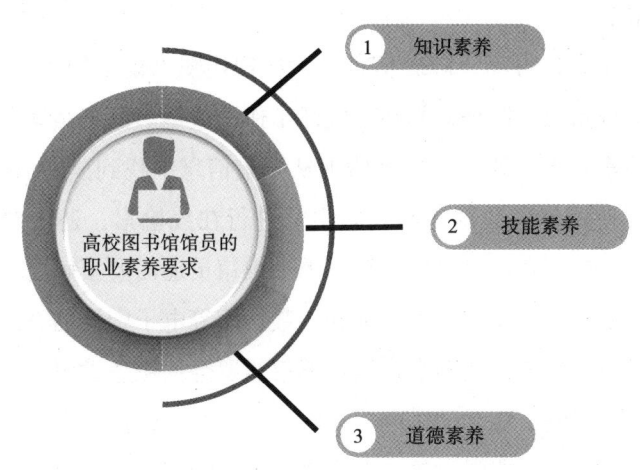

图 4-4　高校图书馆馆员的职业素养要求

（一）知识素养

高校图书馆馆员的知识素养包括学术知识、信息技术知识、法律知识等。只有具备这些知识，图书馆馆员才能在信息化社会中为读者提供优质的服务，为学校的教学和研究工作做出贡献。

就学术知识来说，高校图书馆馆员作为知识的守护者和传播者，应

具备一定的学术知识。他们不仅需要对各类图书的内容有深入了解，还需要对高等教育学科的知识体系有大致理解，这样才能根据学生和教师的需求提供有效的信息服务。例如，对于一本关于微积分的书，图书馆馆员应该知道它属于数学领域，能为学习此门课程的学生或教师提供参考。此外，了解学术趋势和热点，对于图书馆的采购工作也是极其重要的。除此之外，高校图书馆馆员也需要深入了解图书馆学的基本理论和方法。图书馆学是研究图书馆的建设、管理、服务和利用等问题的学科。图书馆馆员需要了解图书分类、编目、借阅等基本操作，掌握图书馆管理的方法和策略，以实现图书馆资源的最大化利用。此外，对于现代图书馆的运营和管理，包括图书馆的组织结构、服务模式、信息资源建设等，图书馆馆员也需要有所了解。

信息技术知识方面，随着信息技术在现代图书馆中的作用日益显著，图书馆馆员对此的掌握是他们能否胜任工作的关键。图书馆馆员需要熟练掌握信息检索技术，能够快速准确地从海量信息中找到读者需要的信息。这不仅包括使用各种数据库和搜索引擎进行在线检索，还需要掌握元数据、关键词、布尔逻辑等检索技巧。图书馆馆员还需要了解电子资源的管理和使用。随着电子图书、电子期刊、数据库等电子资源的发展，图书馆的资源形式越来越丰富。图书馆馆员不仅需要会使用各类电子资源，还需要知道如何进行电子资源的采购、订购、评估等工作。此外，针对电子资源的版权问题、访问权限设置、使用统计等，图书馆馆员也需要有一定的知识。数字图书馆的建设也是图书馆馆员需要了解的内容。数字图书馆是现代图书馆的重要组成部分，通过数字化手段，将图书馆的资源和服务延伸到网络空间，为读者提供 24 小时不间断的服务。图书馆馆员需要了解数字图书馆的建设过程，包括资源的选择、数字化、元数据的创建、资源的组织和存储、用户接口的设计等。

法律知识方面，图书馆的工作涉及许多法律问题，图书馆馆员需要了解相关的法律法规，其中最重要的就是版权法。版权法保护了作者的知识产权，禁止未经许可的复制和发行。图书馆馆员需要明确什么情况下可以复制图书、如何合法使用电子资源、如何遵守数据库的许可协议等。此外，对于图书损毁、盗窃等问题，图书馆馆员也需要了解相关的法律责任。另外，隐私权也是图书馆馆员需要注意的问题。图书馆需要保护读者的个人信息和借阅记录，未经许可不得公开或透露。图书馆馆员需要了解个人信息保护的相关法律，了解何为个人信息，如何收集、存储、使用和删除个人信息，以及在何种情况下可以披露个人信息。

（二）技能素养

图书馆是学习、研究的重要场所，而图书馆馆员则是连接读者与信息资源的桥梁。在现代社会，高校图书馆馆员的角色已经从传统的书籍保管员转变为信息服务者和信息专家。因此，他们需要具备检索技能、服务技能、技术技能等相关职业技能素养，以满足读者的需求和期望。

信息检索技能是高校图书馆馆员的核心技能之一。图书馆馆员需要能够在大量信息源中迅速准确地找到用户需要的资料。这需要图书馆馆员具备深厚的文献分类和索引知识，熟悉各类图书馆检索工具和数据库，如OPAC（在线公共访问目录）、专业数据库等。此外，图书馆馆员还需要掌握先进的信息检索策略，如布尔搜索、元搜索等。这些技能的运用能够有效提高信息检索的准确性和效率，帮助用户更好地满足其信息需求。

服务技能是图书馆馆员与用户进行有效互动的关键。良好的沟通技巧能够帮助图书馆馆员更准确地理解用户的需求，提供满意的服务。同时，这也能建立起良好的用户关系，提升图书馆的公共形象。问题解决能力对图书馆馆员而言也极为重要，因为图书馆馆员往往需要处理各种问题，如用户查询、设备故障、资源争议等。服务意识是图书馆馆员的重要职业道德，图书馆馆员需要始终以用户为中心，积极响应用户的需求，提供优质的服务。

随着科技的发展，技术技能已经成为图书馆馆员必备的技能之一。

高校图书馆馆员需要熟悉图书馆管理系统，如图书馆自动化系统、数字资源管理系统等，这些系统能够有效地提升图书馆的工作效率，改进服务质量。此外，图书馆馆员还需要能够进行电子资源管理，如电子书籍、电子期刊、数据库等。这些技能不仅可以满足用户的数字化信息需求，还可以提高图书馆的信息服务能力。

（三）道德素养

图书馆馆员的道德素养对于他们的职业实践具有深远影响。道德素养在很大程度上决定了图书馆服务的质量、用户的满意度，以及图书馆在社区中的地位和形象。道德素养包括职业道德和服务精神两个关键方面。

图书馆馆员的职业道德规定了他们应如何以高尚的行为标准来执行职责，这是他们日常工作的指导原则。尊重用户隐私是图书馆馆员的核心道德责任。图书馆馆员必须保护用户的个人信息，以及他们的阅读和查询历史，这是维护用户权利的重要一环。公正对待所有用户是图书馆馆员职业道德的另一个重要组成部分。这要求图书馆馆员对所有用户的信息需求给予平等的关注，无论他们的身份、种族、性别、年龄或能力如何，图书馆馆员都必须确保提供无偏见的服务，并反对任何形式的歧视。图书馆馆员有责任不断提高自己的专业能力。他们需要不断学习，掌握新的知识和技能，以便为用户提供最高质量的服务。这不仅要求图书馆馆员有持续的专业发展，也需要他们对个人成就有高度的追求。

服务精神是图书馆馆员道德素养的重要组成部分，这反映了他们对工作的热情和承诺。图书馆馆员应具备强烈的服务精神，始终以满足用户需求为工作目标。这要求他们主动关注用户的信息需求，了解他们的兴趣和需求，以便提供最合适的资源和服务。强烈的服务精神也要求图书馆馆员具有高度的耐心和理解。他们应该愿意花时间倾听用户的需求，理解他们的问题，并提供有用的帮助。这种情感投入可以建立用户的信任，提高他们对图书馆的满意度。服务精神还要求图书馆馆员具有创新和灵活的思维。他们应该能够在不断变化的环境中找到新的服务方式,以满足用户的新需求。这需要他们保持开放的态度,接受新的想法和观点,以便提供最好的服务。

二、提高图书馆馆员职业素养的重要性

在当前的信息时代,高校图书馆馆员的角色正在经历重大的转变。他们不是简单地管理图书馆的书籍和资源,而是成为连接用户和信息的关键桥梁。为满足这一变化,图书馆馆员需要不断提高自己的职业素养,提高图书馆馆员职业素养的重要性主要体现在以下几个方面(图4-5)。

图 4-5 提高图书馆馆员职业素养的重要性

(一)提高服务质量

图书馆馆员的职业素养直接影响图书馆的服务质量。作为信息服务的核心人员,图书馆馆员的职业素养和能力决定了他们是否能够提供满足用户需求的优质服务。例如,具备良好检索技能的图书馆馆员能够快速、准确地找到用户需要的信息。这涉及如何有效利用图书馆的数据库、信息检索系统、电子资源等工具,找出相关的、准确的、适合用户的信息。不仅如此,优秀的检索技能还包括如何评估信息的质量、如何筛选出最有价值的信息,以及如何将复杂的信息以易于理解的方式呈现给用户。具备良

好服务技巧的图书馆馆员还能够满足用户的个性化需求，提供优质的服务。这包括如何与用户有效地沟通，如何理解并尊重用户的需求，如何提供适合用户的服务等。在实际工作中，服务技巧可能表现为倾听用户的需求，对用户的问题提供耐心、详细的解答，对用户的反馈持开放的态度，以及对用户的满意度保持高度关注等。再者，具备良好的职业道德的图书馆馆员能够尊重用户隐私，公平对待所有用户。这意味着图书馆馆员需要对所有的用户提供一致、公正的服务，不因用户的性别、年龄、种族、宗教、身份或者其他个人特征而有所歧视。此外，图书馆馆员还需要保护用户的隐私，尊重他们的个人信息，防止信息的泄露或者滥用。

（二）适应信息社会的需求

在信息社会，信息的获取和处理越来越重要。随着科技的快速发展，信息的生产、传播和利用方式也在不断变化。在这种背景下，高校图书馆馆员需要具备高级的信息素养，以便更好地满足用户的信息需求。

图书馆馆员需要掌握新的信息技术。新的信息技术可以帮助图书馆馆员更高效、更方便地管理和检索信息，提供更优质的服务。例如，图书馆馆员需要熟悉云计算、大数据、人工智能等技术，理解它们的基本原理，掌握它们的应用方法。同时，图书馆馆员还需要跟踪信息技术的最新动态，熟悉新出现的工具和平台，适应新的工作方式。图书馆馆员需要理解新的信息资源。随着互联网的普及，信息资源的种类和形式变得更加丰富。例如，除了传统的书籍、期刊、报纸等资源，还有电子书籍、在线视频、社交媒体、开放数据等新的资源。图书馆馆员需要了解这些新的信息资源，掌握它们的特点和用法，为用户提供更广泛、更多样的服务。此外，图书馆馆员需要熟悉新的信息服务方式。在信息社会，用户的需求和期望也在变化。他们不再满足于简单地获取信息，而是希望得到更个性化、更高质量的服务。因此，图书馆馆员需要探索新的服务方式，满足用户的新需求。例如，他们可以提供在线咨询服务，帮助用户远程解决问题；他们可以开发数据分析服务，帮助用户深入理解和使用信息；他们可以开展信息素养教育，帮助用户提高自己的信息处理能力。

（三）提升个人职业发展

图书馆馆员的职业素养不仅对图书馆服务质量有影响，也对图书馆馆员自身的职业发展有重要意义。一个具有高度职业素养的图书馆馆员通常能够更好地完成其职业职责，给用户带来更满意的服务体验，从而获得用户和同行的认可，推动个人的职业发展。

高度的职业素养可以为图书馆馆员提供更多的职业发展机会。当图书馆馆员具备出色的信息检索技能、服务技巧、技术能力以及强烈的职业道德意识时，他们会成为图书馆中不可或缺的重要人员。这些优秀的技能和素质使他们在面临工作晋升或职位调整时具有竞争优势，更有可能获得更高层次的工作机会。例如，一位技术熟练、服务意识强、具备出色信息处理和管理能力的图书馆馆员，可能会被推荐为图书馆的管理职位，或者被邀请参与更为复杂、更需要专业技能的项目。这些高层次的工作机会不仅能让他们在职业生涯中有更多的学习和成长，也能使他们获得更大的工作满足感。

职业素养也是图书馆馆员职业成就的重要标志。职业素养是图书馆馆员的核心能力和价值观的反映，它体现了图书馆馆员对工作的专业性和热情。高水平的职业素养可以显示图书馆馆员对图书馆事业的深深承诺，可以体现他们对提供优质服务、满足用户需求、保护信息安全等核心职业责任的坚持。同时，职业素养也可以增强图书馆馆员的自我认同感和自豪感。每当他们凭借专业素养成功地解决了用户的问题，提供了优质的服务，或者取得了工作上的成就，他们都会感到自我价值的实现和职业生涯的成功。这些都会增强他们对自己工作的满足感和快乐感，从而增加他们的工作积极性和忠诚度。

(四)建立良好的图书馆形象

图书馆馆员的职业素养对于建立良好的图书馆形象具有重要影响。高素质的图书馆馆员是图书馆能够提供优质服务的关键,这直接影响着图书馆在公众心目中的形象。

图书馆馆员的专业素养是图书馆服务质量的关键因素。一位具备良好职业素养的图书馆馆员能够准确地理解和响应用户的需求,提供准确、高效的信息检索服务,使用户能够轻松地找到所需的资料。他们的服务技巧也能使用户感到被尊重和理解,增强用户对图书馆的好感和信任。此外,他们对新技术的掌握和对新信息的理解能力也能使图书馆服务保持与时俱进,满足用户的新需求。图书馆馆员的职业道德还是图书馆形象的重要组成部分。尊重用户隐私、公正对待所有用户、不断提高自身的专业能力等良好的职业道德,都能为图书馆塑造正面的形象。公众通常会将这些正面的道德品质与图书馆联系在一起,从而提高图书馆的社会声誉。

如果图书馆馆员的职业素养不足,可能导致服务质量下降,用户满意度下降。例如,如果图书馆馆员的信息检索技能不足,可能导致用户无法找到所需的资料;如果图书馆馆员的服务技巧不佳,可能导致用户感到不满意或被忽视;如果图书馆馆员的职业道德不强,可能导致用户对图书馆的信任度降低。这些都可能对图书馆形象产生负面影响。因此,提高图书馆馆员的职业素养是建立良好图书馆形象的关键。我们应该重视图书馆馆员的培训和教育,不断提高他们的职业素养,以提升图书馆的服务质量,满足用户的需求,从而提高图书馆在公众心目中的形象。同时,我们也应该注重培养图书馆馆员的职业道德,使他们能够以高度的职业责任感和公正公平的态度为用户提供服务,为图书馆塑造正面的形象。

三、图书馆馆员职业素养的培育方法

高校图书馆可以通过以下方法来培育图书馆馆员的职业素养(图4-6)。

图 4-6 图书馆馆员职业素养的培育方法

（一）专业培训

专业培训能够帮助图书馆馆员更新知识，提升技能，增强职业能力。它们不仅可以提高图书馆馆员的工作效率，也能帮助图书馆馆员提供更优质的服务，满足用户的需求。高校应组织针对图书馆馆员的专业培训，如信息检索技能、电子资源管理、图书馆管理系统使用等。

信息检索技能方面，高校应定期举办信息检索技能培训课程，例如，如何有效使用图书馆管理系统进行检索，如何利用网络资源进行深度信息搜索等。此外，随着信息技术的快速发展，需要定期进行技能升级，使图书馆馆员能够掌握最新的信息检索技术和工具。

电子资源管理方面，图书馆馆员应熟悉各种电子资源的特点和使用方法，包括电子图书、电子期刊、数据库等。此外，图书馆馆员还需要掌握电子资源的购买、订阅、分类、索引和维护等相关知识和技能。

图书馆管理系统使用方面，现代图书馆的管理工作在很大程度上依赖于图书馆管理系统。图书馆馆员应熟悉系统的操作方法，能够利用系统进行图书入库、借阅管理、用户管理等工作。此外，图书馆馆员还应理解系统的工作原理，能够应对系统出现的问题，及时进行调整和优化。

（二）道德教育

道德教育是提高图书馆馆员职业素养的另一个重要方式。尊重用户隐私，公正对待所有用户，不断提高自身的专业能力，这些职业道德不仅关系到图书馆的服务质量，也关系到图书馆的社会形象。

高校应定期举办道德教育活动，例如，通过讲座、研讨会、案例分析等方式，强化图书馆馆员的职业道德观念，使其充分认识到职业道德的重要性。在道德教育活动中，可以引导图书馆馆员思考如何在实际工作中实践职业道德，如何在面对道德困境时做出正确的决策。此外，高校还应制定相关的道德规范和纪律制度，对违反职业道德的行为进行约束和惩罚。通过这些机制，可以使图书馆馆员更好地遵守职业道德，提升其职业素养。

（三）实践机会

提供更多的实践机会可以帮助图书馆馆员提升职业素养。在实际操作中，图书馆馆员可以将理论知识和实践相结合，发现问题，解决问题，进一步提升职业素养。通过以下几种途径，可以为图书馆馆员提供更多的实践机会。

（1）通过工作实践。图书馆馆员在日常工作中可以将所学知识应用到实践中，如使用图书馆管理系统进行检索，处理用户的借阅请求，解答用户的咨询等。这些工作实践不仅可以帮助图书馆馆员熟悉图书馆的工作流程，还可以检验和提升他们的专业技能。

（2）通过项目实践。高校图书馆可以组织一些特定的项目，例如图书馆资源整合，电子资源建设，用户服务改进等，让图书馆馆员参与其中。通过参与项目，图书馆馆员可以深入了解图书馆的工作，解决实际问题，提升自己的专业素养。

（3）通过案例分析。通过研究和分析具有代表性的案例，图书馆馆员可以理解和学习如何在实际工作中处理复杂问题,如何在面对道德困境时做出正确的决定。案例分析既可以提升图书馆馆员的理论知识,也可以增强他们的实践能力。

四、图书馆馆员职业素养的提升路径

图书馆馆员职业素养的提升路径是一个持续的过程,需要图书馆馆员自身的持续学习和努力。只有这样,他们才能在图书馆工作中提供高质量的服务,满足用户需求,实现自我发展。高校图书馆员职业素养提升的具体路径如图4-7所示。

图4-7 图书馆馆员职业素养的提升路径

(一)专业知识的深度和广度提升

图书馆馆员应持续学习和掌握更多的专业知识,包括但不限于图书馆学、信息科学、电子资源管理等。他们还需要理解图书馆的运营管理、用户服务等方面的知识。这样可以帮助图书馆馆员更好地理解和执行工作,提升服务质量。

首先,高校图书馆馆员应不断深入理解图书馆学的基本原理和最新进展,包括图书馆的构建、管理、服务等方面。其次,他们应学习和掌握各种分类法,理解其背后的逻辑和结构,从而能够快速准确地对图书进行分类、编目。再次,他们还需要了解图书馆的历史和发展趋势,以便更好地理解图书馆的使命和目标。最后，图书馆馆员还应积极了解和学习信息科学的新理论、新技术，包括信息的获取、处理、存储、传输等过程，以便更好地管理和使用图书馆的信息资源。此外，他们还需要学习和掌握新的信息检索技术，如信息分析、数据挖掘等，以提升信息服务的效率和质量。

随着图书馆资源数字化的推进，电子资源管理成为图书馆馆员必备的知识。首先，他们应了解电子资源的特点和管理要求，学习和掌握电子资源的采购、许可、存储、访问等方面的知识。其次，他们还需要了解电子资源的法律和道德问题，如版权、隐私保护等，以便在实际工作中遵守相关法规。再次，图书馆馆员还应理解图书馆的运营管理，包括资源管理、服务管理、人员管理等。最后，他们应了解图书馆的组织结构和工作流程，理解图书馆的策略和政策，以便在工作中正确执行。此外，他们还需要了解图书馆的财务管理、项目管理、风险管理等方面的知识，以提升图书馆的运营效率。

（二）技能的专业化和多元化发展

图书馆馆员应不断提升自己的专业技能，如信息检索、电子资源管理、客户服务等。图书馆馆员应不断提升自己的信息检索技能，掌握各种检索工具和方法，如关键词检索、主题检索、元数据检索等。他们应能够快速、准确地找到用户需要的信息，满足用户的信息需求。图书馆馆员应熟练使用电子资源管理系统，能够进行电子资源的采购、许可、存储、访问等操作。他们应能够解决电子资源管理中的各种问题，如技术问题、许可问题、版权问题等。图书馆馆员还要具备良好的客户服务技能，如沟通技巧、解决问题的能力、服务态度等。他们应能够热情、耐心地接待用户，了解用户的需求，提供满意的服务。

此外，图书馆馆员还需要积极学习和掌握新的技能，如数据分析、项目管理、营销策划等。这些技能可以帮助图书馆馆员适应图书馆工作的多元化需求，提升工作效率。例如，通过数据分析，图书馆馆员可以了解用户的使用行为，优化服务方式；通过项目管理，图书馆馆员可以有效地组织和协调工作，提升工作效率；通过营销策划，图书馆馆员可以提高图书馆的知名度，吸引更多的用户。

（三）自我发展的规划及实现

图书馆馆员应对自己的职业发展有明确的规划，并积极行动实现。图书馆馆员应首先进行自我分析，了解自己的兴趣、能力、价值观等，这对于确定个人职业目标和职业路径具有重要的指导意义。例如，如果图书馆馆员在信息技术方面有独特的兴趣和天赋，他可能会选择成为图书馆的信息技术专家；如果图书馆馆员热爱与人交往，善于解决问题，他可能会选择专注于用户服务。

图书馆馆员在进行个人职业规划时，应明确自己的发展路径。这可能包括进行深度发展，如在某一特定领域如图书馆管理、信息技术等方面进行专攻，成为专家；或进行广度发展，即在多个领域都有所了解和掌握，成为通才。为了实现职业目标和沿着选择的路径发展，图书馆馆员需要进行持续的学习和成长。这可能包括参加培训课程，获取新的知识和技能；也可能是通过阅读专业书籍和期刊，了解行业的最新发展；或者是通过实践，学习和掌握新的工作方法和技巧。图书馆馆员在职业发展过程中，还应该定期进行反思，评估自己的发展进程是否符合预期，是否需要调整职业规划。反思可以帮助图书馆馆员了解自己的优点和缺点，明确需要改进的地方，从而更好地实现自己的职业目标。

（四）学习和创新的持续推进

图书馆馆员职业素养的提升绝不是一蹴而就的过程，而是一个持续学习和创新的过程。在现代社会，信息技术发展迅速，图书馆服务方式和资源形态也在不断变化。因此，图书馆馆员需要有持续学习的意识和习惯，以便适应这种变化，提升自身的职业素养。

一方面，图书馆馆员需要定期参加专业培训，获取最新的知识和技能。这包括图书馆学、信息科学、电子资源管理等专业知识的更新，以及新的信息技术、服务技巧等技能的学习。这种学习可以是系统的教育培训，如参加学术会议、研修班等；也可以是自我学习，如阅读专业书籍、研究报告，学习在线课程等。持续学习不仅可以帮助图书馆馆员提升专业能力，提供更好的服务，还可以帮助图书馆馆员开阔视野，激发新的思考和灵感。

另一方面，图书馆馆员需要在工作中积极创新，提出新的服务方式，优化工作流程等。这需要图书馆馆员具备创新思维，敢于尝试，敢于挑战。例如，他们可以根据用户需求，设计新的服务项目，提高服务质量和效率；也可以针对工作中的问题，提出改进方案，优化工作环境。此外，图书馆馆员还可以通过参与学术研究、撰写论文等方式，提升自己的研究能力，为图书馆学的发展做出贡献。

第四节　高校图书馆人力资源管理创新的具体途径

在当前信息化快速发展的时代，高校图书馆的人力资源管理面临着前所未有的挑战和机遇。为更好地满足用户需求，提高服务质量，以及促进图书馆馆员的职业发展，图书馆需要在人力资源管理上进行创新，创新的具体途径包括构建激励和培训机制、优化图书馆组织结构和工作流程、利用信息技术提高管理效率、加强图书馆文化建设等方面。

一、构建激励和培训机制

在高校图书馆的人力资源管理中，构建有效的激励和培训机制是至关重要的。这不仅可以提高图书馆馆员的工作满意度和工作效率，还可以帮助图书馆馆员提升职业素养，推动图书馆的发展。

一方面，要建立全面的激励机制。图书馆馆员作为图书馆的重要工作力量，他们的工作热情、专业水平直接影响图书馆的服务质量和效率。因此，建立有效的激励机制，激发图书馆馆员的工作积极性和创新性是至关重要的。激励机制通常可以分为物质激励和精神激励两大类。物质激励主要是通过满足图书馆馆员的经济需求来提升他们的工作积极性。例如，可以提供有竞争力的工资待遇，以吸引和留住优秀的图书馆馆员；可以设立各种奖金制度，如年终奖、绩效奖等，以奖励那些在工作中表现出色的图书馆馆员；也可以提供丰富的福利待遇，如医疗保险、住房补贴、餐饮服务、假期安排等，以提高图书馆馆员的工作满意度。对于许多图书馆馆员来说，除了经济需求，他们更关心的是能否在工作中得到尊重，能否实现自我价值，能否有足够的发展机会。因此，精神激励同样非常重要。精神激励可以通过满足图书馆馆员的自尊需求、归属需求、成就需求等方式，提升图书馆馆员的工作动力。例如，可以定期举办职工大会，公开表扬那些在工作中表现优秀的图书馆馆员，以满足他们的自尊需求；可以鼓励图书馆馆员参与图书馆的决策过程，让他们感到自己是图书馆的一部分，以满足他们的归属需求；也可以提供各种职业发展机会，如提供进修学习的机会和晋升的机会等，以满足他们的成就需求。在实际操作中，图书馆应根据自身的条件和图书馆馆员的需求，灵活运用各种激励手段，建立一个既公平又有激励性的人力资源管理制度。此外，图书馆还应定期评估激励机制的效果，根据评估结果对激励机制进行适时的调整，以保证激励机制的有效性。总的来说，通过建立全面的激励机制，可以激发图书馆馆员的工作积极性，提升图书馆馆员的工作效率，从而提升图书馆的服务质量和效率。

另一方面，要建立系统的培训机制。图书馆的服务质量和效率在很大程度上取决于图书馆馆员的职业素养。因此，建立系统的培训机制，提供持续的职业发展机会，对提升图书馆馆员的职业素养至关重要。

培训机制应包括针对不同阶段的图书馆馆员的不同需求的多元化培

训。对于新入职的图书馆馆员，应提供全面的入职培训，帮助他们快速适应新的工作环境，明确自己的工作职责，掌握基本的工作技能。入职培训可以通过内部讲座、模拟操作、辅导指导等方式进行。对于在职的图书馆馆员，应提供持续的职业发展培训，帮助他们跟进最新的图书馆学知识和技术，提升他们的专业技能和工作效率。职业发展培训可以通过内部研修、外部研讨会、在线课程等方式进行。例如，可以邀请专家来图书馆进行专题讲座，介绍最新的信息检索技术、电子资源管理技术等；也可以安排图书馆馆员参加行业会议，了解行业趋势，交流工作经验；还可以利用在线学习平台，提供灵活的学习时间和空间，满足图书馆馆员不同的学习需求。对于那些需要特定技能的工作，如信息技术、数据分析等，应提供深度的技能培训。技能培训可以通过专业课程、实战项目、导师指导等方式进行。这样可以确保图书馆馆员具备完成工作的必要技能，提升工作效率。

二、优化图书馆组织结构和工作流程

高校图书馆作为一个专业化的信息服务机构，其组织结构和工作流程的优化直接影响图书馆馆员工作效率和图书馆服务质量。因此，优化图书馆组织结构和工作流程是图书馆人力资源管理创新的一个重要途径。

一方面，优化图书馆的组织结构可以提高工作效率和满足用户需求。在现代信息环境中，图书馆需要处理的信息量日益增加，用户需求也越来越多样化。因此，图书馆的组织结构需要更具灵活性和响应性，以适应这种变化。例如，可以通过设置跨部门协作小组或工作组，解决特定问题或处理特定任务。这种灵活的结构可以促进知识和技能的共享，提高工作效率。同时，图书馆应尝试实施扁平化的组织结构，减少管理层级，使图书馆馆员更接近用户。这可以通过委托更多的决策权给一线图书馆馆员，提高他们的职业积极性和满意度。此外，扁平化的组织结构还有助于改善图书馆的服务质量，因为更接近用户的图书馆馆员能更好地理解和满足用户需求。

另一方面，优化图书馆的工作流程是提高工作效率和服务质量的关键。图书馆需要对其工作流程进行全面审查和梳理，以找出可能的冗余和效率低下的地方。例如，对于图书采购、编目、流通等传统的图书馆业务，图书馆可以试图精简和标准化其业务流程，去除不必要的步骤。此外，现代信息技术，如图书馆管理系统和人工智能，提供了优化工作流程的新机会。例如，图书馆可以利用图书馆管理系统自动化一些日常工作流程，如图书采购、编目和流通。利用人工智能技术，图书馆可以自动化信息检索和推荐，提高服务质量和效率。

三、利用信息技术提高管理效率

现代信息技术的发展为图书馆的人力资源管理提供了新的途径和工具。通过合理利用这些技术，图书馆可以提高管理效率，优化工作流程，进一步提升服务质量。

可以通过实施人力资源管理系统，进行统一的人事信息管理。人力资源管理系统（HRMS）的实施，能够极大地提高高校图书馆人力资源管理的效率。HRMS系统可以进行统一的人事信息管理，减少了以往由于信息分散而导致的管理困难。HRMS系统以数字化和信息化的形式，集成员工的个人信息、工作记录、培训记录等多元化信息，使管理员在进行人事管理时，能够轻松查询到所需要的信息，无须再从繁杂的文档和资料中寻找。此外，通过系统自动更新，员工的信息变动可以被即时记录和反映，大大减少了人工更新带来的误差和滞后性。该系统更进一步实现了员工考勤、薪资计算、福利分配等日常人力资源管理功能。这些功能的实现，极大地减轻了管理员的工作负担，使其可以将更多的精力投入到更为重要的工作，如人才引进、培训与发展、绩效考核等方面。在这种情况下，图书馆的管理水平也将得到进一步提升。HRMS系统的另一个重要功能是，它可以通过数据分析，为决策者提供有力的参考依据。例如，通过员工绩效分析，决策者可以清晰地看到每个员工的工作情况，以便对其进行合理的评价和激励。通过离职率分析，可以帮助决策者发现可能存在的管理问题，及时进行调整。通过人才储备分析，可以为图书馆的长远发展提供规划和建议。

还可以利用在线学习平台进行远程培训。在线学习平台的应用，已经成为人力资源管理中培训工作的新途径。高校图书馆可以充分利用这种技术进行远程培训，为图书馆馆员提供更加便捷、丰富的学习资源。在线学习平台集成了众多的学习资源，包括视频课程、电子书籍、专业文章等，这些资源覆盖了各个方面的专业知识，可以满足图书馆馆员不同的学习需求。例如，对于新入职的图书馆馆员，可以通过在线平台的初级课程，快速掌握图书馆的基础知识和操作技能；对于在职的图书馆馆员，可以通过进阶课程深化专业知识，提升工作能力。在线学习平台还可以实现个性化学习。每个图书馆馆员可以根据自己的工作需求和兴趣，选择合适的课程进行学习。平台的推荐系统也会根据图书馆馆员的学习记录和表现，为其推荐相应的课程和资料。这种方式不仅使学习更加有趣，也能更有效地提升图书馆馆员的专业素养。通过在线学习平台，管理员可以很方便地进行学习进度跟踪和成绩评估。系统会自动记录每个图书馆馆员的学习情况，如学习时长、完成课程、考试成绩等，管理员可以通过这些数据，了解图书馆馆员的学习进度，评估培训效果，及时进行反馈和指导。在线学习平台还可以提供交流和讨论的功能。图书馆馆员可以通过平台的讨论区，与其他图书馆馆员交流学习心得，分享工作经验，建立起良好的学习氛围。

此外，还可以通过社交媒体、移动应用等新兴技术，进行有效的内部沟通和知识分享。在当前信息化的社会环境下，社交媒体、移动应用等新兴技术在高校图书馆的人力资源管理中也发挥着越来越重要的作用。他们不仅可以提高信息传递的效率，还能增强员工之间的互动交流，进一步提升管理效率。

社交媒体是一种便捷的信息传播和交流平台。在图书馆中，可以通过建立员工社区，让图书馆馆员们有机会分享自己的工作经验、解决问题的策略，或是讨论工作中遇到的困难和挑战。这种互动性的交流方式不仅有助于知识和信息的传播，还有助于激发员工的积极性和创新性，从而提升整个团队的工作效率和能力。移动应用则是另一种有效的信息管理工具。例如，图书馆可以开发自己的移动应用，通过它发布各种公告、调查问卷，及时向员工传达重要的工作信息和获取员工的反馈意见。通过这种方式，管理员可以更好地理解员工的需求和困扰，及时调整工作计划和策略。即时通信工具在图书馆的内部沟通中也发挥着重要作用。通过这些工具，图书馆馆员们可以进行实时的交流和协作，解决工作中的问题，提高工作效率。同时，也可以通过文件传输功能，方便快捷地分享和交流工作资料。

四、加强图书馆文化建设

图书馆文化是图书馆的灵魂，它包括图书馆的价值观念、服务理念、工作作风等方面的内容。在高校图书馆人力资源管理的创新过程中，加强图书馆文化建设有着极其重要的作用。强大的图书馆文化不仅可以增强图书馆馆员的归属感和认同感，激发他们的工作热情，提升工作效率，而且能塑造良好的图书馆形象，提升图书馆的社会影响力。

高校图书馆文化建设需要建立鲜明的服务理念。它是每一位图书馆馆员对他们工作的理解和对待方式，也是图书馆在向用户提供服务时的基本态度和承诺。它反映了图书馆的价值观和使命，是图书馆文化的一个重要组成部分。

图书馆服务理念的建立首先要以满足读者需求为宗旨。读者是图书馆服务的核心对象，他们的需求是图书馆工作的出发点和落脚点。图书馆的所有工作，包括馆藏资源的建设、服务方式的设计、服务环境的布置等，都应围绕读者需求进行。只有充分了解和满足读者的需求，图书馆才能提供优质的服务，赢得读者的满意和信任。优质的服务是图书馆服务理念的另一个重要内容。图书馆应致力于提供高质量的服务，包括信息检索服务、阅读咨询服务、文献传递服务等。图书馆馆员应具备良好的职业素养和服务技能，以提供专业、及时、热情的服务。他们还应在服务过程中注重人文关怀，尊重每一位读者的感受和需求，提供尽可能个性化的服务。高效和便捷也是图书馆服务理念的重要组成部分。图书馆应通过优化服务流程、提高服务效率，提供快捷的服务。这不仅可以提升图书馆的服务能力，还可以提升读者的服务体验。例如，图书馆可以通过实施自助服务、线上服务等方式，提供更加便捷的服务。

在图书馆文化建设中，塑造积极的工作作风是一项不可忽视的任务。这个过程要求图书馆馆员以严谨负责的态度对待工作，始终保持敬业精神和创新精神，这将对提升图书馆的整体服务质量产生积极影响。严谨负责的工作态度是每位图书馆馆员应当具备的基本素质。无论是处理日常的图书借还事务，还是对待繁复的信息检索工作，图书馆馆员都应充分展示自己的专业素养，以最高标准完成各项工作。只有严谨对待每一项工作，才能确保图书馆服务的准确性和可靠性，赢得读者的信任。图书馆馆员还需要具备坚定的敬业精神。他们需要理解，自己的工作不仅是提供服务，更是帮助读者获取知识，推动学术发展的重要环节。因此，图书馆馆员应对自己的工作充满热情，始终保持高度的工作热情和服务热情，以提供最优质的服务。图书馆也需要鼓励图书馆馆员发展创新精神。在快速发展的信息时代，图书馆的服务方式和服务内容也需要不断创新。图书馆馆员应积极接受新知识，敢于尝试新方法，以提供更符合时代需求的服务。此外，图书馆应鼓励图书馆馆员积极参与各种学术活动，通过参加学术研讨会、读书分享会等活动，提升自己的专业素养和业务水平。这样，他们不仅可以提高自身的工作效率，还可以提升图书馆的服务质量，更好地满足读者的需求。

弘扬和传承图书馆的价值观念也不容忽视。图书馆是知识的宝库，是文化的传播者，图书馆馆员在传承知识、传播文化的过程中，应坚守图书馆的核心价值观，如尊重知识、公正公平、热爱读者等，以此引导图书馆的日常工作。尊重知识不仅体现在对书籍的爱护上，更体现在对知识产权的尊重和保护上。图书馆馆员在工作中应秉持知识是至高无上的信念，对所有图书和信息资料给予充分的尊重。在服务过程中，要遵守各项法规，保护知识产权，同时教育读者做到合理使用、合法使用图书资料。公正公平是图书馆的另一项核心价值观。图书馆作为公共服务机构，服务对象广泛，图书馆馆员在提供服务过程中应公正对待每一个读者，确保每一个读者都能公平享受到图书馆的服务。这包括但不限于公平的借阅机会、公平的阅览环境、公平的信息获取等。再者，热爱读者是图书馆价值观的重要组成部分。图书馆是服务于读者的，图书馆馆员的工作就是要满足读者的需求。因此，图书馆馆员应对读者充满热爱，了解他们的需求，提供他们所需的服务。只有这样，图书馆馆员才能真正为读者提供优质的服务，帮助他们获取所需的知识。

第五章　高校图书馆服务管理创新

第一节　高校图书馆服务类型及特点

一、高校图书馆服务的主要类型

高校图书馆服务主要类型包括图书馆外借服务、图书馆阅览服务、图书馆参考咨询服务、图书馆读者教育服务等四个方面（图5-1）。

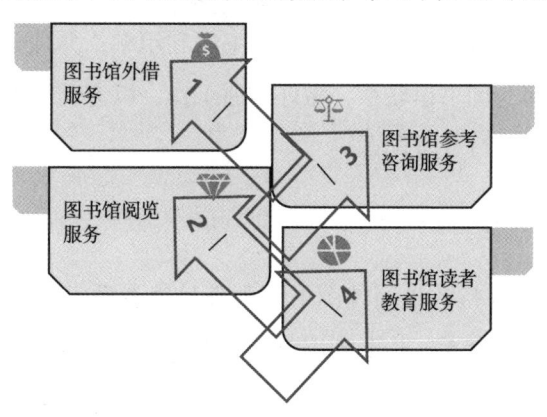

图 5-1　高校图书馆服务的主要类型

(一)图书馆外借服务

图书馆外借服务具体又分为个人外借服务、集体外借服务、馆际互借服务、预约外借服务等多种服务形式。

1. 个人外借服务

个人外借服务指的是读者凭借本人的借书证到图书馆借阅相关文献的活动,它是图书馆服务中最基本、最主要的服务形式。个人外借服务具有较强的个性化,这是因为读者群体中每个人的喜好都有各自的特点,需求不可能完全相同,因此对文献的需求也存在个性化的差异。高校图书馆要尽可能满足作者的个性化阅读需求,使每个读者都能通过个人外借服务借阅到自己喜欢的书籍。

2. 集体外借服务

集体外借服务指的是以集体的名义向图书馆提出借阅需求,图书馆根据需求提供文献借阅的一种外借服务形式。集体外借一般是为了方便学校团体或科研小组等集体的借阅需求,此类外借服务具有很强的针对性和计划性。并且集体外借需要的文献数量巨大,少则几百册,多则成千上万册,为了保证外借服务的顺畅和提高图书的利用率,办理集体外借服务的代理人需要提前与图书馆联系,做好沟通工作,以方便图书馆提前做好规划,对图书资源进行合理配置。

3. 馆际互借服务

馆际互借服务指的是高校图书馆为满足读者需求,与其他图书馆或情报部门之间互通有无,相互利用对方的馆藏来满足读者需要的一种特殊的外借服务形式。馆际互借是实现图书共享的重要手段,打破了传统意义上馆藏资源的读者利用界限和范围,为高校图书馆服务的未来发展趋势提供了方向。

4. 预约外借服务

预约外借服务指的是图书馆在文献暂时不能满足读者借阅需求时采取的一种服务形式。预约外借服务能够提高图书的利用率，满足急需读者或重点作者的服务需求，加速图书文献的周转速度，起到书尽其用、有效提升图书馆服务水平的作用。

（二）图书馆阅览服务

图书馆阅览服务又可以分为图书阅览服务和多媒体阅览服务两种服务形式。

1. 图书阅览服务

图书阅览服务是指图书馆利用本身的空间设施，为读者提供馆内阅读的一种服务方式。图书阅览是图书馆为读者服务的传统型的重要文献流通工作，不仅受到所有图书馆的重视，也在不断地创新和发展。目前，高校图书馆图书阅览服务一般有闭架阅览、半开架阅览和开架阅览等几种。

（1）闭架阅览。闭架阅览要求读者将所需要的书目交给图书馆馆员，由图书馆馆员在馆内进行查找后交给读者，读者不能在书架上自己挑选。这种方式对人力、物力的耗费非常大，而且给读者的阅读带来了一定的不便，随着高校图书馆服务的提升，这种阅览方式已经越来越少，慢慢走向淘汰。

（2）半开架阅览。半开架阅览指的是图书馆将一些尚不具备开架条件的图书，采用陈列展览的形式，供读者浏览挑选，确定好所需书目后，交给图书馆馆员取出进行借阅的一种方式。这种阅览方式相比闭架阅览有了很大的进步，但是仍然具有一定的局限性，对读者的整体阅读体验造成了一定的影响。

（3）开架阅览。开架阅览指的是图书馆允许读者自己在书架上随意挑选所需图书的一种服务形式。这种阅览方式具有很大的优越性，节省了读者的时间，使读者拥有了很大的自由度。在查阅所需图书的时候能够有更多的选择范围，能够博览群书，扩大了阅读范围，能够提高读者阅读的兴趣。

从高校图书馆服务发展的趋势来看，开架阅览已经被越来越多的图书馆所采用，成为最重要、最常用的阅览方式。

2. 多媒体阅览服务

高校图书馆的多媒体阅览服务主要有电子图书阅览、网络服务和馆藏文献检索等几种阅览方式。

（1）电子图书阅览。随着科学技术的进步和信息技术的发展，电子图书以存储量大、阅读方便等特点受到越来越多读者的欢迎。电子图书阅览是图书馆多媒体阅览室的一项重要功能。这种图书阅览方式具有很大的优势，充分利用了计算机信息传播的功能，为广大读者提供了更加便捷的阅读体验，使广大读者能够快速、准确、安全地从电子阅览室查询到自己所需的资料。

（2）网络服务。随着网络技术的迅猛发展，高校图书馆也逐步走向了网络化。多媒体阅览服务形式能为读者提供多种网络服务。例如，通过图书馆网站能够查询到馆藏资源、新书园地、读者服务等类似的各项服务。广大读者还能够通过图书馆网络服务实现信息资源的共享，开展有效的沟通和交流。

（3）馆藏文献检索。互联网技术的发展，使高校图书馆的馆藏文献检索工作实现无纸化，变得更加方便和快捷。通过高校多媒体阅览室系统与图书馆网络系统的互联，读者能够在多媒体阅览室的计算机上实现对文献随时随地的检索，还可以自助办理续借、修改个人图书馆信息等操作，大大提高了高校图书馆的服务效率和服务质量水平。

（三）图书馆参考咨询服务

参考咨询服务指的是高校图书馆馆员对读者利用文献、寻求知识和情报方面提供帮助的服务形式。大部分高校图书馆都设有专门的参考咨询部门，并且专门安排具有专业知识和工作经验的图书馆馆员负责此项工作的开展。

1. 参考咨询服务的方式

随着高校图书馆服务的发展，参考咨询服务的方式也不断发生变化，一般来说，主要有以下四种方式：第一种是现场咨询，由读者亲自到图书馆咨询台向馆内工作人员进行咨询。第二种是电话咨询，读者通过拨打图书馆咨询台的电话进行咨询。第三种是网上咨询，通过图书馆的网上咨询平台、微信、QQ等形式进行网上信息咨询。第四种是其他咨询，指的是通过图书馆留言板、回答板等方式进行反馈和咨询。

2. 参考咨询服务的作用

在高校图书馆服务中，参考咨询服务是一种比较深层次的服务，在图书馆服务工作中起到了积极作用。首先，参考咨询服务能够发挥图书馆情报职能的作用，将图书馆内无序的文献信息资源按照分类整理，满足读者的不同需求。其次，参考咨询服务能够对馆内的信息文献资源进行有效开发，使之以更为便捷的形式出现，方便读者的使用。最后，参考咨询工作促进了读者对图书馆文献信息资源的了解，提高了这些资源的使用效率。

（四）图书馆读者教育服务

图书馆读者教育服务指的是高校图书馆通过举办各种形式的培训、知识讲座的形式，帮助读者更好地熟悉和利用馆藏文献资源。一般这类培训讲座主要包含以下两方面内容：一方面，提高和加深读者对图书馆的认识，培养他们的情报意识，加强他们对图书馆的利用，为他们提供终身学习的场所。另一方面，帮助读者提高情报检索，学会利用图书馆资源及常用软件相关知识，充分开发和利用图书馆资源，发挥图书馆的情报职能和教育职能。

二、高校图书馆服务的基本特点

高校图书馆具有特定的服务对象，其服务特点主要体现在以读者为中心、服务的个性化、服务的集成性等三个方面（图 5-2）。

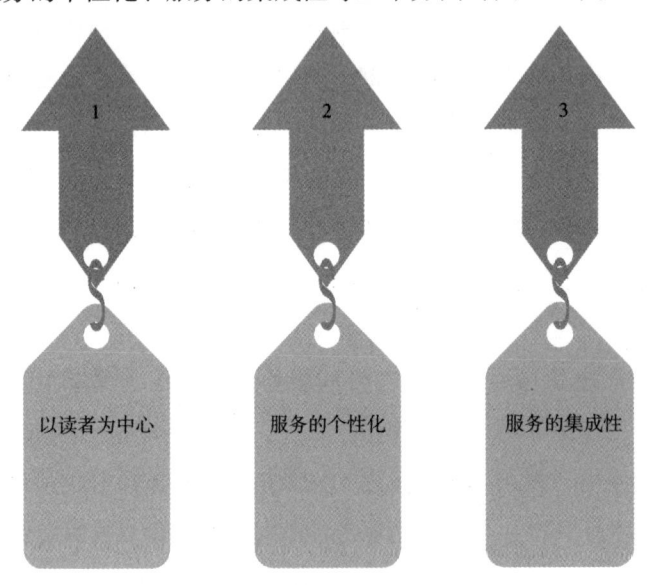

图 5-2　高校图书馆服务的基本特点

（一）以读者为中心

以读者为中心是高校图书馆服务的最大特点。图书馆通过了解读者的动态化需求、提供个性化服务、研究读者的需求规律等方式，不断优化服务，以满足读者的需求，并提高服务质量和用户体验。这一特点体现了图书馆作为学术支持和知识传播中心的重要性，也体现了图书馆与读者之间密切的关系和互动。高校图书馆将继续以读者为中心，不断提升服务水平，为广大读者提供更加优质的学术资源和支持。

为了以读者为中心，高校图书馆积极了解读者的动态化需求。这包括对读者群体特点的深入了解，如不同专业、年级的学生和教师的信息需求差异，以及特殊读者群体的需求，如残障人士、国际留学生等。通过调查研究、用户需求分析等方式，图书馆不断掌握读者的信息需求动态，为其提供精准的服务。高校图书馆还致力于为读者提供个性化的服务。通过深入了解读者的需求和使用习惯，以便有针对性地为其提供专业化、定制化的服务，满足读者的个性化需求。例如，图书馆会根据不同学科领域的需求提供相应的文献资源；针对教师和研究生的科研需求，提供专门的学术支持服务；对于需要特殊辅助设备的读者，提供无障碍的阅读环境和更周到的服务。个性化服务使读者能够更好地利用图书馆的资源，提升学术研究和学习的效果。图书馆还通过研究读者的需求规律，不断优化和调整服务。图书馆运用用户行为数据分析、用户反馈调查等手段，掌握读者的借阅偏好、阅读习惯、信息检索行为等信息，从而更好地预测和满足读者的需求。这种对需求规律的研究和理解，使图书馆能够更加准确地为读者提供服务，提高读者的满意度和体验。

为了以读者为中心，高校图书馆还注重提高服务的可及性和便利性。它通过建立友好的借还书流程、提供在线预约和续借服务、开展远程服务等方式，为读者提供便捷的借阅和信息获取渠道。此外，图书馆还提供个性化的参考咨询服务、学术培训、专题讲座等，以帮助读者更好地利用图书馆资源和提升信息素养。

（二）服务的个性化

高校图书馆服务需要面对成千上万的读者，每个读者的需求都是独特且多样化的，这就需要图书馆提供具有个性化的服务。图书馆服务的个性化以满足读者的多样化需求为目标，通过学习和研究读者的具体问题，开展学科化、专业化知识服务，以支持读者个人需求的服务选择，并为读者提供满足需求的信息和帮助解决实际问题。

为实现个性化服务，高校图书馆需要采取多种策略。图书馆积极了解不同读者群体的需求，他们可能来自不同的学科背景、年级、专业和研究领域，拥有不同的学习目标和信息需求。通过与学院、学部、教师和学生组织的紧密合作，图书馆能够深入了解不同用户群体的特点和需求。图书馆也会利用用户调研、焦点小组讨论、用户反馈等方法，直接与读者沟通交流，了解他们的期望、问题和需求。高校图书馆还可以通过学科化、专业化知识服务满足读者的个性化需求。不同学科领域的读者在信息获取、文献检索和研究方法等方面可能存在差异。图书馆会针对不同学科和专业，提供专业化的咨询和指导服务。例如，图书馆会设立学科图书馆馆员团队，由具有学科背景和专业知识的图书馆馆员提供深入的学科咨询服务。他们能够帮助读者在特定学科领域中进行文献检索、数据分析和研究方法方面的指导，提供专业化的支持和建议。

高校图书馆通过提供个人化的服务选择，满足读者个人需求。图书馆会根据读者的学习阶段、研究方向和兴趣爱好等因素，为他们提供相应的服务。例如，针对本科生，图书馆可能开设信息素养培训课程，帮助他们提升信息检索和评估的能力；对于研究生和教师，图书馆可能提供学术写作支持和科研项目咨询服务。此外，图书馆还会根据读者的喜好和兴趣，通过个性化的推荐服务，为他们提供符合其兴趣的图书、期刊和数据库资源，提升其阅读体验和学术研究效果。

（三）服务的集成性

高校图书馆服务具有集成性的特点，通过整合各种资源和服务，以满足读者的复杂问题和知识需求。服务的集成性需要图书馆将知识资源、人力资源、技术资源等各种资源有机结合起来，并采取系统集成和知识集成等手段。

高校图书馆需要整合知识资源。高校图书馆拥有丰富的图书、期刊、数据库和其他信息资源。通过对这些资源进行分类、编目和标引等工作，图书馆将其整合起来，建立起一套完善的文献管理系统。这样，读者可以方便地通过图书馆的系统进行检索和访问，获取所需的知识资源。此外，图书馆还可以通过合作与共享，与其他图书馆、学术机构建立联系，共享资源，进一步拓宽读者的获取渠道。

高校图书馆服务的集成性还体现在人力资源的整合上。高校图书馆拥有专业的图书馆馆员和工作人员，他们具备丰富的图书馆管理和信息服务经验。图书馆会根据读者的需求，组织合适的人员团队，提供个性化的服务。例如，针对学科需求较高的读者，图书馆会设立学科图书馆馆员团队，由具备学科专业知识的图书馆馆员提供专业的咨询和指导。此外，图书馆还通过培训和持续教育，提升图书馆馆员的专业素养和服务能力，以更好地满足读者的需求。

高校图书馆还利用技术资源进行服务的集成。随着信息技术的快速发展，图书馆应用各种技术手段，建设和管理图书馆信息系统。这包括图书馆管理系统、电子资源管理系统、数字图书馆平台等。通过技术的支持，图书馆能够实现资源的数字化、在线访问、远程服务等功能，为读者提供更加便捷和高效的服务。例如，读者可以通过图书馆的在线平台进行文献检索、借阅续借等操作，无须受限于实体馆藏的时间和地点。

服务的集成性还要求图书馆与其他学术机构、合作伙伴之间形成统一的服务联盟。图书馆可以与其他图书馆、学校、研究机构建立合作关系，共同建设和管理信息资源。这种合作可以包括合作订购期刊数据库、共建数字图书馆、举办学术研讨会等。通过联盟合作，图书馆能够提供更丰富的资源和更多样的服务，满足读者的多样化需求。

第二节　高校图书馆知识服务与人本服务

高校图书馆的核心使命是服务于学校的教学、研究等活动。随着社会的发展和科技的进步，高校图书馆的服务管理也在不断发展和变化，知识服务和人本服务的服务管理越来越受到重视。

一、高校图书馆的知识服务阐析

高校图书馆的知识服务是为了满足用户需求而设立的一系列活动，其目标是帮助用户更好地获取和利用知识资源，提高学习和研究的效率和质量。随着社会的发展和科技的进步，图书馆的知识服务也在不断发展和变化，向着更高效、更智能、更人性化的方向发展。知识服务是高校图书馆核心服务之一，其涵盖的内容广泛，形式多样，包括了文献检索服务、资讯服务、个性化信息推荐服务、培训服务、专题研究服务（图5-3），而这些服务的目标都是帮助用户更好地获取和利用知识资源。

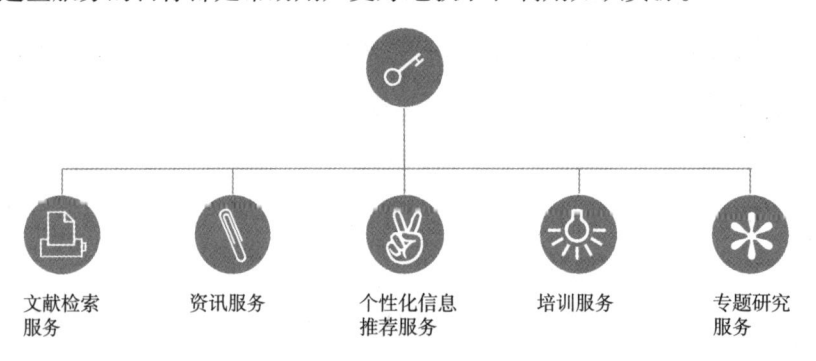

图5-3　高校图书馆知识服务形式

（一）文献检索服务

文献检索服务在高校图书馆的知识服务中占据重要地位。在信息爆炸的时代，如何快速、准确地找到所需的文献资料，成为学习和研究的关键问题。而文献检索服务，就是图书馆为解决这个问题，通过运用现代信息技术提供的一项重要服务。

高校图书馆提供的文献检索服务内容广泛，包括线下的图书和期刊检索，电子图书、电子期刊、数据库等数字资源的检索，甚至包括互联网资源的检索。这些服务可以满足用户对各种类型、各种主题的文献资料的检索需求，帮助用户在海量的知识资源中找到所需的文献资料。线下的图书和期刊检索是图书馆传统的服务内容。通过使用图书馆的分类体系和索引体系，用户可以在图书馆的馆藏资源中找到所需的图书或期刊。电子图书、电子期刊、数据库的检索则是图书馆应对数字化时代的服务内容。通过电子化、网络化的服务方式，用户可以随时随地访问和使用图书馆的电子资源。这种服务方式大大提高了图书馆服务的便利性和效率。互联网资源的检索是图书馆进一步扩展服务范围的重要内容。通过收录、整理和推荐互联网资源，图书馆可以提供更广泛、更丰富的知识资源，满足用户的多元化需求。

高校文献检索服务已经实现了自动化和智能化。用户可以通过图书馆网站或移动应用程序进行在线检索。图书馆提供了各种检索工具，如分类检索、关键词检索、主题检索、引文检索等，以满足不同用户的检索需求。分类检索是按照图书馆的分类体系进行的检索方式。通过这种方式，用户可以快速地找到某一学科或领域的文献资料。关键词检索是按照用户输入的关键词进行的检索方式。这是最常用的检索方式，可以帮助用户找到与关键词相关的文献资料。主题检索是按照特定的主题词或主题词组进行的检索方式。这种方式可以帮助用户精确地找到某一主题的文献资料。引文检索是按照文献的引文信息进行的检索方式。这种方式可以帮助用户找到引用了某一文献的其他文献，或者找到某一文献引用的其他文献。

(二）资讯服务

资讯服务的主要目标是为用户提供与他们研究或兴趣相关的最新、准确、全面的信息，无论这些信息来自图书馆的馆藏资源、互联网，还是其他外部资源。图书馆的资讯服务包括新书通报、期刊目录服务、研究动态服务、行业新闻服务、政策法规服务等。

新书通报是资讯服务的一部分，图书馆定期发布新采购或新入库的图书信息。此项服务帮助用户及时了解到图书馆的最新藏书，促使他们更深入地探索和利用图书馆资源。新书通报不仅涵盖各个学科领域，而且包括各种形式的材料，如纸质图书、电子书、期刊、数据库等。期刊目录服务是图书馆为帮助用户追踪学术进展提供的另一项重要服务。图书馆会定期发布最新期刊的目录信息，让用户及时了解到最新的研究成果和学术动态。对于研究人员和学生来说，这是一个极其有用的工具，可以帮助他们紧跟学术热点，提升研究效率。研究动态服务是一项面向研究人员和学生的服务，提供学术研究领域的最新进展，包括新的研究发现、新的研究方法、新的研究主题等。此项服务帮助用户跟踪他们研究领域的最新动态，开辟研究视野，寻找新的研究思路。行业新闻服务提供特定行业或领域的最新新闻和动态，包括政策变动、行业发展、市场趋势、技术创新等。这项服务可以帮助用户了解行业现状和未来趋势，对决策和研究都有极大的帮助。政策法规服务提供最新的政策和法规信息，这对于需要了解政策环境或法律背景的用户至关重要。图书馆将及时更新政策法规信息，帮助用户了解最新的政策法规变动，避免由于信息滞后而导致的误解和错误。

高校图书馆的资讯服务旨在帮助用户获取最新的信息，提高工作和学习效率。未来，随着信息技术的发展，图书馆的资讯服务将更加方便快捷，更加贴近用户需求。

(三)个性化信息推荐服务

在高校图书馆的知识服务中,个性化信息推荐服务正在日益显现其重要性。这项服务主要基于用户的需求和行为,提供个性化的信息推荐,有力地提升了用户在获取和利用知识资源方面的效率和满意度。借助于现代信息技术,尤其是人工智能和大数据分析技术,图书馆能够深入理解和分析用户的需求和行为,从而提供更精准、更有针对性的信息推荐。例如,图书馆可以根据用户的检索历史、借阅历史、在线行为等数据,推荐相关的图书、文章、数据库、主题等资源。这不仅可以节省用户的检索时间,提高检索效率;还可以发现用户可能忽视的重要资源,提升研究的质量和深度。个性化信息推荐服务还可以提供主题追踪服务,即根据用户的研究主题或兴趣,定期推送相关的新书、新文章、新动态等信息。这种服务可以帮助用户及时掌握最新的学术进展,提高研究的实时性和前瞻性。

为了提供有效的个性化信息推荐服务,图书馆需要建立和完善用户行为和需求的数据采集、分析和利用机制,注重用户隐私和数据安全,同时不断优化推荐算法,提高推荐的精准度和满意度。

(四)培训服务

培训服务是图书馆为提高用户的信息素养和研究能力,特别设立的知识服务项目。这些服务通常包括信息检索培训、数据库使用培训、参考管理软件使用培训、学术写作培训等。

信息检索培训主要针对图书馆的检索系统和工具,帮助用户掌握基本的检索方法和策略,提升检索效率。此类培训通常包括图书馆分类法介绍、关键词选择与组合、检索工具的使用等内容。数据库使用培训是为了帮助用户更好地使用图书馆提供的各类数据库,包括但不限于学术数据库、电子书库、期刊库等。培训内容通常包括数据库的特点、检索方法、数据下载和引用等。参考管理软件使用培训主要介绍如何使用诸如

EndNote、Zotero、Mendeley 等参考管理软件，帮助用户更加高效地管理、引用文献，提升学术写作效率。学术写作培训是为了提升用户的学术写作和发表能力。培训内容可能包括论文写作技巧、学术规范和引用规则、期刊选择和投稿技巧等。

（五）专题研究服务

高校图书馆的专题研究服务通常涵盖广泛的领域，从文科到理科，从社会科学到应用科学，无论是硕士论文的研究还是科研项目的准备，图书馆都能提供定制化的专题研究服务。这种服务是以用户需求为导向的，根据用户提出的特定主题或问题，专业的图书馆馆员会进行深入研究，对相关领域的文献进行全面而系统的收集和整理，以便用户能够全面了解相关主题的研究现状和发展趋势。此外，图书馆馆员还会对收集的信息进行初步的分析和评价，以帮助用户提炼出关键信息，提供有价值的研究视角和思路。

在提供专题研究服务的过程中，图书馆馆员会尽可能满足用户的研究需求。他们会积极与用户沟通，了解用户的研究目标、方法和疑问，尽力提供有针对性的服务。这种服务模式不仅体现了图书馆服务的个性化和定制化，还体现了图书馆馆员的专业素养和服务精神。通过专题研究服务，图书馆可以为用户提供有价值的知识资源，帮助用户节省大量的时间和精力，提高研究效率。同时，这种服务也可以引导用户开辟思路，探索新的研究视角和方法，提升研究的深度和广度。这种服务模式无疑对提升图书馆的服务质量，以及推动图书馆在知识创新和传播中的作用具有重要意义。

二、高校图书馆的人本服务阐析

人本服务是指以用户为中心，充分考虑用户的需求和利益而提供的服务。这种服务方式强调的是人性化、个性化的服务，以人为本，重视用户的需求，尊重用户的权利。以下几个方面是人本服务在高校图书馆中的主要体现（图5-4）。

图 5-4 人本服务在高校图书馆中的主要体现

（一）个性化信息检索

在高等教育机构的图书馆环境中，个性化信息检索服务不仅是一个技术上的挑战，也是一种服务理念，强调用户至上，尊重每位用户的个性化需求。它致力于提供精准、高效、个性化的信息服务，助力用户在海量的信息资源中快速找到所需信息。具体来说，个性化信息检索服务主要包括两个方面的内容：

1. 提供精准的信息检索服务

高校图书馆拥有大量的书籍、期刊、论文、报告等各类知识资源，为了帮助用户快速准确地找到所需信息，图书馆采用了各种新颖的信息检索策略和方法。例如，利用自然语言处理、机器学习等技术进行深度的内容分析和语义理解，提高检索的精度和效率。还可以根据用户的检索历史和行为特征，进行个性化的检索结果排序，使检索结果更符合用户的实际需求。

2. 提供个性化的信息推送服务

基于用户的检索历史和行为特征，图书馆可以定制个性化的信息推送服务。例如，针对文学专业的学生，可以定期推送相关领域的新书信息、学术活动信息、研究动态等，帮助他们及时掌握最新的学术资讯。通过个性化的信息推送服务，图书馆可以更主动地满足用户的信息需求，提升用户的服务满意度。

（二）用户满意度调查

用户满意度调查是高校图书馆评估服务质量、了解用户需求、提升服务水平的重要手段。它是一种以用户为中心的服务评估方式，旨在了解和满足用户需求，提升用户满意度。高校图书馆通常通过在线问卷、面对面访谈、用户反馈系统等方式，进行用户满意度调查。调查内容包括图书馆的各项服务、设施设备、环境氛围、服务态度等。通过调查，图书馆可以了解用户对于图书馆服务的满意程度，获取用户对于图书馆服务的真实反馈，从而找出服务的不足和改进的方向。用户满意度调查不仅可以帮助图书馆提升服务质量，还可以激发图书馆馆员的服务意识。图书馆馆员们通过调查了解用户的反馈和建议，可以有针对性地改进工作，提高服务质量。此外，用户满意度调查还能让用户感受到他们的声音被听到，他们的需求被重视，从而增强他们对图书馆的认同感和满意度。

（三）优质阅读环境创建

在现代社会，高校图书馆已经不再仅仅是一个存放和借阅图书的地方，而是成了一个学习、研究、交流的多功能空间。因此，为用户创建一个优质的阅读环境，是图书馆人本服务理念的重要体现。

创建优质的阅读环境，首先需要考虑的是空间布局。合理的空间布局能够为用户提供舒适、安静的阅读环境。图书馆可以根据用户的阅读习惯和需求，设定不同功能的阅读区，如静谧的个人学习区、交流讨论的小组学习区、放松休息的阅览区等。这些区域的布局和设计，都应以用户的需求和利益为出发点。照明设计也是创建优质阅读环境的重要因素。合适的照明可以保护用户的视力，提升阅读体验。图书馆需要根据不同区域的功能和用户的需求，选择合适的照明设备和照明方式。噪声控制也是优质阅读环境的重要组成部分。图书馆应设定清晰的噪声规定，如在静谧的学习区应保持安静，不打扰他人。同时，图书馆也可以利用吸音材料、隔音设备等技术手段有效地控制噪声。

（四）人性化空间设计

人性化空间设计是高校图书馆人本服务理念的重要体现，其目标是满足用户的需求，提升用户的使用体验。人性化空间设计主要从以下几个方面入手：首先，空间布局方面应以用户需求为出发点，尽可能满足用户的学习、研究、交流等多种需求。例如，可以设立个人学习区、小组讨论区、休息区、展示区等多功能空间。其次，设施设备方面应该便捷、高效，满足用户的各种使用需求。例如，提供高速的网络服务，安装足够数量的电源插座，设置便捷的自助借阅机等。最后，环境氛围方面要注重舒适、安静，营造良好的学习氛围。可以采取降噪措施，如使用隔音材料、配置合适的隔音设备，以减少噪声干扰。同时，保持适宜的温度和通风，提供舒适的座椅和工作台，使用户在图书馆内能够专心学习和研究。

人性化空间设计还需要考虑用户的个性化需求。例如，为用户提供灵活的座位布局，可以设置有靠窗位置、安静区域或是多样化的座位选择，以满足不同用户的喜好和需求。同时，还可以提供个人储物柜、充电设施、便利的书架和资料检索系统等，方便用户存放个人物品和查找所需资源。高校图书馆还可以通过合理的布局和设计，提供视觉上的愉悦感。例如，运用充足的自然光线和合适的照明设施，创造明亮、温暖的氛围。

同时，可以通过展示艺术作品、文化展览和书籍展示，增加图书馆的艺术氛围和学术氛围。为了提升用户的使用体验，人性化空间设计还需要考虑用户的反馈和参与。图书馆可以定期进行用户满意度调查，收集用户的意见和建议，以便不断改进空间设计和服务。同时，可以通过开展用户参与活动、提供多样化的学习和文化活动等方式，增加用户对图书馆的归属感和参与度。

三、知识服务与人本服务的融合发展

高校图书馆在提供知识服务的同时，应注重实施人本服务理念，以用户为中心，提供满足用户需求的个性化、人性化的服务。在实际工作中，知识服务与人本服务应有机结合，互相促进，共同提升图书馆的服务能力。

知识服务与人本服务的融合需要建立以用户为中心的服务理念。高校图书馆应充分了解用户的需求和期望，通过开展用户调研、需求分析等方法，掌握用户的信息行为、学习习惯、偏好等方面的特点。在此基础上，图书馆可以提供个性化的知识服务，如定制化的信息检索推荐、个人书单的管理和推送，以满足不同用户的特定需求。同时，人本服务要注重用户的感受和反馈，通过定期的用户满意度调查、建立反馈机制等，了解用户对服务的评价和意见，进一步改进和优化服务。知识服务与人本服务的融合需要关注服务的质量和效率。高校图书馆在提供知识服务时，应注重资源的丰富性、准确性和及时性。图书馆可以建立完善的资源采购和管理机制，不断更新和充实馆藏，保证用户能够获取到最新、最全面的学术资源。同时，利用信息技术手段提升服务效率，如引入自助借还系统、图书馆 App 等，方便用户的操作和使用。人本服务要关注服务过程中的细节和环节，如提供友好的服务人员，解答用户疑问，提供咨询和培训等支持服务。图书馆还可以通过培训工作人员的沟通技巧和服务意识，提高服务质量和效率。

知识服务与人本服务的融合还需要创造积极的服务环境和氛围。高校图书馆可以通过优化空间布局和设施设备，创造舒适、安静、多功能的学习环境。空间设计要考虑用户的需求和习惯，提供个人学习区、小组讨论区、休息区等多样化的学习空间，满足不同用户的需求。图书馆还可以通过良好的环境氛围和服务文化，营造积极向上、学术氛围浓厚的服务场所。例如，举办学术讲座、读书分享会、文化展览等活动，吸引用户参与，提升用户的学习和文化体验。此外，知识服务与人本服务的融合需要建立良好的沟通和互动机制。高校图书馆应积极倾听用户的声音，通过多种途径收集用户的反馈和意见，包括面对面咨询、在线反馈、社交媒体等。对用户的反馈要及时回应和处理，积极改进和调整服务策略。图书馆还可以开展用户参与的活动，如用户代表会议、用户培训、用户建言献策等，让用户参与到图书馆的决策和服务改进中来，增加用户的参与度和满意度。

第三节　高校图书馆信息服务与绩效评价

高校图书馆信息服务的绩效评价是为了衡量服务质量和效果的重要手段。通过明确评价目标和指标，采用多元化的评价方法，定期评价和反馈机制，引入新技术和创新服务，以及鼓励用户参与与反馈，可以不断优化信息服务的绩效评价，提高服务质量和用户满意度。高校图书馆应该将绩效评价作为持续改进的重要环节，不断提升信息服务水平，满足用户需求，推动图书馆的发展。

一、信息服务的绩效评价标准

信息服务的绩效评价标准旨在客观、全面地衡量图书馆的服务质量和效果。以下是一些常用的绩效评价标准（图5-5）。

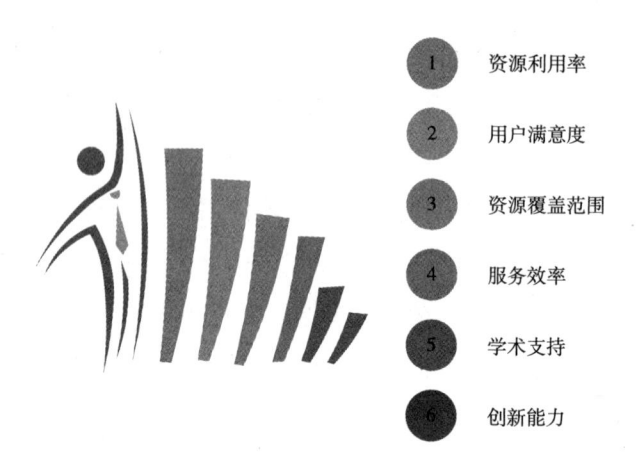

1 资源利用率
2 用户满意度
3 资源覆盖范围
4 服务效率
5 学术支持
6 创新能力

图 5-5　信息服务的绩效评价标准

（一）资源利用率

资源使用率是衡量高校图书馆资源利用程度和效率的关键指标。以下是一些常见的资源使用率指标。

1. 图书借阅率

图书借阅率是指图书馆图书借阅总量与馆藏图书数量的比率。借阅率的高低反映了图书馆馆藏的使用情况。通过统计每月、每学期或每年的借阅量，可以评估图书借阅率的水平，并与其他图书馆进行对比。

2. 电子资源访问量

电子资源访问量是指用户对图书馆电子资源的访问次数或下载量。通过统计数据库、电子期刊和电子书籍的访问次数，可以评估电子资源的使用程度和受欢迎程度。

3. 阅览室座位利用率

阅览室座位利用率是指阅览室内座位的使用率。通过统计每天、每周或每月的座位使用情况,可以评估阅览室座位利用率的水平。高利用率意味着阅览室资源的充分利用,但也需要确保用户能够得到舒适的学习环境。为提高资源利用率,高校图书馆可以采取以下措施:增加馆藏资源的多样性和数量,以满足不同用户的需求;提供方便快捷的借阅服务,如自助借还机、预约取书等;引入数字化资源,提供在线阅读和下载服务,方便用户随时随地获取信息;定期进行资源清理和更新,剔除过时和不受欢迎的图书和电子资源;进行用户教育和宣传,向用户介绍馆藏资源和使用方法,提高资源的可见性和利用率,等等。

(二)用户满意度

评估用户对图书馆信息服务的满意程度。可通过用户调查、意见反馈和焦点小组讨论等方式获取用户的意见和反馈。可以通过设计问卷调查用户对图书馆服务的满意度,了解他们的意见、建议和需求。可以涵盖各个方面的服务,如借阅服务、参考咨询、数字资源、学习空间等。通过定期的用户调查,可以掌握用户满意度的变化趋势,并及时改进服务。还可以通过意见反馈的方式,设置意见反馈箱或电子意见反馈系统,鼓励用户积极提供意见、建议和问题反馈。图书馆应及时回复和处理用户的反馈,并采取相应的改进措施。此外,也可以通过组织焦点小组讨论的方式,邀请一组用户代表进行面对面的深入讨论,探讨用户对图书馆服务的体验、需求和期望。这种方式可以深入了解用户的真实感受和需求,提供更具体的改进方向。

(三)资源覆盖范围

高校图书馆的资源覆盖范围是评估其综合服务能力和学术支持水平的重要依据。馆藏书籍种类的多样性和广度直接影响用户在各学科领域的学习和研究。图书馆应该确保馆藏书籍的全面性和时效性,涵盖各个学科领域的重要著作、参考书籍和教材。通过与学院和专业部门的合作,图书馆可以了解用户的学科需求并采购相关书籍，以满足用户的学术需求。数据库的覆盖范围也是评估图书馆信息服务的重要指标之一。学术期刊数据库、学位论文数据库、专业数据库等是高校图书馆提供给用户的重要学术资源。这些数据库覆盖不同学科领域的核心期刊和文献，为用户的学术研究提供了便利和支持。图书馆应当根据用户的需求和学科特点，订购和提供多样化的数据库，保持数据库的更新和时效性。另外，电子期刊数量也是评估图书馆信息服务的重要指标之一。电子期刊在学术研究中的重要性日益增加，因为它们提供了及时、全面的学术论文和研究成果。高校图书馆应该订购和提供具有代表性和高影响力的电子期刊，以及涵盖各学科领域的重要期刊，以满足用户的学术阅读和研究需求。

（四）服务效率

高校图书馆的服务效率直接影响用户对信息服务的满意度和体验。用户期望在借还书、文献传递和参考咨询等方面获得快速和准确的服务。因此，图书馆应该关注以下方面来提高服务效率。首先，借还书速度是服务效率的重要指标之一。图书馆应该提供快速便捷的借阅服务，为用户提供方便的借还书流程和自助借还设备。借还书的流程应该简化，减少用户等待的时间，提高办理速度。其次，文献传递速度也是评估服务效率的重要指标之一。图书馆应该提供高效的文献传递服务，满足用户对特定文献的需求。采用在线文献传递系统，提供快速的文献传递服务，缩短用户获取文献的时间。此外，参考咨询回应时间也是评估服务效率的重要指标之一。图书馆应该建立有效的参考咨询服务体系，及时回应用户的咨询和问题。采用在线咨询系统、电话咨询和面对面咨询等方式，提供多样化的参考咨询服务，并设定合理的回应时间目标。

（五）学术支持

学术支持：评估图书馆在学术研究和教学方面的支持程度。包括学术研究指导、学科咨询、学术活动支持等指标。学术研究指导是图书馆的一个基本职责，通过为学者、研究人员和学生提供搜索技巧、资料检索、引用管理等指导，图书馆可以帮助他们更有效地获取和利用信息资源，从而提高他们的研究质量。有效的学术研究指导应该根据用户的具体需求和研究领域来提供个性化的服务，如提供特定领域的研究工具和数据库，指导如何评估和使用学术资源等。学科咨询则是指图书馆馆员利用他们的专业知识和技能，为用户提供特定学科领域的咨询服务，帮助他们找到所需的信息和资源。这种服务可以极大地提高用户的信息检索效率和研究质量。学科咨询的质量往往取决于图书馆馆员的专业知识和对图书馆资源的熟悉程度。另外，图书馆还应积极支持各类学术活动，如讲座、研讨会、学术会议等。这种支持可以体现在提供活动空间、提供相关的信息资源、协助组织活动等方面。通过参与和支持这些活动，图书馆可以增强其在学术社区中的影响力，促进学术交流和合作。

（六）创新能力

在信息服务领域，图书馆需要有强大的创新能力，以适应不断变化的信息环境，满足用户日益增长和多样化的需求。

引入新的服务模式是图书馆创新的重要方面。随着科技的进步和数字技术的发展，图书馆需要创新服务模式，如在线资源共享、远程咨询、移动应用等，使用户无论何时何地都能访问到图书馆的资源和服务。图书馆的创新也体现在技术应用上。图书馆需要积极利用新技术提升服务质量和效率。例如，通过使用人工智能和机器学习，图书馆可以提供更精确的搜索结果，更好地满足用户的信息需求。通过使用大数据和分析工具，图书馆可以更好地理解用户的行为和需求，从而提供个性化的服务。此外，图书馆需要扩充数字化资源，以适应数字化时代的需求。这包括提供电子书、电子期刊、数据库等数字化资源，也包括将馆藏资源数字化，使其可以在线访问。图书馆的数字化资源应该丰富多样，涵盖各个学科领域，满足不同用户的需求。

二、信息服务绩效评价的方法

高校图书馆的信息服务绩效评价是一个复杂而重要的工作。在构建和实施绩效评价的过程中,需要应用科学的方法和系统的理论。以下就信息服务绩效评价的主要方法进行详细论述(图 5-6)。

图 5-6 信息服务绩效评价的主要方法

(一)定性评价法

定性评价法是评价信息服务绩效的一个重要方法,主要通过深入调研、收集用户反馈和数据、分析和解释这些信息来评价信息服务的质量和效果。在定性评价法中,主要采用的是访谈法、问卷调查法、焦点小组讨论法等。访谈法是通过面对面的交流,深入了解用户对信息服务的感受和需求。问卷调查法是通过设计一系列相关的问题,广泛收集用户的反馈。焦点小组讨论法是将一组特定的用户聚集在一起进行深度的讨论,以了解他们对信息服务的看法和建议。这些方法都有助于从用户的角度全面理解信息服务的效果。

(二)定量评价法

定量评价法是另一个评价信息服务绩效的方法,主要是通过收集和分析数字化的数据来评价信息服务的效果。在定量评价法中，主要采用的是数据分析法、统计分析法、指标评价法等。数据分析法是通过收集和分析信息服务的相关数据，如用户数量、使用频率、满意度等，来评价信息服务的效果。统计分析法则是通过使用统计学的方法，如描述性统计、推断性统计等，对收集的数据进行深入的分析，以评价信息服务的效果。指标评价法是通过设定一系列的指标，如服务质量、用户满意度、服务效率等，来评价信息服务的效果。

（三）综合评价法

综合评价法是综合运用定性评价法和定量评价法进行信息服务绩效的评价。这种方法不仅可以深入了解用户的需求和感受，还可以通过数字化的数据，准确评价信息服务的效果。在综合评价法中，主要采用的是层次分析法（AHP）、综合评价法以及数据包络分析（DEA）方法。层次分析法是一种多准则决策方法，它可以量化并考虑决策者的主观判断。在应用于图书馆信息服务评价时，层次分析法首先确定评价指标体系，其次通过成对比较法确定各指标的权重，最后根据各指标的实际表现计算出总的服务质量得分。综合评价法是一种综合考虑多个评价指标的方法。在应用于图书馆信息服务评价时，综合评价法首先确定评价指标体系，其次分别对各指标进行评分，最后通过某种计算方式（如加权平均）计算出总的服务质量得分。这种方法的优点是可以考虑多个评价指标，缺点是需要确定各指标的权重，这可能需要专家的主观判断。数据包络分析（DEA）方法是一种用于评价生产效率的方法，它可以考虑多个输入和输出指标。在应用于图书馆信息服务评价时，DEA方法首先确定输入（如图书馆的经费、员工数量等）和输出（如借书量、查询服务的使用情况等）指标，然后通过数学模型计算出图书馆的相对效率得分。这种方法的优点是可以考虑多个输入和输出指标，缺点是需要数据量大，且计算过程复杂。

上述评价方法各有优点和缺点，因此在实际应用中，通常会结合使用。具体采用哪种方法，取决于图书馆的实际情况和评价的目标。例如，如果要全面评价图书馆的服务质量，可以采用综合评价法或层次分析法；如果要评价图书馆的效率，可以采用 DEA 方法。

三、信息服务绩效评价的优化

高校图书馆信息服务绩效优化的目的是提高评价的质量和准确性，以便更好地反映图书馆服务的绩效，驱动服务质量的提升。评价的优化是一个持续的过程，需要图书馆不断探索和尝试，才能适应用户需求和服务环境的变化。信息服务绩效评价的优化主要包括优化评价指标、优化评价方法、对评价结果的理解和运用以及加强用户参与等方面（图 5-7）。

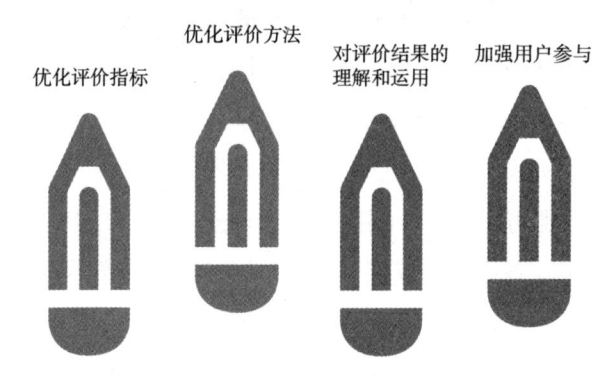

图 5-7 信息服务绩效评价的优化

（一）优化评价指标

评价指标的设定应该基于图书馆的核心服务和用户需求，这样才能真实反映出图书馆服务的绩效。例如，图书馆应当注重用户满意度，因为这反映了用户对图书馆服务的实际感受。同时，也应当注意到借书量、查询服务使用率等客观数据，因为这些数据能够客观地反映出用户对图书馆服务的使用情况。只有当评价指标既包括主观感受又包括客观数据，才能全面反映图书馆服务的绩效。

（二）优化评价方法

如前文提到的，层次分析法、综合评价法和数据包络分析方法等都是常用的评价方法，它们各有优点和缺点。在实际应用中，需要根据图书馆的实际情况和评价目标，灵活选择或者综合运用这些方法。例如，我们可以根据数据量和计算能力的情况，选择使用数据包络分析方法，或者结合使用层次分析法和综合评价法，以取得更全面、更准确的评价结果。

（三）对评价结果的理解和运用

评价结果不仅可以反映图书馆服务的现状，还可以为服务改进提供指导。图书馆应当根据评价结果，找出服务的优点和缺点，然后制定改进措施，如提高服务人员的素质、增加图书资源、优化查询系统等。同时，也应当定期进行绩效评价，以便监控服务质量的变化和改进措施的效果。

（四）加强用户参与

图书馆的服务对象是用户，因此用户的反馈和建议是优化评价的重要信息来源。图书馆可以通过问卷调查、用户访谈、线上反馈等方式收集用户的意见，然后结合评价结果，调整服务策略和评价方法。这种用户参与的方式，不仅可以提高评价的质量，还可以增强用户对图书馆的满意度和归属感。

第四节　高校图书馆信息服务创新的具体策略

高校图书馆需要持续创新，以适应信息化社会的发展和用户需求的变化。高校图书馆信息服务创新的具体策略包括信息服务模式、推广策略和用户反馈机制等多个方面。只有不断创新，图书馆的信息服务才能持续提升，更好地满足用户的需求。

一、信息服务模式的创新

在当今信息化时代，高校图书馆的角色正在经历重大的变革。传统的图书馆模式，以其实体藏书和阅读空间为主要功能，已经不能满足现代学习者的需求。因此，信息服务模式的创新成为高校图书馆发展的关键策略。本部分将深入探讨信息服务模式的创新，包括技术应用、服务多样化和用户体验的优化等方面。

（一）技术应用

技术应用是信息服务模式创新的基础。新兴的技术如大数据、人工智能、云计算等正在以前所未有的速度和力量推动着信息服务的革新，也为高校图书馆的信息服务模式创新提供了技术支撑和可能性。大数据技术能够对海量的数据进行有效管理和分析，这对于高校图书馆来说，意味着它们可以更好地理解和满足用户需求，为用户提供更个性化的服务。例如，通过分析用户的借阅记录、搜索记录、在线行为等数据，图书馆可以获取用户的兴趣爱好、学习需求等信息，从而提供精准的信息推荐服务。此外，大数据技术还可以帮助图书馆进行藏书管理，例如，通过分析借阅数据，图书馆可以优化藏书结构，提高资源利用率。人工智能可以帮助图书馆建立智能检索系统，实现对藏书的精确定位和推荐。例如，通过自然语言处理和机器学习等技术，智能检索系统可以理解用户的搜索意图，提供更相关的搜索结果；通过推荐算法，系统可以根据用户的行为和喜好，推荐他们可能感兴趣的书籍或资源。此外，人工智能还可以应用在用户服务中，例如，通过聊天机器人，图书馆可以提供 24 小时的咨询服务，提高服务效率和用户满意度。云计算提供了无限的存储空间和强大的计算能力，这使图书馆可以管理和提供更多的电子资源，支持更多的在线服务。例如，图书馆可以利用云服务提供电子书、电子期刊、数据库等资源的在线访问，满足用户的远程学习需求；也可以利用云服务进行数据分析，优化服务策略。此外，云计算还可以帮助图书馆进行信息化管理，提高工作效率。物联网技术也为图书馆的信息服务提供了新的可能性。物联网技术可以连接各种设备和系统，实现数据的实时传输和处理。这意味着图书馆可以实现对设施的智能化管理，例如，通过RFID技术，图书馆可以实现自助借阅和归还，提高服务效率；通过智能环境监控系统，图书馆可以实现对温度、湿度、光照等环境因素的自动调节，提供更舒适的阅读环境。

（二）服务多样化

服务多样化是图书馆信息服务模式创新的重要方向。在今天的数字化、网络化时代，用户的信息需求已经远远超越了传统的书籍借阅，涵盖了各种类型的信息资源，包括电子书籍、在线课程、研究数据、社会媒体等。此外，用户的信息活动也越来越丰富和多元，包括学习、研究、交流、创新等。因此，高校图书馆需要通过服务多样化，满足用户的多元需求，提升服务质量和用户满意度。图书馆可以提供更丰富的在线学习资源，支持用户的远程学习和自主学习。这不仅包括电子书籍和电子期刊，还包括在线课程、教学视频、学习软件、开放数据等各种类型的数字资源。图书馆可以通过购买、订阅、合作等方式获取这些资源，并通过图书馆网站、移动应用、社交媒体等渠道向用户提供服务。此外，图书馆还可以提供一系列的辅助服务，如资源导航、技能培训、学习咨询等，帮助用户有效利用这些资源，提高学习效果。图书馆还可以设立创新空间，提供各种创新工具和服务，支持用户进行创新实践活动。例如，图书馆可以设立3D打印室，提供3D打印服务，支持用户进行产品设计和制作；可以设立虚拟现实室，提供VR设备和应用，支持用户进行虚拟现实体验和开发；也可以设立制图室、录音室、创意工作室等，提供各种创新设施。此外，图书馆还可以提供相关的技术培训、项目指导、资源推荐等服务，帮助用户提升创新能力，实现创新目标。图书馆也可以开展各类学术活动，为用户提供交流和学习的平台，包括讲座、研讨会、展览、竞赛等各种形式。例如，图书馆可以定期邀请专家学者举办讲座，分享最新的学术成果和研究动态；可以举办研讨会，提供一个讨论和交流的场所，促进学术对话和合作；也可以举办展览，展示图书馆的藏品和服务，也可以展示用户的创新成果。这些活动不仅可以丰富用户的学习体验，也可以增强图书馆的学术影响力。

（三）用户体验

用户体验的优化也是信息服务模式创新的重要方面。图书馆需要从用户的角度出发，提供更方便、更个性化的服务。图书馆可以通过构建用户画像来优化信息服务。用户画像是对用户的详细描述，包括用户的基本信息、学习习惯、信息需求等。通过用户画像，图书馆可以深入了解用户，提供更符合用户需求的信息服务。例如，对于经常查阅法律资料的用户，图书馆可以主动推送相关的新书信息，或者提供专门的法律信息咨询服务。对于经常在晚上使用图书馆的用户，图书馆可以提供更完善的夜间服务，如延长开放时间，增加夜间照明等。图书馆还可以通过优化用户界面来提升用户体验。用户界面是用户与图书馆信息系统交互的界面，包括电子目录、数据库检索界面、电子资源下载界面等。一个好的用户界面应该简洁明了，易于操作，能快速帮助用户找到所需的信息。为优化用户界面，图书馆可以从用户的角度出发，简化操作流程，清晰展示信息，同时，还可以提供一些便捷的功能，如一键下载、历史记录查看等。图书馆也可以通过建立用户反馈机制来优化服务。用户反馈是图书馆优化服务的重要依据，可以帮助图书馆了解服务的优点和不足，及时调整服务策略。图书馆可以通过各种方式收集用户反馈，如设置在线调查问卷、定期举行用户座谈会等。对于收集到的反馈，图书馆需要认真分析，及时采取改进措施，不断优化服务内容和方式。

二、信息服务推广策略的创新

高校图书馆信息服务推广策略的创新是为了更好地满足高校师生的信息需求,提高信息服务的使用率和满意度,从而提升图书馆的社会价值,具体创新策略如图 5-8 所示。

1. 充分利用新媒体进行信息服务的推广
2. 通过多元化文化活动的开展吸引用户
3. 通过与其他机构合作提供优质的信息服务

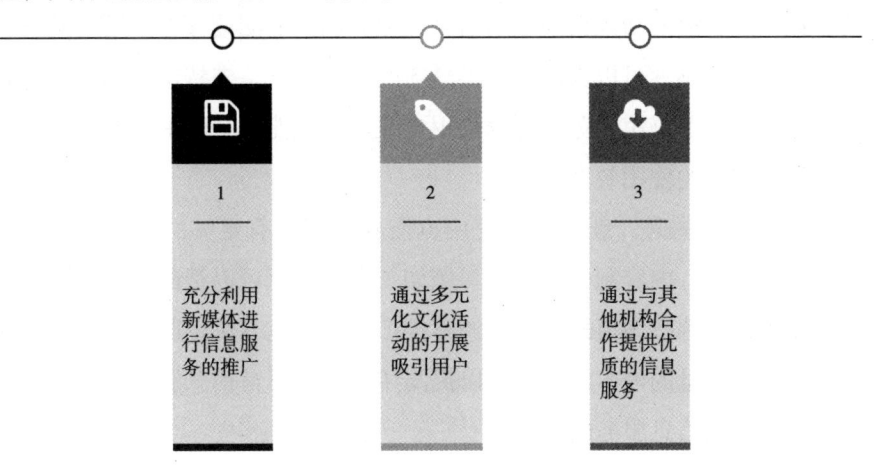

图 5-8　信息服务推广的创新策略

(一) 充分利用新媒体进行信息服务的推广

随着数字化技术和网络技术的不断发展,新媒体已经成为信息传播的主要方式,它的崛起正在重塑我们获取和使用信息的方式。新媒体的广泛应用使信息传播变得更为方便快捷,图书馆有机会直接与用户进行互动,形成更为紧密的联系。这为高校图书馆的信息服务提供了新的推广机会,同时也带来了一些新的挑战。

微博、微信等社交媒体平台是新媒体应用的典型代表,它们的普及率和使用频率极高,为图书馆的信息服务推广提供了有效的工具。图书馆可以通过这些平台及时推送最新的图书馆动态、活动信息、服务指南等,使用户可以随时随地了解图书馆的最新信息,提升了信息服务的覆盖率和影响力。同时，这些平台的互动功能也使用户可以直接与图书馆进行沟通，提出问题，提供反馈，这对于图书馆来说，是获取用户需求，改进服务，提高用户满意度的重要途径。利用直播功能，图书馆可以在线展示新书推介、专家讲座，甚至是虚拟图书馆导览等，让用户在家中就能参与图书馆的活动，感受图书馆的魅力。例如，图书馆可以定期举办新书推介直播，让用户了解最新入馆的图书信息，提升用户的阅读兴趣。通过邀请专家在线举办讲座，可以为用户提供最新的学术资讯，支持用户的学习和研究。通过虚拟图书馆导览，可以让用户在家中就能了解图书馆的布局和服务，提高用户的使用效率。

需要注意的是，新媒体的使用也需要图书馆有足够的技术能力，如数据分析能力、内容制作能力等。例如，数据分析可以帮助图书馆了解用户在新媒体上的行为模式，以此调整推广策略，提高信息服务的覆盖率和影响力。高质量的内容制作，可以提高用户对图书馆信息服务的认同感和满意度，促进信息服务的使用。

（二）通过多元化文化活动的开展吸引用户

现代图书馆不仅是书籍的收藏地，更是一个多元化的文化活动中心，一个人们交流思想、分享经验的社区。因此，开展多元化的文化活动，已经成为高校图书馆推广信息服务的重要策略。

文化活动的开展可以提升图书馆的社区属性，使图书馆从一个单一的书籍借阅场所，变成一个富有活力的文化社区。这种社区感可以吸引更多的用户来图书馆，增加他们使用信息服务的可能性。例如，主题讲座可以让用户接触到最新的学术成果，增强用户的学习动力。这些讲座不仅可以提供最新的知识，还可以为用户提供学习方法，帮助他们更好地使用图书馆的资源。同时，讲座也为用户提供了与专家直接交流的机会，有助于提升用户的学习效率和质量。书画展览等艺术活动也是一种有效的推广方式。这些活动可以展示用户的艺术才华，增加用户对图书馆的参与感。例如，图书馆可以定期举办画展，让用户展示他们的作品，这不仅可以让其他用户欣赏到精美的艺术作品，还可以让参展者得到认可和鼓励。这种参与感可以增加用户对图书馆的认同感，提高他们对信息服务的使用意愿。阅读俱乐部可以让用户分享阅读体验，形成良好的学习氛围。在阅读俱乐部中，用户可以分享他们阅读的书籍，交流阅读心得，这不仅可以提升他们的阅读技能，还可以增加他们的阅读兴趣。阅读俱乐部的活动可以提高用户的社交能力，增加他们的学习动力，从而提高他们使用信息服务的频率。

开展这些文化活动需要图书馆有足够的资源和管理能力。例如，需要有专业的活动策划和执行团队，确保活动的顺利进行；需要有足够的场地和设备，保证活动的品质；还需要有良好的合作关系，可以邀请到优秀的讲师和艺术家。

（三）通过与其他机构合作提供优质的信息服务

在当今信息社会，知识和信息的价值越来越得到重视。在此背景下，图书馆的角色发生了深刻的变化，从单一的书籍收藏和借阅服务提供者，变为提供多元化、个性化、综合性的信息服务的中心。为了提供更加优质和全面的信息服务，许多图书馆开始寻求与其他机构的合作。合作推广，即通过与其他机构共享资源，共同提供信息服务，已经成为高校图书馆推广信息服务的重要策略。

图书馆可以与学校的其他部门合作，共同提供信息服务。例如，可以与教务处合作，共同推广课程相关的信息服务。教务处作为学校的教学管理部门，掌握着大量的课程信息，这些信息对于图书馆的信息服务具有重要的参考价值。图书馆可以根据这些信息，挑选和推荐与课程内容相关的书籍和学习资源，为学生提供课程辅助材料，提高他们的学习效果。此外，图书馆还可以与教务处合作，开展与课程相关的讲座和研讨会，进一步丰富信息服务的内容。图书馆可以与科研院所合作，共享科研数据，提供科研信息服务。科研院所是科研活动的主要场所，拥有大量的科研数据和研究成果。图书馆可以与科研院所合作，获取这些数据和成果，为科研人员提供最新的科研资讯，支持他们的研究活动。例如，图书馆可以定期发布科研动态和科研成果，为科研人员提供研究方法和技术的辅助，这些服务对于提高科研人员的研究效率和质量具有重要的帮助。图书馆还可以与其他图书馆，如公共图书馆、专业图书馆等进行合作，共享电子资源，为用户提供更丰富的阅读选择。电子资源的共享，不仅可以增加图书馆的藏书量，丰富藏书类型，还可以提高图书馆的服务水平，满足更多用户的需求。例如，图书馆可以与其他图书馆共享电子书、电子期刊、数据库等，让用户在家中就能阅读到各种资源，满足他们的学习和研究需求。

三、信息服务用户反馈机制的创新

用户反馈是优化信息服务的重要途径，因此用户反馈机制也需要创新（图 5-9）。

1 建立多元化的反馈渠道

2 通过搭建用户社区推动用户参与

3 实施数据驱动的服务改进

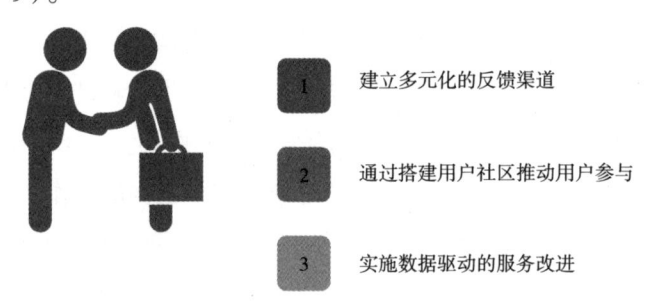

图 5-9　信息服务用户反馈机制的创新

（一）建立多元化的反馈渠道

随着互联网技术的发展和普及，信息获取的途径变得日益多元化，用户反馈的渠道也随之多元化。传统的用户反馈方式如意见箱、电话咨询，虽然简单直接，但由于时空限制，往往无法满足用户的需求。因此，图书馆需要建立多元化的反馈渠道，以便在任何时间、任何地点，都能方便地收集和处理用户反馈。

图书馆可以利用社交媒体平台收集用户反馈。例如，可以在微博、微信等社交媒体平台上建立官方账号，发布图书馆的新闻和服务信息，同时接收和处理用户的反馈。由于社交媒体的实时性和互动性，用户可以随时随地提供反馈，图书馆也可以及时回应用户的问题和需求。此外，社交媒体的分享和评论功能，还可以让用户反馈的信息更广泛地传播，有助于图书馆了解和改进服务。图书馆可以开发移动应用程序，提供移动信息服务。通过移动应用程序，用户不仅可以随时随地获取图书馆的服务，还可以方便地提供反馈。例如，移动应用程序可以提供在线咨询、意见反馈、服务评价等功能，用户可以直接在手机上完成反馈，非常便捷。图书馆还可以通过在线调查收集用户反馈。在线调查可以通过电子邮件、网站、移动应用等方式进行，用户可以在方便的时间和地点填写调查问卷。相比于传统的纸质调查，在线调查的响应率和有效性都有所提高。

（二）通过搭建用户社区推动用户参与

在信息服务创新的过程中，用户的参与是非常重要的。用户不仅是服务的接收者，还是服务的参与者和创造者。他们的需求、期待、经验和观点，都是信息服务创新的重要资源。因此，图书馆需要搭建用户社区，提供适当的工具和环境，推动用户的参与。

用户社区是一个在线的、开放的、以用户为主体的交流平台。在这个平台上，用户可以分享他们的学习经验、讨论他们的学习问题，提出他们的服务需求，甚至可以参与到服务的设计和改进中来。通过用户社区，图书馆可以更直接、更深入地了解用户的需求和期待，可以及时收集和反馈用户的意见和建议，可以让用户感受到他们的声音被重视和尊重，从而提高用户的满意度和忠诚度。为了搭建有效的用户社区，图书馆需要提供一些必要的功能和工具。例如，讨论区可以让用户发表和交流他们的观点；投票区可以让用户对图书馆的服务或策略进行评价和选择；创意区可以让用户提出和分享他们的创新想法；问答区可以让用户提出他们的问题，由其他用户或图书馆工作人员回答。此外，图书馆还需要制定一些管理规则和激励政策，以保证用户社区的健康和活跃。例如，需要制定一些关于发言的规则，以防止恶意攻击和无意义的言论；需要设定一些激励机制，如积分制度、等级制度、奖励制度等，以鼓励用户的积极参与。

（三）实施数据驱动的服务改进

在信息时代，数据是一种宝贵的资源，对数据的收集和分析能够为信息服务创新提供重要的支持。通过收集用户的反馈数据，分析用户的行为数据，图书馆可以了解用户的需求和期待，评估服务的效果和效率，发现问题和机会，从而指导服务的改进和创新。

图书馆需要建立数据收集系统，以系统性地、全面地收集用户的反馈数据。这些数据可以包括用户的满意度数据、使用频率数据、服务评价数据等。图书馆可以通过用户调查、在线反馈、社交媒体监听等方式收集这些数据。然后，图书馆需要对这些数据进行整理和存储，以便于后续的分析和使用。图书馆还需要进行数据分析，以深入理解用户的需求和行为。这需要运用统计分析、数据挖掘、机器学习等方法，从数据中提取有用的信息和知识。例如，可以通过用户满意度数据分析服务的质量；可以通过用户使用频率数据分析服务的热门度；可以通过用户服务评价数据分析服务的优点和缺点。此外，图书馆需要根据数据分析的结果，进行服务的改进和创新。这包括改善服务的流程、提升服务的质量、扩充服务的内容、创新服务的形式等。例如，如果发现某项服务的满意度低，可以考虑改善服务的流程，提升服务的质量；如果发现某项服务的使用频率高，可以考虑扩充服务的内容，提供更多的选择；如果发现用户对某项服务有好的评价，可以考虑创新服务的形式，提供更个性化的服务。

为了更有效地实施数据驱动的服务改进，图书馆还需要培养和引进一些数据分析和服务设计的专业人才，建立数据驱动的组织文化和制度，提供数据分析和服务设计的工具和平台。当然，图书馆在收集和使用数据的过程中，也需要尊重用户的隐私，遵守相关的法律法规，确保数据的安全与合法。例如，需要告知用户数据的收集和使用目的，获取用户的同意；需要对数据进行加密，防止数据泄露；需要定期审查和更新数据政策，以应对法律法规的变化。

第六章　高校图书馆数字资源建设与整合

第一节　高校图书馆数字资源建设策略的创新

高校图书馆是学术资源的重要仓库和信息服务中心，随着信息科技的飞速发展，数字资源建设已经成为图书馆发展的核心策略之一。然而，面对数字资源建设的多样性和复杂性，单纯传统的资源采购方式已经无法满足高校图书馆的发展需求。因此，高校图书馆需要创新其数字资源建设策略，以适应信息时代的挑战。本节将对此进行详细论述，包括应用新型数字化技术进行资源采集、制定灵活可调整的数字资源采购策略、加强版权保护与知识产权管理、发展开源资源以满足多样化需求以及创新数字资源访问与阅读体验等方面。

一、应用新型数字化技术进行资源采集

利用新型数字化技术进行资源采集是图书馆数字资源建设策略创新

的重要途径。通过使用这些技术，图书馆不仅可以提高资源采集的效率，而且可以提升资源的质量和价值，从而更好地服务于用户，满足用户的需求。

数字资源建设是高校图书馆发展的重要任务，其中，采集是工作的第一步。新兴数字化技术的不断发展，让图书馆数字资源的采集变得更为有效和高效，也为数字资源的全面利用和价值提升提供了可能性。数字化扫描技术在数字资源采集中的重要作用不言而喻。通过数字化扫描，馆内的纸质资料可以高质量地转化为数字资源。这一过程不仅在某种程度上保护了这些纸质资源的物理状态，延长了其使用寿命，还让这些资源得到了更广泛的传播和利用。数字化后的资源可以在网络上被更多的用户获取，满足了用户随时随地进行学习和研究的需求。但是，传统的扫描技术有其局限性，如效率低、无法识别非文字资料等。为解决这些问题，高校图书馆应当引入人工智能技术。对于图像、音频、视频等特殊资源，可以利用人工智能中的图像识别、语音识别等技术，自动提取资源中的关键信息，生成元数据。这样一来，不仅可以大大提高采集的效率，同时也使这些特殊资源变得可以被检索、被利用，从而提高了其价值。网络爬虫技术也是一个有效的资源采集工具。它可以自动浏览互联网，收集网络上的开放资源，大大扩展了图书馆的资源库。通过编写特定的爬虫程序，图书馆可以根据需要定制化地收集各种类型的网络资源，从而提高了资源的丰富性和多样性。

二、制定灵活可调整的数字资源采购策略

制定灵活可调整的数字资源采购策略是高校图书馆数字资源建设中的重要环节。传统的数字资源采购模式往往采用长期订购合同或者固定预算的方式，但随着数字资源的多样化和变化速度的加快，这种模式已经无法适应高校图书馆的需求。通过按需采购、试用评估、资源共享和合作采购等方式（图6-1），图书馆可以更好地满足用户需求，提高资源利用效

率和质量。

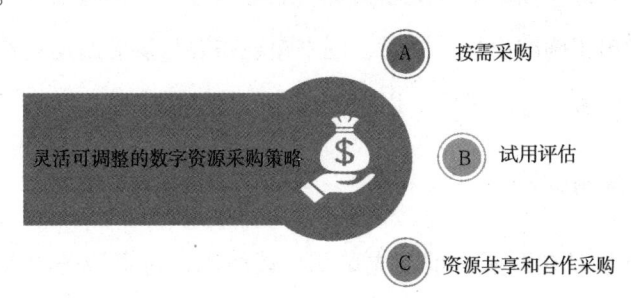

图 6-1　灵活可调整的数字资源采购策略

- A 按需采购
- B 试用评估
- C 资源共享和合作采购

（一）按需采购

按需采购是指根据用户需求和图书馆的使用情况，精准采购所需的数字资源。这种策略能够使图书馆最大限度地利用有限的预算，提升资源利用效率。

要实现有效的按需采购，图书馆需要有深入且全面的对用户需求的理解。这就需要图书馆定期进行需求调研，对用户的信息需求、使用习惯、满意度等进行深入研究和分析。这可以通过问卷调查、访谈、焦点小组讨论等方式进行。同时，图书馆也需要对用户的行为数据进行挖掘和分析，如用户在图书馆网站的搜索行为、资源的下载和使用情况等，以获取用户的真实需求。在按需采购的过程中，图书馆还需要考虑到各学科领域的特性和需求。不同学科领域的用户可能对资源的需求有所不同，例如，自然科学领域的用户可能更倾向于使用数据库和在线期刊，而人文社科领域的用户可能更需要电子图书和论文全文资源。因此，图书馆在制定采购策略时，需要考虑到这些差异，以满足各类用户的需求。

另外，不同的用户群体也可能有不同的需求。例如，研究生和教师可能需要更专业、更深入的学术资源，而本科生可能更需要教学相关的资源。因此，图书馆在进行资源采购时，也需要考虑到这些用户群体的需求差异。此外，按需采购还需要图书馆与供应商保持良好的沟通和协商。图书馆需要了解供应商的资源更新情况、服务质量、价格政策等，以便在采购过程中做出正确的决策。同时，图书馆还需要与供应商建立长期的合作关系，确保资源的及时供应，以满足用户的持续需求。

（二）试用评估

试用评估是在购买之前，先试用一段时间，对资源的内容质量、适用性、用户反馈等进行评估，然后做出是否购买的决策。试用评估能够在一定程度上减少采购风险，提高采购的精准性。

在试用评估期间，图书馆需要对资源进行全面的评估。首先是对资源的内容质量进行评估，这涉及资源的准确性、全面性、权威性、及时性等多个方面。例如，对于学术数据库，需要检查其收录的期刊和论文的数量和质量，是否包含重要的学术会议和专著，更新频率是否满足需求等。其次是对资源的适用性进行评估也十分重要。这包括资源的可访问性、易用性、兼容性等。例如，资源是否可以在不同的设备和浏览器上正常使用，搜索和导航功能是否方便，是否支持个性化设置等。适用性的评估也需要考虑到不同用户群体的需求和使用习惯，例如，视障用户是否可以方便地使用这个资源。

收集用户反馈也是试用评估的一个重要环节。这可以通过问卷调查、访谈、用户反馈系统等方式进行。图书馆需要收集用户对资源的使用频率、满意度、建议等信息，以了解资源的实际使用情况和用户需求。用户反馈不仅可以反映出资源的质量和适用性，还可以帮助图书馆发现和解决问题，提升服务质量。在收集了这些信息后，图书馆需要对这些数据进行分析，评估资源的实际价值，然后做出采购决策。这个过程可能需要图书馆进行一些成本效益分析，例如，比较资源的价格，预计的使用频率及用户满意度等，以确定是否值得购买。

(三)资源共享和合作采购

在当前的信息环境下,单一的图书馆面临着越来越大的压力,因为它们可能无法满足所有的用户需求,特别是在数字资源的采购和管理方面。资源的多样性、更新速度以及成本的上升都使资源采购变得更加复杂和困难。因此,越来越多的图书馆开始考虑资源共享和合作采购这种策略。

资源共享是指多个图书馆通过共享资源,以提高服务质量、扩大服务范围,同时降低采购和维护的成本。这种策略可以帮助图书馆扩大其资源的种类和数量,满足更多的用户需求。例如,图书馆可以通过加入联盟或网络,与其他图书馆共享电子书、数据库、音像资料等,以满足不同领域和层次的需求。这种方式不仅可以使图书馆更有效地利用有限的预算,也能使用户在任何地方、任何时间都能访问到所需的资源。

合作采购是指多个图书馆联合进行资源采购,以获取更优惠的价格和服务。在这种模式下,图书馆可以在与供应商的谈判中增加议价能力,获得更好的采购条件。这不仅可以降低图书馆的采购成本,还可以帮助图书馆获取更优质的服务,如更好的技术支持,更及时的资源更新等。

然而,资源共享和合作采购的实施并不简单,它需要图书馆之间的技术互通和有效的合作机制。技术互通主要是指图书馆之间的系统需要可以相互连接,以便于用户访问和使用资源。这可能需要图书馆进行一些技术改进和升级,如采用统一的元数据标准,构建互操作的系统等。有效的合作机制则关系到资源共享和合作采购的成功。这主要包括明确的责任分配,共享的成本和收益,以及平等的决策过程。这意味着图书馆在合作过程中需要明确各自的角色和职责,以及如何共享资源采购的成本和收益。同时,所有的合作方都需要在决策过程中有平等的权利,以确保合作的公正性和有效性。

三、加强版权保护与知识产权管理

在数字化时代，版权保护与知识产权管理成了高校图书馆面临的一大挑战。随着数字资源的使用量日益增加，保护数字内容的版权，确保知识产权的合法性变得越来越重要。面对这一挑战，高校图书馆必须进行创新，形成有效的版权保护与知识产权管理策略，具体如图 6-2 所示。

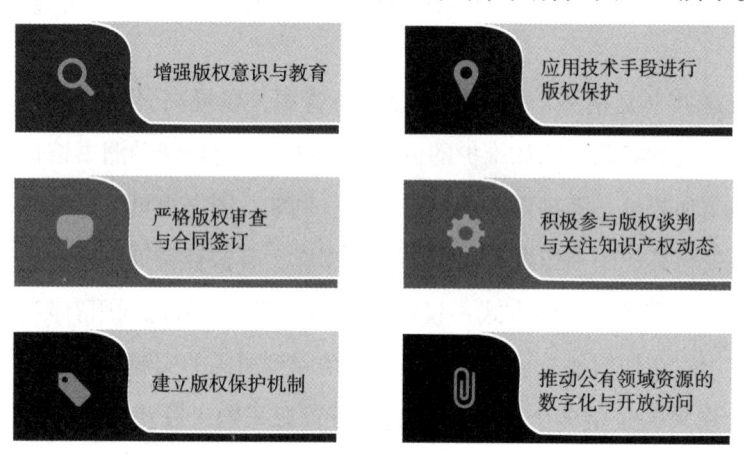

图 6-2　加强版权保护与知识产权管理

（一）增强版权意识与教育

增强版权意识与教育是高校图书馆在强化版权保护与知识产权管理策略中的首要任务。随着数字化进程的加快和大规模网络信息的出现，我们正在进入一个信息生产和消费的新时代。这个时代的特征是信息的获取变得极其容易，但同时也带来了版权问题的增多。因此，对版权法规的认知和遵循变得越来越重要。

为了有效提升图书馆工作人员和用户对于版权法规的认知，高校图书馆应建立一套完善的版权教育系统。首先，图书馆需要针对工作人员开展定期的版权教育培训，使其了解并掌握版权法的基本知识，如版权的定义、适用范围、权利范围等，以及版权法的最新发展和变化。同时，工作人员也需要了解和掌握在图书馆工作中涉及版权的相关规定和操作流程，如数字资源的采购、使用和管理等。

对于图书馆用户，版权教育同样重要。图书馆应在其服务过程中，尤其是在提供数字资源服务时，明确告知用户需要遵守的版权规定。例如，对于可能引起版权问题的操作，如下载、复制、传播等，图书馆应在明显位置提示用户，这些操作可能涉及版权，需要用户遵守相关法律规定。此外，图书馆也可以通过举办讲座、研讨会等形式，向用户普及版权知识，增强其版权意识。

在进行版权教育时，需要注意的是，不同的对象可能需要不同的教育方式和内容。例如，对于图书馆工作人员，我们可能需要更深入、更全面的教育，而对于用户，我们可能需要更注重实用、易懂的教育。此外，我们还需要不断更新和调整版权教育的内容和方式，以适应版权法规的变化和图书馆工作人员、用户需求的发展。

（二）严格版权审查与合同签订

在数字资源的采购过程中，严格的版权审查与合同签订是防止版权纠纷的重要手段。每一种数字资源都可能涉及多方的版权问题，如果没有进行充分的审查，就可能引发版权纠纷，甚至可能导致图书馆遭受经济损失和声誉损失。

在进行版权审查时，图书馆需要查明资源的版权归属，了解资源的使用条件，如是否允许复制、传播、修改等，这些都直接影响到资源的使用价值。此外，对于图书馆自行数字化的资源，也需要进行版权审查。这包括查明原始材料的版权归属，明确数字化过程中是否涉及新的版权问题，如图像处理、文字识别等。

在合同签订环节，图书馆需要与供应商明确合同的条款。这包括资源的使用范围、期限、方式等，这些都是影响资源使用的重要因素。在这个环节中，图书馆需要充分利用自己的谈判能力，争取到最有利的条款。

例如，对于一些大型的、有广泛影响的资源，图书馆可以尝试争取到更广的使用范围和更长的使用期限等。

在进行版权审查和合同签订时，图书馆还需要关注一些特殊情况。例如，对于一些特殊类型的资源，如数据库、软件等，其版权问题可能比较复杂，需要图书馆有专门的知识和技能。此外，对于一些国际资源，其版权问题可能涉及多国的法律，图书馆也需要有相关的知识和经验。

（三）建立版权保护机制

图书馆在采购和使用数字资源的过程中，面临着复杂的版权问题。这些问题不仅涉及法律法规的理解和执行，还涉及与供应商的商业谈判，甚至可能涉及跨国法律的解读和应用。因此，图书馆需要建立一套完整的版权保护机制，以应对这些问题。版权保护机制应包括以下几个方面。

1. 版权审查

对所有采购的数字资源，以及图书馆自行数字化的资源，都需要进行版权审查。这个审查过程应包括查明资源的版权归属，确认资源的使用条件，以及评估资源的使用价值等。

2. 版权政策更新和修订

随着信息环境的变化，以及图书馆自身需求的发展，图书馆的版权政策需要定期进行更新和修订。这个过程应包括收集和评估新的法律法规，以及对图书馆内部的工作流程和规定进行修改等。

3. 版权纠纷处理程序

尽管图书馆已经尽力避免版权纠纷，但仍然可能面临一些突发的、复杂的问题。对于这些问题，图书馆需要有一套有效的处理程序。这个过程应包括接收和处理投诉，调查和评估纠纷，以及参与可能的法律诉讼等。

此外，为了帮助用户理解和遵守版权规定，图书馆可以设立版权咨询服务，为用户提供版权相关的咨询和帮助。这既可以增强用户的版权意识，也可以避免因为用户的误解或误用而产生的版权问题。

（四）应用技术手段进行版权保护

图书馆在保护数字资源版权的过程中，可以充分利用技术手段。例如，可以使用数字版权管理（DRM）技术，防止用户过度复制或分发数字资源。DRM技术通过对数字资源进行加密，限制了用户对资源的使用，如只能在特定的设备或软件上阅读，不能进行复制或打印等。这不仅可以保护资源的版权，还可以保护资源的使用价值，防止资源的滥用或浪费。在使用DRM技术的同时，图书馆也需要注意一些问题。DRM技术可能会限制用户的合法使用，如阻止用户进行备份或转换格式等。因此，图书馆在选择和应用DRM技术时，需要平衡版权保护和用户服务之间的关系，尽量选择那些既能保护版权又能尽量保证用户利益的技术。另外，随着技术的发展，新的数字资源类型和使用方式可能会出现，如数字货币、区块链技术等。图书馆需要预见这些变化，提前准备相应的版权保护技术和策略。

（五）积极参与版权谈判与关注知识产权动态

随着科技进步和法规变动，图书馆在数字资源获取和使用过程中，与出版商和供应商的版权谈判越来越成为一种必要的技能。图书馆需要从用户的使用需求、图书馆的财务预算等多方面考虑，与出版商和供应商协商更合理的授权条款。这既包括数字资源的价格，也包括数字资源的使用范围、期限、方式等。这种谈判不仅需要图书馆具有专业的版权知识，还需要具有良好的谈判技巧和策略。因此，图书馆可以定期为工作人员提供版权谈判的培训和指导。

此外，图书馆还需要关注知识产权的最新动态和变化。这包括关注国内外的版权法律法规的修改，关注版权相关的判例和行业标准，以及关注出版业和信息技术行业的发展趋势。根据这些动态，图书馆可以及时调整自己的版权策略和措施，以适应外部环境的变化。

（六）推动公有领域资源的数字化与开放访问

在保护版权的同时，图书馆还可以推动公有领域资源的数字化与开放访问。公有领域资源指的是那些不受版权保护，可以自由使用和再创作的资源。这类资源包括很多古老的图书、手稿、图片等，以及一些公共机构发布的数据和报告等。对于这些资源，图书馆可以进行数字化处理，以方便用户在线访问和使用。

对于那些已经获取了合适授权的资源，如一些开放访问的学术论文和报告，图书馆也可以进行收集和整理，为用户提供方便的访问服务。这些开放访问资源往往具有很高的学术价值，但可能因为分散在各个网站和数据库中，而难以被用户发现和使用。图书馆可以利用自己的专业能力，帮助用户更好地获取和利用这些资源。

通过这种方式，图书馆不仅可以扩大用户的使用范围，也可以降低因为版权问题带来的风险和困扰。同时，这也有助于推动知识的公开和共享，符合图书馆的公益性质和使命。

四、发展开源资源以满足多样化需求

开源资源通常指那些公开发布并允许自由使用、修改和分发的资源，其中最为人熟知的可能就是开源软件。但实际上，开源资源的范围远远超过软件，还包括如开源教材、开源课程、开放数据等各类资源。这些资源由于其开放性，极大地丰富了图书馆的数字资源库，满足了用户的多样化需求。图书馆需要了解和掌握这些开源资源，包括其来源、使用方式和使用规则，以便更好地为用户服务。开源资源的价值主要体现在两个方面：一是提供了丰富和多样的资源，满足了不同用户的需求；二是推动了知识和技术的共享和创新。对于图书馆来说，开源资源不仅可以提供更多的信息服务，还可以提供更多的可能性，如开发新的服务项目、改进工作流程等。同时，开源资源的使用和推广也对社会产生了深远影响，如推动了教育公平、促进了科技进步等。在高校图书馆的运行和服务中，开源资源的应用已经成为一种趋势。在现代信息环境下，高校图书馆不仅是纸质书籍的聚集地，还是数字资源的汇集中心。这些数字资源中，开源资源占据了重要的一部分。开源资源在高校图书馆中具体应用于以下方面（图6-3）。

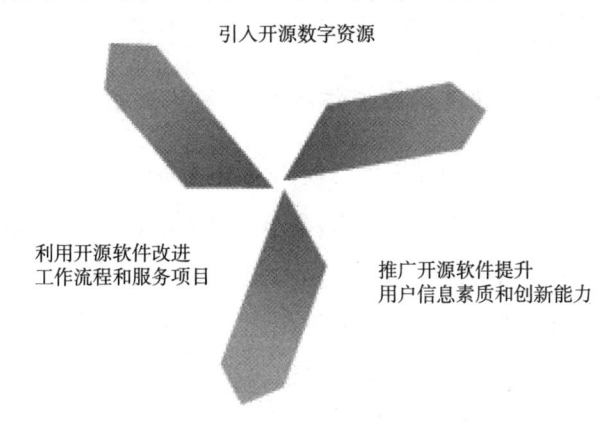

图6-3　开源资源在高校图书馆中的具体应用

（一）引入开源数字资源

开源数字资源，如开源教材、开源课程、开放数据等为图书馆用户提供了更广泛的学习和研究资源。开源教材是一种自由可获取的教育资源，通常在网络上公开发布，供任何人自由使用、修改和分享。这些教材一方面可以让学生在课堂之外获得更多的学习资源，另一方面也可以作为教师授课的辅助材料。开源教材可以有效地支持高校教学的多元化和个性化，满足不同学生的学习需求。开源课程是另一种重要的开源资源，其核心思想是以开放和共享为原则，允许用户自由使用、修改和分发课程内容。开源课程的应用可以降低教学成本，同时也可以鼓励教师之间的交流和合作，促进教学方法的创新和优化。开放数据是一种可以被公众自由获取、使用、重新发布和分享的数据。这些数据通常以电子形式存在，涵盖各个领域的知识和信息。高校图书馆可以将开放数据引入服务体系中，供学者进行研究使用，为科研工作提供便利。

以上开源资源因为其开放性，通常不需要或仅需要很少的费用，大大减轻了图书馆的经济压力。然而，这也带来了一些挑战，如如何评估开源资源的质量，如何进行合适的资源管理，如何指导用户合理使用开源资源等。这些问题需要图书馆通过科学的方法和策略进行解决。

（二）利用开源软件改进工作流程和服务项目

开源软件的灵活性和定制性，使图书馆可以根据自身的需求对其进行修改和优化。在图书馆的各个工作环节，都可以找到开源软件的应用。

一方面，开源图书馆管理系统是一种可以帮助图书馆进行资源管理和服务管理的软件系统。与商业软件相比，开源系统的优势在于其开放的源代码和自由的授权方式，用户可以根据自己的需求对系统进行定制和优化。此外，开源系统的社区通常具有活跃的用户和开发者，可以提供丰富的支持和帮助。另一方面，数据是图书馆工作的重要依据，通过分析数据，图书馆可以了解用户的需求和行为，评估服务的效果，找出问题并进行改进。开源的数据分析工具，如 R、Python 等，提供了强大的数据处理和分析功能，可以帮助图书馆进行有效的数据分析。此外，这些工具的开放性和自由性，也使用户可以根据自己的需求进行定制和优化。

（三）推广开源软件提升用户信息素质和创新能力

开源资源的使用，对用户的信息素质和创新能力提升有着积极的影响。在数字化信息时代，信息素质成了每个人必备的能力。信息素质包括信息获取能力、信息评估能力、信息使用能力等多个方面。开源资源的多样性和开放性，为用户提供了丰富的信息获取机会。用户在寻找和使用开源资源的过程中，首先，需要掌握和运用各种信息技术，如搜索引擎、数据库、数据分析工具等，这无疑可以锻炼他们的信息获取能力。其次，由于开源资源的质量参差不齐，用户在使用过程中还需要进行信息评估，判断资源的可信度和适用性，这也可以提升他们的信息评估能力。最后，开源资源的使用还需要用户具备一定的信息使用能力，如知道如何合理引用资源，如何遵守开源许可协议等。此外，开源资源的一个重要特点是其开放性，用户不仅可以获取和使用资源，还可以对资源进行修改和创新。例如，用户可以基于开源软件进行二次开发，创造出满足自己需求的新软件；可以利用开放数据进行新的数据分析，得出自己的研究成果。这种开放性为用户的创新提供了广阔的空间，激发了他们的创新精神。

在未来，随着开源运动的进一步发展，开源资源将会更加丰富和多样，也将带来更多的机会和挑战。高校图书馆需要抓住这个机会，不断提升开源资源的应用水平，以更好地服务用户，推动学术发展。

五、创新数字资源访问与阅读体验

在数字化信息时代，高校图书馆的重要工作之一是创新数字资源的访问与阅读体验。优化数字资源的检索与访问、改善数字资源的阅读体验可以提高用户对图书馆的满意度，提升图书馆的服务质量，下面进行详细讨论（图6-4）。

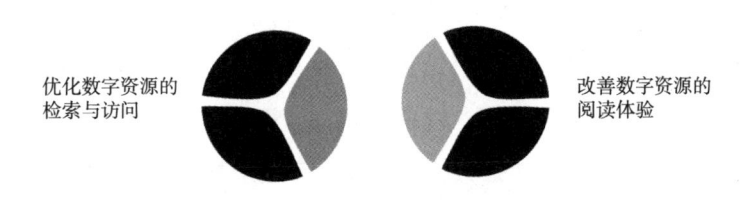

图6-4 创新数字资源访问与阅读体验

（一）优化数字资源的检索与访问

高校图书馆在创新数字资源访问体验方面的首要任务是优化数字资源的检索与访问。这方面的工作包括提高检索效率和增加访问途径。提高检索效率是图书馆优化用户访问体验的重点工作之一。在当今的信息爆炸时代，用户面临的不再是信息的匮乏，而是如何在大量的信息中准确快速地找到自己需要的内容。因此，图书馆需要优化检索系统，提高检索效率，帮助用户更精准地定位到自己需要的资源。这需要图书馆从以下几个方面着手：其一，优化检索算法。图书馆的检索系统应该能够理解用户的查询意图，返回与查询意图最相关的结果。为了达到这个目标，图书馆需要优化检索系统的算法，使其具有更强的语义理解能力和 relevancy ranking 能力。其二，整理和标准化元数据。元数据是描述资源内容和特性的数据，是检索系统定位资源的关键。因此，图书馆需要对元数据进行整理和标准化，确保元数据的准确性和一致性。其三，优化检索界面。用户在使用检索系统时，第一步就是与检索界面进行交互。一个设计良好的检索界面可以使用户更方便地输入查询，更容易地理解检索结果。因此，图书馆需要对检索界面进行优化，提高其易用性和可用性。

增加访问途径也是优化用户访问体验的重要手段。在移动互联网普及的今天，用户已经习惯了随时随地的信息获取方式。因此，图书馆需要提供更多的访问途径，让用户可以在任何地方、任何时间都能访问图书馆的资源。这包括：其一，提供手机 App。手机 App 是当前用户获取信息的重要途径之一。图书馆可以开发自己的手机 App，提供全面的图书馆服务，如检索、借阅、续借、预约、咨询等。其二，优化移动网站。虽然手机 App 的功能强大，但并非所有用户都愿意下载安装。因此，图书馆还需要优化移动网站，让用户可以通过浏览器直接访问图书馆的服务。

（二）改善数字资源的阅读体验

为了提供更好的阅读体验，高校图书馆可以采取以下方式来改善数字资源的阅读体验。

1. 提供个性化的阅读设置

不同用户对阅读环境的需求和喜好各不相同，因此图书馆可以提供个性化的阅读设置选项，让用户根据自己的偏好进行调整。例如，让用户可以调整字体大小、背景颜色、行间距、字体类型等，以适应不同用户的阅读习惯和视觉需求。这样的个性化设置可以提高用户的阅读舒适度和体验，使用户更加愿意使用图书馆提供的数字资源。

2. 增强互动性

数字资源的阅读不再是孤立的个体行为，而是可以成为用户之间互动和交流的平台。图书馆可以在数字资源阅读界面上添加互动功能，如提供批注、分享、讨论等功能。用户可以在阅读过程中进行批注和笔记，与其他用户分享自己的想法和观点，参与在线讨论等。这样的互动性可以激发用户的阅读兴趣，促进知识共享和学术交流，提升阅读的趣味性和价值。

3. 提供多媒体丰富的阅读体验

数字资源的优势之一就是可以融合多种媒体形式，如文字、图片、音频、视频等。图书馆可以利用这一特点，为用户提供更丰富的阅读体验。例如，在数字图书中嵌入相关图片和视频，使用户更全面地理解内容；为学术论文添加音频解读，帮助用户更好地理解复杂概念。通过多媒体的应用，图书馆可以提供更生动、直观和有趣的阅读体验，提高用户的参与度和学习效果。

4. 提供个性化推荐和导航功能

对于用户来说，找到自己感兴趣的数字资源并开始阅读是一个挑战。图书馆可以利用用户的阅读历史、兴趣偏好和推荐算法，提供个性化的资源推荐。这样用户可以更快速地找到符合自己兴趣的资源，提高阅读的效率和满意度。此外，图书馆还可以提供智能导航功能，帮助用户在大量的数字资源中进行定位和导航，提供更便捷的阅读体验。

第二节 高校图书馆数字资源采集与整合方法创新

一、利用大数据技术进行资源整合

在数字化时代，图书馆不仅拥有传统的纸质图书资源，还有大量的数字资源，包括电子书、电子期刊、在线课程、数据库、视频、音频等。这些资源的规模和多样性给图书馆提供了丰富的信息资源，但同时也带来了巨大的管理挑战。为了解决这个问题，图书馆需要采用一种新的方法进行数字资源的整合，即利用大数据技术。大数据技术是指用于处理大规模数据集的技术，它能够处理的数据量超过了传统数据库系统的处理能力。大数据技术的核心是数据的处理和分析，通过数据的挖掘和分析，可以发现数据中的模式和趋势，从而为决策提供依据。在图书馆的环境中，大数据技术可以用于进行资源整合。具体来说包括以下几个方面（图6-5）。

- 帮助图书馆进行资源的整合
- 帮助图书馆进行资源的分类和标签化
- 帮助图书馆进行资源的预测分析

图6-5 利用大数据技术进行资源整合

(一)帮助图书馆进行资源的整合

大数据技术在图书馆资源整合过程中发挥着重要作用,特别是在处理庞大和多样性的数据方面。大数据技术赋予图书馆以强大的数据处理能力,允许处理和分析从多种渠道收集而来的数据,无论这些数据的体量有多大或者形式如何复杂。这种数据可以包括电子书、期刊、多媒体资料、数据库,以及其他类型的网络资源。这些不同来源、不同形式的资源通过大数据技术整合在一起,形成了一个集成的、可检索的资源库。

图书馆利用大数据技术可以高效地收集和存储数据。通过网络爬虫等自动化工具,从网络中提取各种类型的资源,并将这些资源储存到大数据平台上。这个过程大大减少了手动搜集和整理资源的工作量。然后,这些收集来的数据需要经过清理和整理,以保证数据的质量和准确性。大数据技术可以进行数据清洗,如去除重复的数据、修正错误的数据等,以便后续的分析和利用。数据清洗后,通过数据分析和处理,将生成适合用户检索和使用的数据格式。在大数据技术的支持下,图书馆可以实现大规模的资源整合,处理数据的能力大大提高。这个优势使大数据技术在图书馆资源整合中具有重要作用。因为它可以快速地处理大量数据,无论数据的规模有多大,大数据技术都能够胜任。此外,大数据技术可以处理各种类型的数据,无论是结构化数据还是非结构化数据,都可以得到有效处理。这一点在图书馆环境中尤为重要,因为图书馆的资源类型非常多样。

当然,图书馆在使用大数据技术进行资源整合时,也需要注意一些问题。例如,如何保证数据的安全和隐私,如何处理数据的异构性,如何优化数据的存储和检索效率等。这些问题都需要图书馆在使用大数据技术的过程中予以充分考虑。尽管如此,大数据技术仍然被视为图书馆资源整合的重要工具,为提高图书馆服务质量和效率提供了新的可能。

（二）帮助图书馆进行资源的分类和标签化

对于图书馆来说，资源的分类和标签化是非常重要的，它直接影响用户是否能够快速地找到所需的资源。通过大数据技术，图书馆可以自动地为资源生成分类和标签，从而提高资源的可用性。

资源的分类是将资源按照其属性或特征进行分组的过程。传统上，这个过程需要由图书馆馆员手动进行，他们根据资源的内容和形式，将其分配到特定的分类中。然而，随着数字资源的爆发性增长，手动分类的方式显然无法满足现代图书馆的需求。大数据技术则提供了一种解决方案，它可以自动识别资源的属性和特征，然后将资源分类到合适的类别中。这个过程通常通过机器学习算法实现，算法通过训练数据学习到资源的分类规则，然后应用到新的资源上。

标签化则是为资源附加一些描述性的标签，以帮助用户理解和检索资源。与分类不同，标签不必遵循严格的层级结构，它可以是任何有助于描述资源的词或短语。大数据技术可以自动生成标签，这通常是通过自然语言处理技术实现的。例如，可以使用文本分析算法提取资源中的关键词或短语作为标签，或者使用图像识别算法为图像资源生成标签。

在自动化的资源分类和标签化过程中，大数据技术的优势非常明显。其一，大数据技术可以处理大量数据。无论图书馆的资源数量有多大，大数据技术都能够在短时间内完成分类和标签化的任务。其二，大数据技术还可以处理多种类型的数据。无论资源是文本、图像还是音频和视频，大数据技术都有相应的算法进行处理。其三，大数据技术还能够实现更精准的分类和标签化。通过机器学习和自然语言处理等先进技术，大数据技术可以生成更精确、更详细的分类和标签，从而提高资源的可用性。

（三）帮助图书馆进行资源的预测分析

在图书馆的实际工作中，用户需求预测的重要性日益显现。在信息爆炸的时代，了解和预测用户需求已经成为图书馆工作的关键。在此背景下，大数据技术以其强大的数据处理能力和分析能力，正在改变图书馆的工作方式。

图书馆中的大数据源于各种渠道，如图书借阅记录、在线查询记录、电子资源访问记录等。这些数据记录了用户的信息需求和使用行为，隐藏着丰富的知识。利用大数据技术，图书馆可以深入挖掘这些数据，了解用户的需求规律，预测未来的需求趋势。机器学习算法是大数据技术中的重要工具，它可以从历史数据中学习和提取规律，然后应用到新的数据中进行预测。例如，根据过去的图书借阅记录，可以预测未来哪些图书的需求量会增大；根据在线查询记录，可以预测用户对哪些主题的需求会增加。这些预测结果为图书馆的资源采集和配置提供了重要的决策支持。

预测分析不仅可以帮助图书馆做出更加合理的资源配置决策，还可以改善图书馆的服务质量。例如，图书馆可以根据预测结果调整图书的摆放位置，将高需求的图书放在更容易被用户找到的地方；可以根据预测结果调整资源采购计划，提前采购未来可能热门的资源；可以根据预测结果优化服务方式，提前准备满足未来可能出现的用户需求。

二、人工智能技术在资源采集中的应用

在图书馆的环境中，人工智能技术可以用于进行资源采集。具体来说包括以下几个方面（图6-6）。

1. 自动化的网页爬虫技术
2. 基于机器学习的资源质量评估
3. 基于深度学习的资源分类

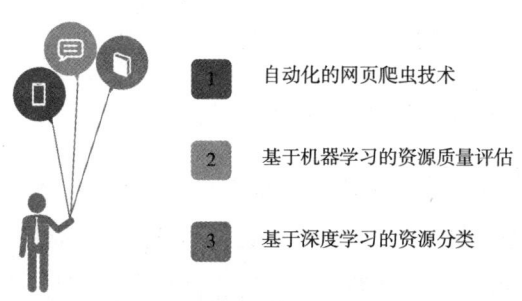

图6-6 人工智能技术在资源采集中的应用

(一)自动化的网页爬虫技术

在互联网信息时代,网页爬虫已经成为图书馆数字资源采集的重要工具。简而言之,网页爬虫是一种自动抓取网页内容的程序。它按照预设的规则和路径,自动在网页中抓取所需的信息。这种自动化的抓取方式,显著提升了信息采集的效率,为图书馆获取大量的网络资源提供了便利,这些资源包括新闻、论文、报告、图像、视频等。人工智能技术的引入,使网页爬虫技术得以更进一步地发展。基于 AI 的网页爬虫具有更强的智能化和自动化特性。例如,通过自然语言处理(NLP)技术,AI 爬虫可以理解网页的内容,从而更精准地抓取所需的信息。传统的爬虫在面对大规模网页时,可能会因为无法理解语义而无法精准抓取,而基于 AI 的爬虫通过自然语言处理技术,可以理解网页的文本信息,按照内容的相关性和重要性抓取信息。另外,AI 爬虫可以通过机器学习算法自动学习和优化爬取策略,从而提高爬取效率和质量。传统的爬虫程序通常需要人工设定抓取规则和路径,而 AI 爬虫则可以自我学习,根据已爬取的数据调整自身的抓取策略和规则。在爬取的过程中,AI 爬虫会自动记录和分析抓取的效果,不断优化自己的行为,以提高抓取的速度和精确度。

此外,AI 爬虫技术还可以实现动态爬取。在互联网上,许多网页的内容会实时更新,传统的爬虫程序往往难以跟上这种变化。而 AI 爬虫则可以实时监控网页的变化,一旦检测到新的信息,就会立即抓取,保证了资源采集的实时性和全面性。

(二)基于机器学习的资源质量评估

质量评估在数字资源采集中扮演着重要的角色,它直接影响到资源的可用性和价值。网络上的资源质量良莠不齐,这就需要进行质量评估来确保采集到的是高质量的资源。为了解决这个问题,人工智能(AI)技术应运而生。基于 AI 的质量评估方法可以自动地评估资源的质量。这主要是通过机器学习算法实现的,这种算法可以从历史数据中学习到质量评估的规则,然后应用到新的资源中。例如,可以使用文本分析算法来评估文章的质量。这种算法可以对文章的语言质量、内容深度、逻辑性、创新性等多个维度进行评估。语言质量主要指文章的语法、拼写、标点等是否正确;内容深度主要指文章是否深入研究了某个主题,是否提供了有价值的信息;逻辑性主要指文章的结构是否清晰,论述是否有力;创新性则主要指文章是否有新的观点或发现。这种算法可以自动分析文章的这些特性,然后根据预设的规则来给文章打分。

另外,也可以使用图像分析算法来评估图片的质量。这种算法可以对图片的清晰度、色彩饱和度、构图、主题等多个维度进行评估。清晰度主要指图片的分辨率是否足够高,是否有模糊、噪点等问题;色彩饱和度主要指图片的颜色是否鲜艳,是否有过曝、偏色等问题;构图主要指图片的视觉效果是否好,是否符合美学规则;主题则主要指图片是否符合采集的目标,是否有价值。这种算法可以自动分析图片的这些特性,然后根据预设的规则来给图片打分。

基于 AI 的质量评估方法不仅可以提高资源采集的质量,也可以大大提高工作效率。因为这种方法可以自动地进行评估,不需要人工逐一检查,从而节省了大量的时间和精力。而且,由于 AI 算法可以自我学习,所以它的评估能力会随着时间的推移而不断提高。

(三)基于深度学习的资源分类

资源分类在图书馆资源管理中具有关键作用,它能够帮助用户迅速找到所需的信息。但手动进行资源分类既耗时又易出错。此时,人工智能(AI)的引入,尤其是深度学习技术,显得尤为重要。深度学习是一种模仿人脑工作机制的机器学习方法,能从大量数据中自动学习和抽取有用的特征。这一技术在自然语言处理、图像识别、语音识别等领域取得了显著的成果,对于资源分类也提供了新的解决方案。

基于深度学习的资源分类方法,可以自动地对资源进行分类。这主要是通过深度学习算法实现的,这种算法可以从大量的训练数据中学习到分类的规则,然后应用到新的资源中。对于文本资源,如深度学习可以自动将文章分类到合适的主题类别。具体来说,深度学习模型可以通过分析文章的词汇、语法、主题等特征,来确定文章的类别。例如,如果一篇文章包含了大量的法律术语,并且主要讨论的是法律问题,那么模型就会将其分类到法律类别。对于图像资源,深度学习同样可以自动进行分类。深度学习模型可以分析图片的颜色、形状、纹理等视觉特征,以确定图片的类别。例如,如果一个图片主要包含了蓝色和白色,并且有大量的波浪形状,那么模型就会将其分类到海洋类别。对于音频和视频资源,深度学习也可以进行有效的分类。通过分析音频的声音特征、视频的画面特征,深度学习模型可以自动地将资源分类到合适的类别。

基于深度学习的资源分类方法不仅可以提高分类的准确性,还可以大大提高工作效率。因为这种方法可以自动地进行分类,不需要人工逐一检查,从而节省了大量的时间和精力。而且,由于深度学习模型可以自我学习,所以它的分类能力会随着时间的推移而不断提高。深度学习技术在资源分类中的应用,不仅提升了分类的准确度,还显著提高了效率,大大优化了图书馆的资源管理流程。

三、开发元数据标准以实现资源的高效管理

元数据是描述数据的数据,对于高校图书馆数字资源的管理至关重要。元数据标准的制定和使用能够提高资源的检索效率,实现资源的高效管理。具体来说,元数据有助于识别、描述、定位和管理数字资源,是数字资源管理的关键因素。元数据有助于识别数字资源。每一份数字资源都有其独特的属性,如标题、作者、出版日期等,这些属性可以通过元数据进行记录。当用户需要找到某一特定的资源时,可以通过查询元数据进行快速定位。元数据可以描述数字资源的内容和结构。例如,一本电子书的

元数据可以包含它的章节标题、页数、图表数量等信息。这些信息有助于用户理解资源的内容和结构，从而进行更有效的检索。元数据能够帮助管理数字资源。例如，图书馆可以通过元数据记录资源的获取日期、存储位置、使用权限等信息。这些信息有助于图书馆进行资源的管理，如资源的更新、备份、权限控制等。

（一）制定元数据标准

在制定元数据标准时，需要考虑到的关键因素有完整性、一致性、可扩展性和互操作性（图6-7）。

图6-7 制定元数据标准需要考虑的关键因素

1. 完整性

元数据标准的完整性主要体现在对数字资源各个方面信息的全面揭示。在构建一个高效的数字资源管理系统中，元数据的完整性是至关重要的。任何一种元数据，无论其复杂性如何，都应该尽可能全面地覆盖所有需要描述的属性。这样不仅有利于资源管理，也使用户能够准确且快速地找到他们需要的信息。例如，对于一本电子书，元数据不仅应当包括书名、作者、出版社、出版日期等基本信息，还应当包括更为具体的数据，如ISBN编号、摘要、章节信息、关键词、作者背景和学术成就等。此外，由于电子书的特性，元数据还应包括资源的格式、大小、存储位置等。甚至在某些情况下，针对特定主题的电子书，元数据可能还需要包含更加细致的信息。例如，对于一本历史类的电子书，可能需要添加关于历史事件、人物、地点等相关的元数据。而对于一本科学研究论文，元数据可能需要包含实验设计、数据分析方法、实验结果等详细信息。

2. 一致性

元数据标准的一致性是指在同一系统或不同系统中，对相同的属性使用统一的描述方式和术语。元数据的一致性对于提高数据的准确性和可用性具有重要作用。例如，在描述资源的出版日期时，所有系统都应采用同一种格式，如"YYYY-MM-DD"。这种格式的一致性，不仅方便了用户的检索，还方便了资源的管理和更新。同样地，在描述作者的姓名时，也应遵循同一种格式，如"姓，名"，以避免由于格式不一致造成的混淆。除日期和姓名这类常见的属性外，一致性也应用到更为复杂的属性上。例如，在描述资源的主题时，应采用一致的主题词汇表或分类体系，以确保主题的一致性。又如，在描述资源的版权信息时，也应采用一致的版权声明和许可协议。

3. 可扩展性

在设计元数据标准时，考虑其可扩展性是至关重要的。可扩展性是指元数据标准能够根据不同的应用场景和未来的需求变化进行扩展和修改。由于科技的快速发展和信息资源的爆炸式增长，图书馆所需管理和服务的资源类型和形态在不断变化，涉及的主题、领域、格式、类型等都可能随着时间的推移而发生变化。因此，元数据标准必须具备足够的灵活性，能够适应这些变化。例如，随着图书馆数字资源的增加和多样化，可能会出现一些新的属性，如多媒体资源的分辨率、播放时长等，这就需要在元数据标准中添加新的字段来描述这些新的属性。再如，随着图书馆服务的深化和拓宽，可能会涉及一些新的需求，如用户评论、推荐等，这也需要在元数据标准中增加相应的描述和标记。

4. 互操作性

元数据标准的互操作性是指元数据能够在不同的系统、平台和环境之间进行共享和交换。这需要元数据标准采用一些通用的数据格式和协议,以确保数据的兼容性和互通性。例如,XML(Extensible Markup Language)是一种常见的数据交换格式,它可以表示复杂的数据结构,也可以被各种不同的系统和软件所理解和处理。因此,许多元数据标准,如 Dublin Core、MARC21 等,都采用 XML 作为其数据格式。此外,RDF（Resource Description Framework）是一种用于描述网络资源的语言,它可以将元数据表示为一种图形结构,使元数据更具有语义性和互操作性。因此,一些更为复杂和高级的元数据标准,如 Linked Data、Semantic Web 等,都采用 RDF 作为其数据语言。

无论是 XML 还是 RDF,或者其他的数据格式和协议,其目标都是实现元数据的互操作性,使元数据能够在不同的系统之间进行有效的共享和交换。这样不仅可以提高元数据的利用效率,还可以实现资源的整合和联合利用,从而提升图书馆的服务水平和用户的使用体验。

（二）元数据标准的具体应用

元数据标准在图书馆数字资源的采集、整合和使用中都有着广泛的应用。

在资源采集阶段,元数据标准起到了极为关键的作用。每个资源的采集都需要按照元数据标准进行数据的收集和录入,这样可以确保数据的质量和一致性。例如,当采集员在录入新的电子书时,元数据标准可以为其提供一个具体的操作指南。录入员可以根据元数据标准,准确地填写书籍的各项属性,如书名、作者、出版年份、ISBN 号、关键词等,还包括更为详细的信息,如章节信息、摘要、引言等。这样,每个资源在被采集时,其元数据信息就已经按照统一的标准被准确地记录下来。

在资源整合阶段，元数据标准同样发挥了重要作用。图书馆往往需要处理不同来源的资源，这些资源可能存在着各种各样的数据格式和结构。此时，元数据标准就可以作为一个统一的桥梁，帮助整合这些资源，实现资源的统一管理。具体来说，图书馆可以通过元数据的映射和转换，将各种不同格式的数据整合到一个统一的数据库中。例如，可以将 MARC 格式的数据映射到 Dublin Core 格式，或者将 XML 格式的数据转换到 RDF 格式。这样，无论资源来自哪里，无论其原始的数据格式是什么，都可以通过元数据标准，被整合到同一个资源库中进行统一的管理和服务。

在资源使用阶段，元数据标准也发挥着重要的作用。元数据是用户检索资源的关键依据，因此元数据的标准化直接影响用户的检索效率和使用体验。例如，用户可以通过元数据进行精确的检索，如通过作者名、关键词、主题类别等元数据字段进行检索，可以快速找到所需的资源。再如，用户可以通过元数据进行相关资源的发现，通过查看同一作者的其他作品，或者查看相同主题的其他资源。这样元数据标准不仅提高了用户的检索效率，还丰富了用户的使用体验，使用户能够更加便捷和有效地利用图书馆的数字资源。

四、实施知识图谱技术进行资源关联

知识图谱技术有助于图书馆从多维度、多层次去理解和利用其内部资源。这是因为知识图谱能够通过连接相互关联的实体，从而为用户展现出一个完整的、相互关联的知识网络。例如，对于某个特定主题的查询，图书馆可以通过知识图谱提供包含作者、作品、相关研究、影响等多方面的详细信息，极大地丰富了用户的检索结果。实施知识图谱技术进行资源关联需要重点做好以下几个方面的工作（图 6-8）。

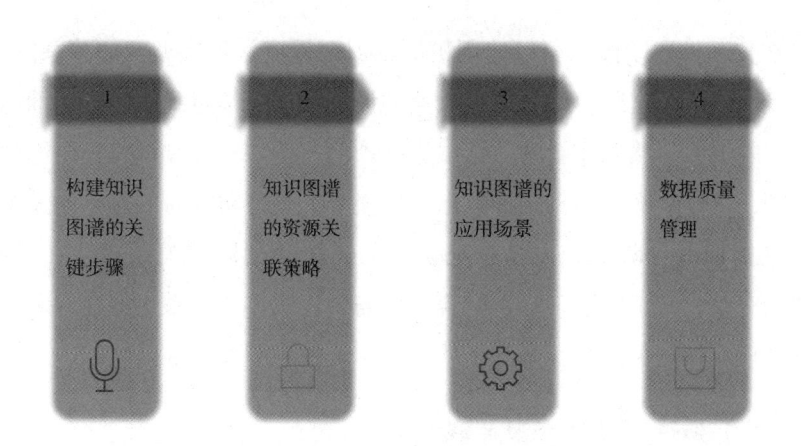

图 6-8　实施知识图谱技术进行资源关联

（一）构建知识图谱的关键步骤

构建知识图谱主要包括以下几个步骤：实体识别、关系识别、关系抽取和知识融合。在实体识别阶段，需要将文本中的关键信息提取出来，识别并命名这些信息。这些信息被称为实体，既可以是人名、地名、机构名，也可以是日期、数字等抽象的概念。在图书馆的数字资源中，实体识别的任务主要包括识别书籍标题、作者名、出版社、出版日期等信息。这些实体构成了知识图谱中的节点。而为了更好地识别实体，可以采用自然语言处理（NLP）中的命名实体识别（NER）技术。命名实体识别技术能够从文本中识别出预定义的实体类别，如人名、地名、组织名等。例如，通过 NER 技术，可以从一段文本中识别出"红楼梦"是书名，"曹雪芹"是人名。这种技术的应用，极大地提高了实体识别的速度和精度。

在关系识别阶段，主要是在已经识别的实体基础上，找出这些实体之间的关系。关系抽取可以帮助理解和表示实体之间的相互联系。在图书馆的数字资源中，关系抽取的任务主要包括抽取书籍的作者是谁、书籍的出版社是哪个、书籍的出版日期是什么等信息。这些关系构成了知识图谱中的边。

在关系抽取阶段,可以使用机器学习或深度学习模型,如关系网络、图神经网络等。这些模型可以在大量的训练数据中学习到如何正确抽取实体之间的关系,然后在新的数据中进行预测。例如,通过训练一个深度学习模型,可以从文本中自动抽取出《红楼梦》是曹雪芹写的这样的关系。

在知识融合阶段,主要是把识别的实体和抽取的关系融合在一起,构建出完整的知识图谱。知识融合不仅需要把实体和关系连接在一起,还需要处理实体和关系的冗余和矛盾,以保证知识图谱的准确性和一致性。

(二)知识图谱的资源关联策略

资源关联是知识图谱构建过程中的核心任务之一,其目的是根据实体和关系的相似性,将相关联的实体和关系连接在一起,构建出具有丰富语义的知识图谱。

一种常用的资源关联策略是基于实体和关系的相似度。在这种策略下,首先需要定义实体和关系之间的相似度度量方法。例如,可以使用基于文本相似度的方法,计算实体之间的相似度。这包括计算实体名称的相似度、实体描述的相似度等。关于关系的相似度,可以通过计算关系之间的语义相似度来衡量。在基于相似度的资源关联中,一种常见的方法是基于最近邻的关联。即对于每个实体,找出与之相似度最高的实体作为其最近邻,并将它们连接在一起。这种方法的优势在于简单直接,且易于实现。然而它也存在一些限制,例如在存在多个相似度较高的实体时,无法保证选择最合适的实体进行关联。

为了提升资源关联的准确性和效率,还可以利用基于深度学习的模型,如图神经网络(Graph Neural Networks, GNNs)。GNNs是一种特殊的深度学习模型,适用于处理图结构数据,能够学习实体和关系之间的复杂关联。通过使用GNNs,可以从大规模的图数据中挖掘出更多的隐藏关系,进而实现更准确的资源关联。GNNs在资源关联中的应用可以通过对图数据进行表示学习,即将实体和关系映射到低维嵌入空间。在这个嵌入空间中，实体和关系之间的相似度可以通过距离或相似度度量来计算。这使得能够更精确地找到相关的实体和关系，从而构建出更丰富和准确的知识图谱。

（三）知识图谱的应用场景

知识图谱可以广泛应用于高校图书馆的多个场景。例如，基于知识图谱的图书推荐系统可以利用用户的兴趣和行为数据，结合图谱中的实体和关系信息，为用户提供个性化的图书推荐。通过分析用户的阅读记录、搜索历史等，系统可以了解用户的喜好和兴趣，并根据知识图谱中的相关实体和关系，推荐与用户兴趣相关的书籍。这样可以提高用户的阅读体验，增加图书的借阅率。知识图谱可以为图书馆的检索系统提供更加丰富和深度的检索结果。通过将图书馆的资源与知识图谱中的实体和关系进行关联，可以提供更精确的搜索结果。用户可以通过搜索引擎输入关键词，检索到与关键词相关的资源，同时可以获得与关键词相关的实体和关系信息，帮助用户更好地理解和探索所需的领域知识。知识图谱还可以用于支持学术研究工作。通过分析知识图谱中的实体和关系，可以发现某个领域的研究热点和趋势。研究人员可以利用知识图谱中的实体和关系信息，进行学术论文的文献关联、引用分析和主题建模等研究工作。这有助于研究人员深入了解领域的前沿发展，提供更全面和深入的学术支持。此外，知识图谱可以帮助图书馆实现资源的高效管理和整合。通过将图书馆的数字资源与知识图谱中的实体和关系进行关联，可以构建一个全面且一致的资源库。图书馆可以根据知识图谱中的信息，对资源进行分类、标签化和归类，从而方便用户的检索和使用。知识图谱还可以支持资源的自动化归档和更新，提高资源管理的效率和准确性。

（四）数据质量管理

知识图谱可以帮助图书馆进行数据质量管理，提高数据的准确性和一致性。通过使用知识图谱中的实体和关系之间的约束关系，可以对数据进行校验和验证。图书馆可以定义一系列的约束规则，如实体属性的取值范围、关系的合法性等，来验证数据的正确性。例如，对于图书馆中的图书资源，可以定义一条约束规则，确保每本书都具有作者、标题、出版日期等属性，并且这些属性的取值都符合规定的范围。通过对数据进行校验和验证，可以发现和修复数据中的错误和不一致之处，提高数据质量。知识图谱还可以用于数据清洗与整合。在图书馆的数字资源采集过程中，数据来源可能多样且不一致，存在着重复、缺失和错误等问题。知识图谱可以作为一个数据清洗和整合的平台，通过比对实体和关系的属性，识别出相同的实体，并将它们合并为一个实体，从而消除数据中的重复和冗余。同时，知识图谱还可以填补数据缺失的部分，如通过关联关系和推理机制来自动补全相关实体的属性信息。通过数据清洗与整合，图书馆可以建立起一份完整、一致的数字资源库，提高数据的可靠性和利用效率。

知识图谱还可以支持数据质量监控与反馈。通过监控知识图谱中的实体和关系的变化，可以实时了解数据质量的状况，及时发现和解决数据质量问题。例如，通过监测数据的更新和变动情况，可以及时发现数据的错误和冲突，以便及时修复。此外，用户也可以通过反馈机制向图书馆提供数据质量问题的反馈，进一步完善数据质量管理流程。

第三节　高校图书馆数字资源的维护

一、制定科学合理的资源更新策略

制定科学合理的资源更新策略是高校图书馆数字资源维护的关键步骤。一个好的资源更新策略可以确保数字资源的持续性和更新性，保持资源的最新和高质量状态。以下是展开论述资源更新策略的几个关键方面（图6-9）。

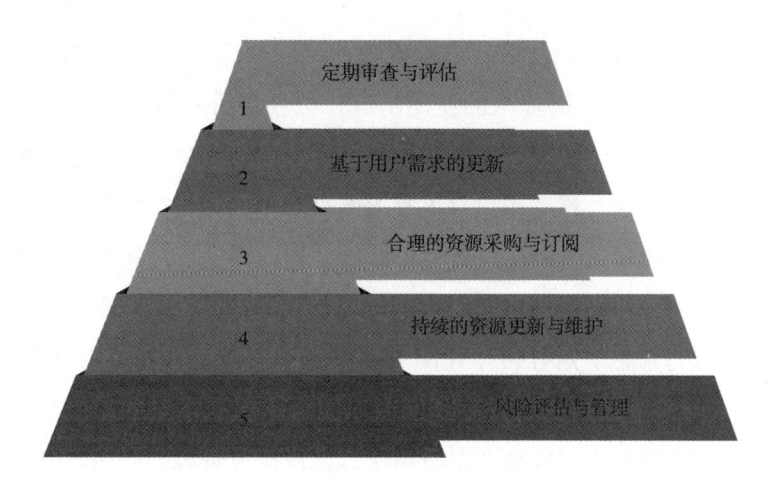

图6-9 制定科学合理的资源更新策略

（一）定期审查与评估

高校图书馆的资源更新策略的基石是定期审查与评估，这是因为数字资源的环境以及用户的需求是不断发展和变化的。对这些变化保持敏感并以此为基础调整资源是图书馆工作的核心部分。

图书馆需要定期对其数字资源的现状进行审查。这包括了解资源的数量、类型、来源等基本信息，以及资源的组织和管理方式。这样可以让图书馆了解自身在资源收集和维护方面的工作情况，以便找出可能存在的问题并进行改进。例如，如果发现某一类型的资源数量不足，图书馆就需要调整资源采集策略，增加该类型资源的收集；如果发现资源的组织方式不方便用户使用，图书馆就需要改进资源的分类和索引系统。

图书馆还需要对资源的质量、资源的使用情况、资源与用户需求的匹配程度等方面进行评估。对资源的质量进行评估包括资源的原始性、准确性、全面性等方面的评估，以及对资源内容的评估。这样可以让图书馆了解资源的质量情况，以便提升资源的质量。例如，如果发现某一资源的准确性存在问题，图书馆就需要及时更正或者删除该资源；如果发现某一资源的内容过于陈旧，图书馆就需要更新该资源。对资源使用情况的评估包括用户对资源的访问次数、下载次数、反馈情况等信息的收集和分析。这样可以让图书馆了解资源的使用情况,以便更好地满足用户需求。例如,如果发现某一资源的访问次数较少,图书馆就需要调查原因,可能是该资源的质量不高,或者用户对该资源的需求不大,根据情况图书馆可以选择提升资源质量或者减少该类型资源的收集。对资源与用户需求的匹配程度进行的评估包括对用户的需求进行调查和了解,以及对资源与需求的匹配程度进行评估。这样可以让图书馆了解到资源是否满足用户的需求,以便更好地服务用户。例如,如果发现某一资源与用户需求匹配度较低,图书馆就需要调整资源收集和更新策略,以便提升资源的使用效率。

通过定期的审查与评估,图书馆可以全面了解数字资源的现状、质量、使用情况以及与用户需求的匹配程度,以此为基础制定出科学合理的资源更新策略。这是保持图书馆资源的更新性、连续性,以及最大化满足用户需求的关键。

(二)基于用户需求的更新

用户是高校图书馆服务的核心,因此资源更新策略必须以用户需求为导向。了解用户需求,捕捉用户需求的变化,是高校图书馆制定资源更新策略的基础和关键。图书馆可以通过多种方式了解用户对数字资源的需求和偏好,包括进行定期的用户调研、收集用户反馈、分析用户使用行为数据等。

定期的用户调研是了解用户需求的重要方式。这包括在线调研、面对面的访谈等方式。图书馆可以通过调研了解用户对数字资源的使用频率、使用场景、使用困难等信息,以此了解用户对资源的需求和偏好。例如,如果调研结果显示用户在进行学术研究时更多使用某类数据资源,图书馆就应该加大这类资源的采集和更新。用户反馈是理解用户需求的另一种方式。图书馆可以设置反馈渠道,如电子邮件、网站反馈表、社交媒体等,鼓励用户提供对数字资源的使用感受和建议。例如,如果用户反馈表示某个电子书平台的使用体验不佳，图书馆就应该考虑是否需要改进该平台，或者寻找替代方案。数据分析也是了解用户需求的重要手段。图书馆可以收集用户的使用行为数据，如资源的点击率、下载率、阅读时间等，通过数据分析了解用户的需求和偏好。例如，如果数据分析发现某类资源的下载率较低，图书馆就应该考察该类资源是否真的满足用户需求，或者是否有其他原因导致用户无法有效使用。

（三）合理的资源采购与订阅

资源采购与订阅是高校图书馆资源更新策略的重要环节。图书馆需要与出版商、供应商等合作，采购和订阅适合高校需求的数字资源。在此过程中，图书馆需要考虑资源的质量、权威性、价格、许可条款等因素。

图书馆应优先采购和订阅高质量的、权威的资源。这可能需要图书馆进行资源评估，如试用资源、阅读用户评价、参考其他图书馆的经验等。此外，图书馆还需要和出版商、供应商建立良好的合作关系，这可以帮助图书馆获取更好的资源和服务。同时，图书馆也需要根据预算情况进行资源采购和订阅。这可能需要图书馆进行成本效益分析，以确保资源采购和订阅的效益最大化。例如，图书馆可以考虑采购一些开源或免费的资源，或者和其他图书馆共享资源，以节省资源采购和订阅的成本。图书馆还需要定期评估已有的订阅资源。这包括评估资源的使用情况、用户满意度、成本效益等。如果发现某个订阅资源过时、质量下降，或者不再满足用户需求，图书馆应该及时剔除这些资源，为新的资源腾出空间。这是资源更新策略的重要环节，也是图书馆保持资源质量和满足用户需求的重要方式。

（四）持续的资源更新与维护

对于高校图书馆来说，持续的资源更新与维护是确保数字资源最新、高质量和有用的关键。图书馆需要定期对其资源进行检查和更新，以保证资源的准确性、完整性和可用性。

更新与维护包括一系列活动。图书馆需要修复资源中的错误和缺陷。这包括修复链接错误、更正数据错误、解决访问问题等。这些问题可能是用户在使用过程中发现的，也可能是图书馆在自我检查中发现的。无论如何，修复这些错误和缺陷是保证资源质量的基础。图书馆还要更新资源的版本和内容。这包括更新数据集、电子书、数据库、软件等资源。这种更新可能是对现有资源的增强，也可能是对过时资源的替代。在这个过程中，图书馆需要关注资源供应商和出版商的更新信息，及时获取和安装新版资源。此外，图书馆还需要根据用户反馈和需求进行资源更新和维护。例如，如果用户反馈某个资源的使用体验不佳，图书馆就需要改进这个资源；如果用户需求变化，图书馆就需要调整资源收集和更新策略。

（五）风险评估与管理

高校图书馆的资源更新策略还需要考虑风险评估与管理。图书馆需要识别和评估资源更新可能面临的风险，制定并执行相应的管理策略以降低这些风险。例如，数据安全是一种重要的风险。图书馆需要确保在资源更新过程中，用户的个人信息和使用记录得到保护。为此，图书馆可能需要采取一些措施，如加强数据加密、设置防火墙、限制敏感数据的访问等。版权问题也是一个重要的风险。图书馆需要遵守版权法，确保资源的合法使用。为此，图书馆需要建立版权合规机制，如建立版权教育和培训程序，引导用户合法使用资源；与资源供应商和出版商明确版权条款，确保资源的合法采购与订阅。图书馆还需要关注其他风险，如技术风险、财务风险等，并根据风险类型和级别制定相应的管理措施。例如，为防止数据丢失，图书馆需要加强数据备份和恢复策略；为控制成本，图书馆需要严格的预算管理和成本效益分析。

二、采用先进的数据恢复技术

采用先进的数据恢复技术是高校图书馆数字资源维护的关键方面。数据恢复技术可以帮助图书馆在面对数据丢失、损坏或意外情况时快速恢复数据,并确保数字资源的可用性和完整性。以下详细论述几种先进的数据恢复技术(图6-10)。

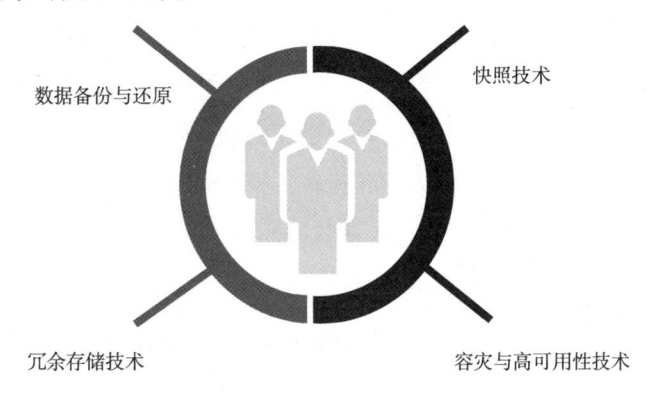

图 6-10 采用先进的数据恢复技术

(一)数据备份与还原

在高校图书馆的日常运营中,数据的安全和完整性是至关重要的。数据可能会由于各种原因遭受损失,包括硬件故障、软件错误、人为错误、病毒或恶意攻击等。因此,采用先进的数据恢复技术,特别是数据备份与还原,对于防止数据丢失、确保数据的完整性和可用性至关重要。

数据备份是一种基础的数据恢复技术。它通过创建数据的副本并将其存储在其他设备或位置,以防止主数据的丢失或损坏。在数据丢失或损坏的情况下,可以使用备份数据进行还原,恢复数据的原始状态。

具体来说,高校图书馆可以采用自动化的备份工具和策略,对其数字资源进行定期的全量备份和增量备份。全量备份是指备份所有数据,这样可以最大限度地保护数据,但需要较大的存储空间和时间。增量备份是指只备份自上次备份以来更改的数据,这样可以节省存储空间和时间,但恢复数据可能会更复杂和耗时。高校图书馆还需要选择合适的存储介质或平台来保存备份数据。传统的存储介质如硬盘、磁带、光盘等,虽然成本较低,但可能会遭受物理损坏或环境灾害。现代的云存储平台如 Amazon S3、Google Cloud Storage 等,虽然成本较高,但可以提供更高的可用性、可靠性和安全性。此外,云存储平台还可以提供数据冗余、加密、访问控制等高级功能。在选择备份策略和存储平台时,高校图书馆需要考虑多种因素,包括数据的价值、更新频率、恢复时间目标(RTO)、恢复点目标(RPO)等。例如,对于高价值、经常更新的数据,可能需要采用更频繁、更高级的备份策略;对于恢复时间要求高的数据,可能需要采用更快速、更高效的恢复技术。数据还原是数据备份的重要环节。它是指使用备份数据来恢复原始数据的过程。在进行数据还原时,高校图书馆需要考虑多种因素,包括数据的完整性、一致性、版本控制等。例如,对于数据库和其他事务性数据,需要确保数据的一致性和原子性;对于版本化的数据,需要能够恢复到特定的版本或时间点。

(二)冗余存储技术

在面对数据安全和稳定性的问题时,冗余存储技术无疑是一种强大的工具。冗余存储技术通过在多个存储设备或系统上保存相同的数据副本,能够大大提高数据的可靠性和可用性。特别是对于高校图书馆来说,他们管理和存储的数据量巨大,且大部分数据具有无法复制的价值,因此,采用冗余存储技术以防止数据丢失,显得至关重要。

常见的冗余存储技术包括磁盘阵列(RAID)和分布式存储系统。RAID 是一种将多个硬盘组合在一起,作为一个逻辑单元使用的技术。通过将数据分散存储在多个硬盘上,并使用冗余校验信息,RAID 实现了数据的容错和恢复能力。RAID 有多种级别,包括 RAID 0(条带化)、RAID 1(镜像)、RAID 5(带奇偶校验的条带化)、RAID 6(带双奇偶校验的条带化）等，各级别提供了不同的性能、可靠性和成本。例如，RAID 1 通过完全复制数据到两个或更多的硬盘，提供了最高的可靠性，但存储效率低；RAID 5 通过条带化和奇偶校验，提供了较好的性能和可靠性，且存储效率较高。分布式存储系统则是一种更高级的冗余存储技术。它将数据分散存储在多个存储节点（可能分布在不同的物理位置）上，并通过数据复制和冗余，以及高效的数据分布和恢复算法，提供了高可用性和数据恢复能力。分布式存储系统如 HDFS、Ceph、GlusterFS 等，可以提供 PB 级甚至 EB 级的存储能力，且支持自动故障恢复、负载均衡等高级功能。

高校图书馆可以根据其需求和条件，选择合适的冗余存储技术。例如，对于小规模的需要高性能的应用，可以选择 RAID 技术；对于大规模的需要高可用性的应用，可以选择分布式存储系统。无论哪种技术，高校图书馆都需要定期检查和维护其存储系统，包括监控硬盘状态、替换坏盘、更新软件版本等，以确保数据的可靠性和可用性。

（三）快照技术

快照技术是一种非常重要的数据恢复技术，尤其是在云计算和虚拟化环境中得到了广泛应用。快照技术基于数据副本，可以在特定的时间点创建数据的一个快照，并记录下这个时间点的数据状态。如果后续的操作导致数据丢失或损坏，我们可以使用这个快照来还原数据到快照所记录的状态。这提供了一种快速恢复数据的方式，能够大大缩小数据丢失和恢复的时间窗口。快照技术可以应用在文件系统、数据库、虚拟机等多种环境中。例如，文件系统的快照可以保存文件和目录的状态，可以用于文件恢复和备份；数据库的快照可以保存数据库的状态，可以用于数据恢复和版本控制；虚拟机的快照可以保存虚拟机的状态，可以用于故障恢复和系统复制等。

高校图书馆可以利用快照技术来保护重要的数字资源。例如，可以定期创建文件系统或数据库的快照，以备数据丢失或损坏时使用。在虚拟化环境中，可以创建虚拟机的快照，用于故障恢复和系统复制。通过快照技术，图书馆可以在数据发生问题时，快速恢复数据，减少数据丢失和停机时间。

（四）容灾与高可用性技术

在信息化社会，数据和服务的连续性和可用性已经成为用户的基本需求。对于高校图书馆来说，无论是否面临硬件故障、网络中断或自然灾害等情况，都需要提供持续的服务。为此，图书馆需要采用容灾与高可用性技术。容灾技术旨在防止灾难性事件导致的数据丢失和服务中断。常见的容灾技术包括数据备份与恢复、远程复制、故障切换等。数据备份与恢复是最基本的容灾技术，可以恢复丢失或损坏的数据；远程复制是一种保护数据的方法，可以将数据复制到远程地点，以防止主数据丢失；故障切换是一种保护服务的方法，可以在主服务器发生故障时，自动切换到备用服务器，以保证服务的连续性。高可用性技术旨在提供持续的服务，防止服务中断。常见的高可用性技术包括负载均衡、集群、多活数据中心等。负载均衡是一种分散请求的方法，可以防止单一服务器的过载，并提高服务的响应速度；集群是一种联合多台服务器的方法，可以提高服务的容错性和可扩展性；多活数据中心是一种分布式部署的方法，可以提供全球覆盖的服务，并防止地区性的灾难。

三、加强对数字资源的安全性保护

加强对数字资源的安全性保护是高校图书馆数字资源维护的重要任务。数字资源的安全性保护涉及防止数据泄露、恶意攻击、病毒感染等安全威胁，以确保数字资源的完整性、可用性和机密性。具体来说，可以从以下几个重要方面来加强数字资源的安全性保护（图6-11）。

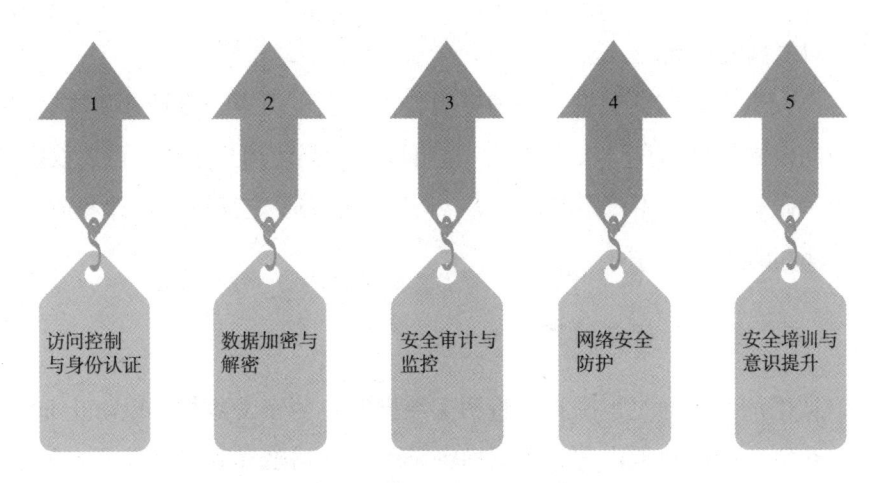

图 6-11 加强对数字资源的安全性保护

（一）访问控制与身份认证

访问控制与身份认证是保障数字资源安全性的基础。在信息化环境下，大量的数字资源被保存在网络中，如何确保这些资源的安全，防止非法访问，就成了一个重要的问题。访问控制和身份认证就是解决这个问题的有效手段。

访问控制是通过识别和管理用户访问信息系统的权限，以达到保护信息资源、防止非法访问和维护系统安全的目的。一般包括认证、授权和审计三个主要环节。认证是确认用户身份的过程，常见的认证方式有用户名和密码认证、数字证书认证、生物特征认证等；授权是根据用户的身份分配相应的访问权限，例如对某个文件的读取、修改、删除权限等；审计是对用户的访问行为进行记录和监控，以供后续的审查和分析。身份认证是访问控制的第一步，也是最重要的一步。只有通过身份认证，系统才能确认用户的身份，然后根据用户的身份进行相应的授权。身份认证通常需要用户提供一种或多种身份证明，如用户名和密码、数字证书、身份卡、生物特征等。近年来，随着网络攻击手段的不断升级，单一的身份认证方式已经无法满足安全需求，因此很多系统开始采用双因素认证或多因素认证，以提高安全性。

高校图书馆应该根据自身的资源特点和安全需求，设计并实施适当的访问控制策略和身份认证机制。这可以包括创建用户账户、设置权限、实施密码策略、采用双因素认证等。同时，也需要定期进行审计和监控，以检测和防止非法访问。

（二）数据加密与解密

数据加密是通过加密算法将明文数据转化为密文数据，以防止非法用户获取和阅读数据内容。数据加密是保护数据隐私和机密性的有效手段，尤其适用于数据传输和数据存储的安全保护。在数据加密过程中，通常会使用一个或多个密钥进行加密操作。根据加密和解密是否使用同一密钥，加密算法可以分为对称加密和非对称加密两种。对称加密使用同一个密钥进行加密和解密，加密速度快，但密钥分发和管理复杂；非对称加密使用一对公钥和私钥，公钥用于加密，私钥用于解密，解决了密钥分发问题，但加密速度慢。数据解密是加密的逆过程，是通过解密算法和密钥将密文数据恢复为明文数据。解密操作通常需要使用正确的密钥，如果密钥丢失或被破解，数据可能无法恢复，或者被非法用户获取。

高校图书馆应该根据数据的敏感性和保护需求，采用适当的数据加密技术。这包括选择合适的加密算法、生成和管理加密密钥、实施加密操作、备份和存储密文数据等。同时，也需要设计和实施解密策略，以确保授权用户可以安全、准确、高效地进行数据解密。

（三）安全审计与监控

安全审计是通过收集、分析和报告信息系统的活动信息，以便查明系统的安全状态，发现和预防安全问题的过程。高校图书馆应对数字资源的访问和使用进行详细记录，建立审计日志，并定期对审计日志进行分析和审查。审计日志应包含足够的信息，以便在出现安全事件时，可以追溯到事件的源头,找出问题的原因,并采取相应的措施进行修复和改进。安全监控是对信息系统进行持续的观察和检测,以发现潜在的安全威胁和异常活动。这可以通过安装和配置安全监控工具,如入侵检测系统(IDS)、安全信息与事件管理系统(SIEM)等来实现。这些工具可以实时收集和分析系统的活动信息,并根据预定义的规则和模式,自动检测和报告异常活动。一旦发现潜在的安全威胁,可以立即通知管理员,并自动触发相应的防御措施。通过安全审计和监控,图书馆可以及时了解数字资源的访问和使用情况,发现和处理潜在的安全威胁,提升系统的安全性和可靠性。同时,也可以为后续的安全事件调查和取证提供重要的数据支持。

(四)网络安全防护

网络安全防护是通过一系列的技术和管理措施,来保护网络系统和数据免受攻击、泄露和破坏。对于高校图书馆来说,由于其数字资源大量存储在网络中,网络安全防护尤为重要。

首先,图书馆需要建立一道防火墙,防止未经授权的访问和攻击。防火墙可以对网络流量进行过滤,只允许已知安全的流量进入和离开网络。防火墙可以设置相应的规则,根据源地址、目标地址、协议类型、端口号等信息,对网络流量进行控制。其次,图书馆需要部署入侵检测系统(IDS),以便检测和响应潜在的攻击行为。IDS可以实时监控网络流量,通过比较已知的攻击模式和行为,发现异常流量,并立即通知管理员。再次,图书馆需要安装和更新反病毒软件,防止病毒、木马和恶意软件的侵入和传播。反病毒软件可以对文件和程序进行扫描,发现和清除潜在的病毒和恶意软件。最后,图书馆需要定期进行网络安全漏洞扫描和风险评估,及时发现和修复系统的安全漏洞。通过安全扫描工具,可以检查系统的配置、服务、端口等,发现潜在的安全漏洞。根据漏洞扫描的结果,可以评估系统的安全风险,优先处理高风险的漏洞,并及时安装和更新安全补丁。

（五）安全培训与意识提升

为加强数字资源的安全性保护，不仅需要采取各种技术措施，还需要增强相关人员的安全意识和技能。在许多情况下，人为因素是导致安全事件的主要原因，比如使用弱密码、点击恶意链接、泄露敏感信息等。因此，高校图书馆应开展安全培训和意识提升活动，教育和引导工作人员和用户安全使用数字资源。

图书馆可以组织定期的安全培训课程，对工作人员进行专业的安全培训。培训内容包括安全政策、规则和流程，安全工具和技术，常见的安全威胁和攻击手段，应对安全事件的方法和步骤等。通过培训，工作人员可以了解和掌握正确的安全知识和技能，提高自己的安全素养。图书馆还可以开展安全意识提升活动，提高用户对安全问题的关注和认识。例如，通过举办安全知识讲座、安全竞赛、安全日活动等，让用户了解到安全对于保护自身和图书馆的数字资源的重要性。这些活动可以让用户在轻松愉快的环境中学习安全知识，增强安全意识。此外，图书馆还可以通过网络和社交媒体等平台，发布安全提示和公告，让更多的人了解到最新的安全威胁和保护措施。例如，可以发布关于如何创建安全的密码，如何识别和防止社交工程攻击，如何安全使用公共 Wi-Fi 等的提示和建议。图书馆还需要建立一个反馈和改进机制，持续评估和优化安全培训和意识提升活动。可以通过问卷调查、面谈、测试等方式，了解工作人员和用户的安全知识和技能水平，了解他们对培训和活动的反馈和建议，并根据反馈信息，改进培训内容和方法，增强培训效果。

四、实现自动化的资源备份与存储

在高校图书馆中，数字资源的维护是至关重要的环节，尤其是实现自动化的资源备份与存储，这不仅能提高工作效率，还能最大限度地防止数据的丢失和损坏。实现自动化的资源备份与存储需要多方面的工作，主要包括资源备份策略设计、备份系统和工具的选择、备份数据的存储和管理等。

（一）资源备份策略设计

在对资源备份策略进行设计时，首先需要明确备份的目标。在高校图书馆背景下，备份目标涵盖了所有重要的数字资源，这些资源包括但不限于电子图书、电子期刊、数据库、网站内容以及用户数据等。这些数据资源是图书馆运作的重要支持，是必须进行备份的。考虑到这些数据的巨大量以及不同数据的重要性和更新频率可能不同，需要制定一个灵活的备份策略，既可以满足全量备份的需求，又可以做到增量备份。全量备份意味着需要定期备份所有数据，这样做的优点是数据恢复快速，但是备份过程可能会比较耗时；而增量备份则只备份自上次备份后发生变化的数据，这样可以大大节省备份所需的时间和存储空间。通常可以根据不同数据的重要性和更新频率来选择使用全量备份或增量备份。然后，备份的内容可以根据资源的重要性和变化频率来确定。对于重要性较高、变化频率较低的数据，可以采用全量备份的方式，即每次备份都将全部数据进行备份。对于重要性较低、变化频率较高的数据，可以采用增量备份的方式，即每次备份只将上次备份后发生变化的数据进行备份。这样可以大大减少备份的时间和空间。备份的频率应当根据资源的更新速度和容忍的数据丢失量来确定。如果资源的更新速度较快，或者容忍的数据丢失量较小，应当提高备份的频率，如每天进行一次备份。反之，如果资源的更新速度较慢，或者容忍的数据丢失量较大，可以降低备份的频率，如每周或者每月进行一次备份。

（二）备份系统和工具的选择

备份系统和工具应当具有强大的功能和良好的稳定性，能够自动执行备份任务，记录备份日志，处理备份错误等。同时，备份系统和工具还应支持各种备份方式和存储介质，满足不同的备份需求。在选择备份系统和工具时，还需要考虑其易用性、可扩展性、成本等因素。易用性是指备份系统和工具的操作界面是否友好，功能是否易于理解和使用；可扩展性是指备份系统和工具是否可以根据需求添加新的功能或者改进现有的功能；成本是指备份系统和工具的购买和使用成本，包括硬件成本、软件成本、人力成本等。只有选择了合适的备份系统和工具，才能实现高效、准确的自动化备份。

（三）备份数据的存储和管理

备份数据应存储在安全可靠的存储介质或平台上。这些介质或平台可以是物理介质，如硬盘、磁带、光盘等，也可以是虚拟的云存储平台。在选择存储介质或平台时，我们需要考虑多个因素。安全性和可靠性是最关键的两个因素，这决定了我们的备份数据是否能够长期保存，是否可以在需要时成功地恢复。此外，我们还需要考虑存储介质或平台的容量，以确保它能够满足我们的备份需求；考虑存储介质或平台的成本，以确保备份工作在经济上是可行的。为了防止地点相关的风险，如火灾、洪水、盗窃等，我们通常建议将备份数据存储在不同的地理位置。这样，即使某个地点的备份数据出现问题，我们也可以从其他地点的备份数据中恢复。这种策略被称为离地备份或异地备份，它是数据保护的最佳实践。在管理备份数据方面，我们需要进行有效的数据管理工作，包括定期检查备份数据的完整性和可用性，及时更新和替换过期或损坏的备份数据。这些工作需要结合备份日志和其他监控工具来进行。此外，我们还需要保护备份数据的机密性和完整性，防止备份数据免受未经授权的访问或篡改。

五、建立完善的数字资源故障应急机制

建立完善的数字资源故障应急机制对于高校图书馆来说至关重要。数字资源的故障可能带来严重的影响，包括数据丢失、服务中断、学术研

究受阻等。因此，为了保障数字资源的安全性和可用性，图书馆应该采取一系列的措施来建立应急机制。

应急计划需要预测和考虑到不同类型的故障，包括服务器故障、网络中断、数据损坏等。对于每种类型的故障，需要制定相应的应对措施和流程，明确责任人和工作内容。例如，针对服务器故障，可以制定故障检测和替换的步骤；对于网络中断，可以规定如何快速恢复网络连接。应急计划还需要明确责任人的角色和职责，并建立通信机制，确保在故障发生时能够及时联系和协调相关人员。每个责任人需要清楚自己的任务和行动计划，并与其他责任人保持紧密联系。通过建立有效的通信机制，可以在故障发生时快速集结相关人员，共同应对和解决问题。此外，应急计划还要准备紧急联系人名单，包括IT部门、厂商技术支持、用户等。这些联系人应该包括其姓名、联系方式和职责，以便在需要时能够及时联系和协调。此外，应急计划还需要考虑应急资源的准备情况，如备用服务器、备用网络设备、备用数据存储介质等。这些资源的准备能够加速故障处理和恢复工作。通过建立健全的应急计划，高校图书馆能够在数字资源发生故障时做到有条不紊地应对，减少故障给用户和图书馆带来的影响。应急计划不仅能提供指导和支持，还能加强团队协作和配合，提高故障处理的效率和准确性。因此，图书馆应该将应急计划作为数字资源维护的重要组成部分，不断完善和更新，以确保数字资源的安全性和可用性。

建立良好的通信机制是保证应急响应顺利进行的关键。在数字资源发生故障时，与相关人员的及时沟通和协调非常重要。图书馆应建立紧急联系人名单，包括IT部门、厂商技术支持、用户等，以确保能够及时通知和协调相关人员。在名单中，需要包括每个联系人的姓名、联系方式和职责。这样，在故障发生时，责任人员可以迅速被联系到，快速集结起来进行应急响应。此外，备份与存储也是应急机制中的重要环节。图书馆应该定期进行数字资源的备份，并将备份数据存储在安全可靠的介质或云平台上。备份数据的完整性和可用性需要得到保证，以便在故障发生时能够及时恢复数据。同时,图书馆还需要建立备份数据的检索和恢复机制,以便在需要时能够快速找到并恢复备份数据。

在故障发生时,图书馆需要迅速响应并采取有效的措施来降低故障对用户和图书馆的影响。这可能包括快速诊断故障原因、通知和协调相关人员、采取紧急措施等。快速诊断故障原因能够有针对性地采取修复措施,从而减少故障的持续时间。与此同时,图书馆需要及时通知用户并提供相关反馈和支持,以减轻用户的不便并增加用户对图书馆的信任。

故障修复后,图书馆需要进行恢复工作,并进行故障分析与改进。恢复工作包括修复故障、测试系统的正常运行,并通知用户故障已经解决。同时,图书馆还需要对故障进行分析,找出故障的根本原因,并采取相应的改进措施,以防止类似故障再次发生。这可能涉及硬件和软件的升级、改进备份与存储策略、加强系统监控与预警等方面。

第四节 高校图书馆数字资源利用率提升的途径

高校图书馆作为学术信息服务中心,其数字资源的利用率对于学生和教师的学术研究及知识获取极为重要。提升数字资源利用率,既可以优化图书馆的资源配置,也有助于提升图书馆的服务质量,更好地满足高校师生的学术需求。下面提供一些可提升高校图书馆数字资源利用率的途径。

一、用户教育和培训

通过有效的用户教育和培训,可以提高用户对数字资源的认识和理解,增强他们的信息素养和利用能力,从而更好地利用图书馆的数字资源。用户教育和培训可以鼓励用户积极参与数字资源的利用和建设,提高用户对图书馆数字资源的认同感和归属感,同时也可以收集用户的反馈意见和建议,进一步改进和优化数字资源服务。可以通过以下方法来实施用户教育和培训（图 6-12）。

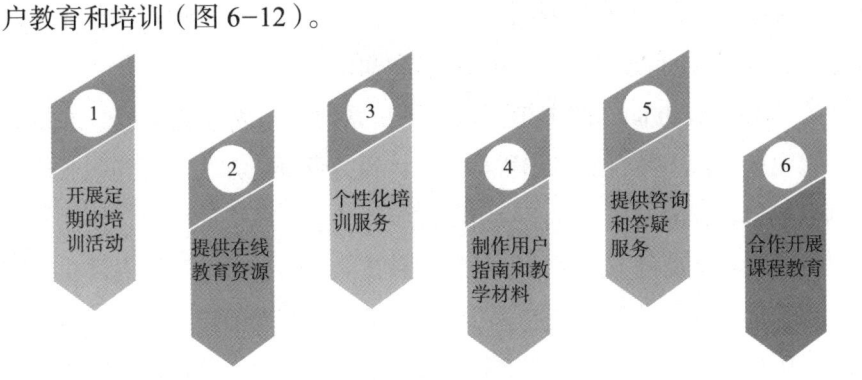

图 6-12　用户教育和培训

1. 开展定期的培训活动
2. 提供在线教育资源
3. 个性化培训服务
4. 制作用户指南和教学材料
5. 提供咨询和答疑服务
6. 合作开展课程教育

（一）开展定期的培训活动

定期组织数字资源的培训班、研讨会或讲座是提高用户对数字资源利用的重要途径。通过这些活动，图书馆可以向用户介绍数字资源的种类、特点和使用方法，提供具体的案例和操作指南，帮助用户快速上手和掌握相关技能。图书馆可以安排定期的培训班，邀请专家或图书馆工作人员进行面对面的培训。培训班可以包括数字资源的分类和特点、搜索和筛选技巧、利用策略等内容。通过实际操作和示范，用户可以更直观地了解数字资源的使用方法，同时也可以提问和交流，增进对数字资源的理解和掌握。图书馆还可以组织研讨会或讲座，邀请学术界的专家分享数字资源利用的最新发展和研究成果。这些研讨会可以涉及领域的专题讨论、数字资源利用的案例分析等内容，帮助用户深入了解数字资源在学术研究中的应用和价值。同时，图书馆还可以邀请用户分享他们的使用经验和心得体会，激发用户之间的交流和合作。

（二）提供在线教育资源

为了满足用户的学习需求，图书馆正在建设在线学习平台，以便提供相关的教育资源。这些资源可以包括视频教程、在线培训课程、电子书籍、研究报告等各种类型的材料。图书馆在线学习平台的优点是,它可以使用户在任何时间、任何地点获取信息和知识。

在视频教程方面,图书馆可以提供一系列的在线教育课程。这些课程可以涵盖各种主题,从基础科学知识,到高级研究方法,再到职业技能培训。视频教程的形式有助于吸引不同年龄和学习风格的用户,使他们能够以更直观和互动的方式学习新的知识和技能。图书馆也可以提供在线培训课程。这些课程可以是自主学习的,也可以是有教师指导的。通过这种方式,用户可以根据自己的节奏和学习风格进行学习。这种灵活性使在线学习平台成为一种强大的学习工具,不仅满足了那些不能参加传统面授课程的用户的需求,还对那些希望自主控制学习进度的用户提供了便利。

(三)个性化培训服务

图书馆还可以根据不同用户群体的需求和特点提供个性化的培训服务。对于研究生和教师群体,图书馆可以提供科研论文写作和文献检索的培训。这种培训可以帮助他们提高论文写作的质量和效率,更好地理解并运用研究方法,以及更有效地检索和使用文献资源。这样的个性化服务可以大大地提高他们的研究能力,从而提升他们的学术成就。对于本科生群体,图书馆可以提供学术写作和信息素养的培训。学术写作是大学生活的一个重要部分,通过这种培训,他们可以学习如何编写高质量的学术论文,如何有效地引用和参考来源,以及如何避免剽窃等问题。信息素养则涵盖了如何搜索、评估和使用信息的技能,这对于他们进行研究和学术工作是必不可少的。这样的个性化服务可以帮助他们提高学习效率,提升学术能力,以及更好地适应大学生活。

(四)制作用户指南和教学材料

在向用户提供丰富的数字资源的同时,图书馆还需要使用户能够有效地使用这些资源。为此,图书馆可以制作用户指南和教学材料,以帮助用户熟悉并掌握数字资源的使用方法和技巧。

用户指南可以作为一种参考资料，为用户提供详细的操作步骤和示例。例如，图书馆可以制作各种主题的用户指南，包括如何搜索和下载电子书，如何使用在线学习平台，如何参加在线培训课程等。这些用户指南可以通过图书馆的网站或在线学习平台提供，用户可以随时查阅和下载。图书馆还可以制作教学视频，以更直观和互动的方式展示数字资源的使用流程和技巧。这些教学视频可以包括屏幕录像、讲解员的语音解说，以及动画和图表等元素，以帮助用户更好地理解和记忆操作步骤。教学视频可以在图书馆的网站或社交媒体上发布，也可以在在线学习平台上作为课程材料提供。

通过制作用户指南和教学材料，图书馆不仅可以帮助用户提高数字资源的使用效率，还可以使用户能够更充分地利用这些资源，从而提升他们的学习和研究能力。

（五）提供咨询和答疑服务

图书馆还可以设立咨询台或在线客服系统，为用户提供咨询和答疑服务。咨询台通常由图书馆的工作人员或志愿者负责，他们可以为用户提供各种服务，如解答关于图书馆的常规问题，指导用户如何使用图书馆的设施和服务，以及帮助用户解决在使用数字资源过程中遇到的问题。咨询台的服务不仅可以减少用户的困惑和挫折感，还可以增强他们对图书馆的满意度和依赖度。在线客服系统则可以提供更灵活和便捷的服务。用户可以通过电子邮件、在线聊天、社交媒体等方式与图书馆的工作人员联系，以获得即时的帮助和指导。在线客服系统可以让图书馆提供 24 小时的服务，使用户能够在任何时间、任何地点获取所需的信息和帮助。

（六）合作开展课程教育

图书馆的角色已经超越了单纯的信息提供者，它们正在成为教育和学习的重要合作伙伴。图书馆可以与学院合作，将数字资源的利用方法纳入相关课程的教学内容中，从而提升学生的信息素养和技能。

图书馆与学院的合作可以通过课程设计实现。教师可以在制定教学大纲时，考虑将使用图书馆的数字资源作为课程的一部分。例如，在一个研究方法课程中，教师可以安排学生使用图书馆的电子数据库进行文献搜索和分析；在一个写作课程中，教师可以让学生利用图书馆的在线学习平台学习参考文献的格式和引用规则。这样的课程设计可以使学生在学习过程中直接接触和利用数字资源，从而提升他们的实践能力。图书馆 HIA 可以为课程提供教学支持。例如，图书馆可以为教师提供教学资源，如教学视频和用户指南，以帮助学生理解和掌握数字资源的使用方法；图书馆还可以为学生提供咨询和答疑服务，解答他们在使用数字资源过程中遇到的问题。这样的教学支持不仅可以使教师的教学工作变得更加轻松，还可以使学生的学习效果更好。

图书馆也可以与学院合作开展培训活动。例如，图书馆可以为学院的学生和教师组织关于数字资源使用的研讨会和工作坊，以提高他们的技能和信心。这样的培训活动可以提供一个学习和交流的平台，使学生和教师能够分享他们的经验和想法，从而提升他们的学习和教学效果。

通过这些方式，图书馆与学院的合作可以使数字资源的利用方法成为课程教育的一部分，从而培养学生的信息素养和利用能力。这不仅可以使学生更好地利用图书馆的资源，还可以为他们未来的学术和职业生涯提供帮助。

二、优化资源搜索与推荐系统

在数字化时代，信息检索和资源推荐系统的优化对于提升高校图书馆数字资源的利用率至关重要。高效、准确的搜索系统能够帮助用户快速地找到他们需要的信息，而精准的推荐系统能够将符合用户需求的资源主动推送给他们，从而增加资源的使用频次。

（一）优化资源搜索系统

优化资源搜索系统主要涉及以下几个方面：提升搜索系统的性能、改善搜索界面的用户体验、增强搜索系统的智能性、提供多样化的搜索方式。

提升搜索系统的性能方面，首要任务应当放在提高系统的速度和稳定性上。这需要保证用户在使用搜索系统时能够快速、准确地得到他们需要的结果。在现实中，这一目标需要图书馆定期对其搜索系统进行维护和升级。具体而言，这可能包括优化后台的数据索引方式，提高搜索引擎的处理能力，保证数据的准确性和系统的稳定性。优化数据索引是提高搜索速度和准确性的关键环节。数据索引就像是图书馆的目录，能够指引搜索系统快速找到相关的信息。图书馆需要根据资源的类型和特性，以及用户的搜索习惯，设计合理的索引结构。同时，也需要定期对索引进行更新和优化，以适应资源和需求的变化。提高搜索引擎的处理能力是另一个重要环节。这涉及软件和硬件两个方面。在软件方面，图书馆需要选择性能强大、稳定可靠的搜索引擎。在硬件方面，图书馆需要提供足够的服务器资源，以保证搜索系统在高负载情况下也能够正常地运行。

改善搜索界面的用户体验方面，一个优秀的搜索界面应当是简洁的、易于操作的，这将直接影响用户使用搜索系统的体验和效率。例如，搜索框的设计应当明确，使用户可以轻松地输入搜索词；搜索选项的设置应当直观，使用户可以方便地调整搜索条件；搜索结果的展示应当清晰，使用户可以快速地查看和理解搜索结果。

增强搜索系统的智能性是当前搜索系统发展的重要趋势。随着人工智能和机器学习技术的发展，搜索系统已经可以做到理解用户的检索意图，自动纠正用户的输入错误，提供相关的搜索建议，这大大提高了搜索的准确性和便捷性。例如，通过分析用户的搜索历史和行为数据，搜索系统可以预测用户可能感兴趣的主题，提供个性化的搜索建议；通过利用自然语言处理技术，搜索系统可以理解用户的自然语言查询，提供更贴近用户需求的搜索结果。

提供多样化的搜索方式也是提高搜索效果的重要方法。除常规的关键词搜索外，图书馆还可以提供多种搜索方式，以满足用户的不同需求。例如，高级搜索可以让用户根据多种条件进行细致的筛选；分类搜索可以让用户根据资源的分类进行有针对性的检索；图像搜索则可以让用户通过图像找到相关的资源。这些多样化的搜索方式不仅提高了搜索的便利性，也增加了搜索的趣味性，从而提高了用户的使用满意度。

（二）优化资源推荐系统

优化资源推荐系统主要涉及以下几个方面：构建用户画像、提高推荐的准确性、增加推荐的多样性、提供个性化的推荐服务。构建用户画像是提高推荐准确性的关键。通过收集和分析用户的检索历史、浏览记录、下载记录等数据，图书馆可以了解用户的兴趣和需求，然后根据这些信息为用户推荐相关的资源。提高推荐的准确性是推荐系统的主要目标。这需要图书馆利用机器学习和数据挖掘技术，对用户数据和资源数据进行深度分析，预测用户可能感兴趣的资源，提供精准的推荐。增加推荐的多样性能够增加用户的满意度。这意味着推荐系统不仅要考虑用户的主要兴趣，还要考虑他们的次要兴趣，甚至是他们尚未被发现的新兴趣。通过提供多样化的推荐，图书馆可以帮助用户发现更多的有价值的资源，提高用户的使用频次。提供个性化的推荐服务能够提高用户的使用体验。这意味着图书馆应该根据用户的个性和需求，提供定制化的推荐服务，如基于用户的学术领域、研究主题、检索习惯等因素进行推荐。

三、提升数字资源的易用性和可访问性

在今天的数字化社会中，高校图书馆必须关注其数字资源的易用性和可访问性，以促进其利用率。

(一) 易用性提升

数字资源易用性提升方面需要重点做好以下几个方面的工作（图6-13）。

图6-13 数字资源易用性的提升

1. 设计直观的用户界面

设计直观的用户界面是提升易用性的关键。用户界面应直接反映其功能，降低用户学习和使用的难度。合理的菜单布局，可以帮助用户快速理解网站的内容和结构，指导用户有效地浏览和操作。例如，菜单的标题应该准确、简洁，避免使用专业术语和行话，以便更容易被用户理解。此外，菜单的层级应该尽量简化，以减少用户的点击次数，提高用户获取信息的效率。指示标签的清晰性对用户来说也极为重要，因为它可以帮助用户确定他们在网站上的位置和方向，避免他们在使用过程中迷失方向。例如，面包屑导航就是一个常见的指示标签，它可以显示用户当前的位置以及返回上一级的路径。此外，简洁的操作步骤能使用户更加顺畅地使用网站。复杂的步骤可能会导致用户感到困惑，甚至放弃使用。因此，减少不必要的步骤、提供清晰的指导以及反馈信息，都是提高用户界面易用性的有效手段。

2. 提供多样化的浏览方式

对于数字资源的浏览，应提供多种方式，以满足不同用户的需求。例如，除了常见的列表和网格视图，还可以提供时间线视图、地图视图等。时间线视图可以帮助用户按照时间顺序浏览资源，尤其适用于展示历史资料或新闻事件；地图视图则可以在地理空间上展示资源，适合展示地理信息或旅行资料。在浏览方式的设计上，过滤和排序功能也很重要。过滤功能可以帮助用户从大量的资源中筛选出他们需要的信息；排序功能则可以让用户按照一定的顺序，如日期、标题、作者等，查看搜索结果。这些功能可以大大提高用户查找信息的效率，提升他们的使用体验。

3. 优化下载和分享的过程

下载和分享的过程在用户使用数字资源中占据重要位置，优化这两个环节可以进一步提高数字资源的易用性和可访问性。一方面，下载流程应尽可能简化，让用户能够轻松地获取所需资源。例如，用户点击下载链接后，应立即开始下载，而无须进行多余的步骤或跳转。同时，应提供清晰的下载提示，如下载进度条，让用户知道下载进度和预计剩余时间。在权限管理方面，应尽量降低用户身份验证的复杂性，例如，可以通过单点登录（SSO）系统，让用户只需登录一次，就能访问所有的资源。另一方面，分享功能可以让用户将感兴趣的资源快速分享给他人，提高资源的传播范围。在设计分享功能时，应考虑到多种分享渠道，如邮件、社交媒体、QR码等，让用户可以选择最方便的方式进行分享。同时，分享的流程也应尽量简化，例如，用户可以通过一键分享，快速将链接发送给他人。除此之外，对于某些大文件的下载，图书馆可以提供离线下载或者断点续传的功能，以应对网络不稳定或者其他导致下载中断的问题。针对不同类型的资源，图书馆还可以提供不同格式的下载选项，例如文本资源可以提供 PDF、EPUB 等格式，音视频资源可以提供 MP4、MP3 等格式，以满足用户的不同需求。

（二）可访问性提升

对于高校图书馆来说，提升数字资源的可访问性不仅意味着要让更多的用户能够接触到这些资源，更重要的是要让每一个用户都能够方便快捷地使用这些资源，无论他们使用什么样的设备，无论他们在什么地方，无论他们具备什么样的能力。

在当前的技术环境下，用户访问数字资源的方式越来越多样化。许多用户已经习惯了使用移动设备，如智能手机和平板电脑，来进行学习和工作。因此，响应式设计成为一种必要的设计方法。通过响应式设计，网页可以根据用户设备的屏幕大小自动调整布局，无论用户使用的是计算机、手机还是平板，都能保证良好的使用体验。这样既可以满足用户随时随地使用数字资源的需求，也可以提高用户的满意度，从而提升数字资源的利用率。网络性能对于用户访问数字资源的体验也至关重要。如果网络速度慢，或者连接不稳定，用户可能就会放弃访问，这将大大降低数字资源的利用率。为解决这个问题，图书馆需要投入资源优化其网络架构，提供稳定、高速的网络服务。同时，对于大型的数字资源，如视频和 3D 模型，可以考虑采用流媒体服务，这样用户在下载过程中就可以开始使用资源，不必等待整个资源下载完毕。这不仅可以提高用户的使用效率，还可以提升他们的使用体验。此外，也不能忽视无障碍访问的问题。无论他们的身体状况如何，所有用户都有权利方便地使用数字资源。因此，图书馆在设计和提供数字资源服务时，需要考虑到不同的残疾类型，包括视觉、听力、运动等，并根据他们的需求，提供适应性的用户界面和操作方式。例如，对于视力障碍的用户，可以提供文字到语音的转换服务；对于听力障碍的用户，可以在视频中提供字幕；对于运动障碍的用户，可以提供键盘操作的支持。通过无障碍设计，可以确保所有用户都能够平等、方便地使用数字资源。

四、通过数据分析深化用户画像进行精准推送

数字化时代的图书馆面临着大量的用户数据,包括用户的检索记录、借阅记录、在线行为数据等。这些数据是深化用户画像、实现精准推送的宝贵资源。借助于数据分析,图书馆可以更深入地理解用户的需求和行为,从而提供更个性化的服务,具体如图6-14所示。

图 6-14　通过数据分析深化用户画像进行精准推送

(一)理解和创建用户画像

用户画像是一种将用户的行为、需求和兴趣特征具象化、人格化的方法,它为个性化的服务和精准的推送提供了基础。理解用户,创建准确的用户画像,是高校图书馆提升数字资源利用率的关键途径之一。收集用户数据是理解和创建用户画像的第一步。用户数据来源丰富,如用户的注册信息、搜索行为、借阅记录、在线问答、反馈等。这些数据包含了用户的基本属性(如年级、专业、兴趣爱好等)和用户行为信息(如用户何时使用图书馆服务、使用哪些服务、如何使用服务等),这些都是创建用户画像的基础。然后,对收集到的数据进行处理和分析。处理主要是将这些原始数据进行清洗和整合,去除重复和无关的数据,将有关的数据聚合在一起。而数据分析则需要运用一些数据挖掘的方法,如关联分析、聚类分析、预测分析等,对数据进行深入的挖掘和理解。最后,根据处理和分析

的结果，创建出具有代表性的用户画像。用户画像通常包括用户的基本属性、兴趣爱好、行为习惯、需求倾向等，它们以直观的方式呈现出用户的特征，帮助图书馆理解用户，从而提供更好的服务。

（二）数据分析与用户画像

数据分析是创建用户画像的核心步骤。只有深入理解用户数据，才能创建出准确的用户画像。数据的收集和整理是数据分析的前提。需要确保数据的质量和完整性，去除错误和无关的数据，提高数据的可用性。还需要运用数据分析的方法对数据进行挖掘。可以使用一些数据挖掘的技术，如关联规则、聚类分析、决策树、神经网络等，来挖掘出用户的行为模式、兴趣倾向等。对于用户行为数据，可以通过分析用户的搜索、点击、浏览、借阅等行为，了解用户的兴趣和需求。对于用户反馈数据，可以通过文本挖掘和情感分析，了解用户对服务的满意度和意见建议。通过对用户数据的深入分析，图书馆可以更精确地把握用户的特点和需求，从而创建出更符合实际的用户画像。用户画像的精确度直接影响到个性化推送的效果，因此高校图书馆需要不断优化数据分析的方法，提高用户画像的精度。

（三）精准推送与用户画像

精准推送是基于用户画像的个性化服务，其目标是将最适合的资源和服务推送给最需要的用户。在高校图书馆的背景下，精准推送主要是将符合用户需求的数字资源推送给用户。精准推送首先需要对资源进行适当的标注和分类。这包括资源的主题、类型、质量等属性，这些属性决定了资源是否符合用户的需求。只有充分理解资源，才能更好地匹配用户。其次，精准推送需要选择适当的推送渠道。不同的用户可能更偏好使用不同的渠道，如电子邮件、社交媒体、移动应用等。选择用户习惯的渠道，可以增加推送的接收率和打开率。最后，精准推送还需要定期评估和优化。

可以通过用户反馈和用户行为（如点击、下载、分享等）来评估推送的效果，然后根据评估结果调整推送策略，如改变推送内容、推送时间、推送频率等，以提高推送的效果。

（四）用户参与度提高

提高用户的参与度是高校图书馆提升数字资源利用率的有效途径之一。高参与度的用户更可能使用图书馆的资源和服务，而且他们的反馈和建议也可以帮助图书馆改进服务。图书馆可以通过提供互动性强的服务，如在线问答、讨论区、投票等，来吸引用户参与。这些服务不仅可以满足用户的学习和交流需求，还可以增加用户的归属感和满足感，从而提高他们的参与度。图书馆也可以通过组织一些活动，如读书会、讲座、工作坊等，来提高用户的参与度。这些活动不仅可以让用户有机会使用图书馆的资源，还可以让他们有机会互相交流和学习，从而增强他们对图书馆的认同和依赖。图书馆还可以通过积分系统、徽章系统等激励机制，来鼓励用户参与。这些机制可以给予参与用户一些实质性的奖励，如积分兑换礼品、获取特权等，从而激发他们的参与热情。

五、提高数字资源的互动性和用户参与度

提高数字资源的互动性和用户参与度是提升数字资源利用率的重要途径。互动性可以提升用户的使用体验，增加他们对资源的认知和理解，而用户参与度则可以激发他们的兴趣和热情，增强他们对资源的归属感和忠诚度。

提高数字资源的互动性是提高用户使用体验的有效手段。在数字资源的设计和应用中，可以融入丰富的交互元素，以增强用户的参与度和活动性。例如，将图像、音频、视频等多媒体形式融入资源内容中，可以使数字资源更加生动有趣，满足用户的多元化学习需求。此外，为了增强数字资源的互动性，可为用户提供更多的操作权限，如缩放、旋转、注释

等，这些都可以使用户更深入、更自由地探索和使用数字资源。互动性的提升不仅可以引发用户的学习兴趣，使他们更愿意投入时间和精力去使用资源，还有利于激发用户的思维活跃度，提高他们的学习效果。用户参与度是提升图书馆服务效果的关键因素。只有用户积极参与，才能充分挖掘和利用数字资源的价值，提高资源的利用率。为此，图书馆可以采取多种方式来提高用户的参与度。例如，可以定期举办各类主题活动，通过讲座、研讨会、竞赛等形式，引导用户参与学习和讨论，提高他们对数字资源的关注度和使用度。此外，图书馆还可以提供社区服务，如建设论坛、博客、问答平台等，让用户有机会交流和分享他们的使用经验和学习心得。这样不仅可以提高用户的参与感，还可以借助用户的力量来丰富和完善图书馆的服务内容。

图书馆还可以通过开放用户贡献来提高用户的参与度。例如，可以设立用户评价系统，让用户为图书馆的资源和服务进行评价和反馈。用户可以为自己喜欢的资源打分，写下自己的评价，也可以向图书馆提出改进的建议。这样不仅可以让用户感到自己的意见被重视，增强他们的归属感，还可以帮助图书馆及时了解到自己的服务状况，找到存在的问题并进行改进。

通过提高数字资源的互动性和用户参与度，图书馆不仅可以提高用户的满意度和忠诚度，还可以增强数字资源的活力和影响力，从而提高其利用率。

第七章 信息技术在高校图书馆管理中的创新应用

第一节 信息技术对高校图书馆的影响

信息技术在高校图书馆的影响深远且全方位。它不仅推动了图书馆服务模式的转变,改变了图书馆资源获取的方式,提升了图书馆的管理效率,还在很大程度上提高了图书馆的影响力和竞争力。以下详细探讨这些影响。

一、信息技术推动图书馆服务模式的转变

信息技术对高校图书馆服务模式的转变方面产生了决定性的影响。这些改变体现在服务的可接近性、有效性和范围等多个方面。

(1)信息技术通过在线图书馆和数字资源的开发使图书馆的服务可接近性大幅提高。传统的图书馆服务模式主要基于物理空间,读者需要亲自去图书馆,检索、借阅和查阅纸质书籍和资料。这种模式虽然有其优

点，如实物书籍的触感、图书馆安静的学习环境等，但其服务受到了时间和空间的限制。读者只能在图书馆开放的时间内访问，且必须身体在图书馆中才能借阅或查阅资料。这些限制在某种程度上影响了图书馆服务的便利性和效率。然而，随着信息技术的发展和普及，图书馆服务模式已经发生了深刻的变化。如今，高校的学生和教师可以直接通过网络访问电子图书、期刊论文、数据库以及其他各类数字资源。无论他们身处何处，无论是在研究室、宿舍，甚至在公园或咖啡馆，都可以方便地通过电脑或移动设备访问这些资源。这无疑极大地提高了图书馆服务的便利性和可接近性。信息技术使图书馆的服务时间得以大幅度拓宽。在传统模式下，图书馆的服务时间通常受制于其物理开放时间，而现在，读者可以在任何时间、任何地点访问图书馆的数字资源，不再受到图书馆开放时间的限制。无论是深夜的学习需求还是周末的研究项目，图书馆的数字服务都可以满足读者的需求。这种"全天候"的服务模式，极大地提升了图书馆的服务能力和满足了读者的个性化需求。信息技术还极大地增强了图书馆的服务范围和深度。在传统模式下，读者的信息检索主要依赖于图书馆的分类和索引系统，而现在，读者可以通过搜索引擎和数据库检索系统，方便快捷地找到所需的信息。此外，基于人工智能的推荐系统可以根据读者的历史检索记录和阅读偏好，提供个性化的阅读推荐，进一步提高了服务的效率和满意度。

（2）信息技术的应用极大地提高了图书馆服务的有效性，使图书馆能够为读者提供更准确、更快速、更个性化的服务。一方面，搜索引擎和数据库检索系统已经成为信息检索的核心工具。通过这些工具，读者可以方便地在海量的图书、期刊、论文、报告等信息资源中精确查找所需的内容。不再需要花费大量时间在实体书架上查找，不再需要翻阅大量纸质资料以寻找相关信息，只需输入关键词或者通过高级检索设定具体条件，就能快速获得符合需求的信息。另一方面，人工智能和机器学习等先进技术的应用使图书馆的服务变得更加智能和个性化。通过收集和分析读者的查询历史和阅读行为，这些技术可以理解读者的兴趣和需求，为读者推荐相关的资源和内容。与传统的基于主题或者分类的推荐相比，这种基于用户行为的推荐更加贴近用户的实际需求，从而大大提高了服务的满意度和效率。

（3）信息技术也扩大了图书馆服务的范围。以远程咨询服务为例，通过邮件、即时通信或者视频会议等工具，读者可以在任何地点、任何时间获得图书馆专业人员的咨询和帮助，这极大地提高了服务的便利性和实用性。在教学资源方面，许多图书馆已经开始提供在线课程、教学视频、电子教科书等教学资源。这些资源可以让学生在课堂之外继续学习和探索，可以让教师更有效地进行教学，也可以为远程教育提供强大的支持。在学术交流方面，信息技术使图书馆能够承担更多的角色。一方面，图书馆可以通过在线学术论坛、网络研讨会等方式组织和推动学术交流。另一方面，图书馆还可以通过电子出版、开放获取等方式推动知识的传播和共享。这些服务不仅可以满足读者的学习和研究需求，还可以让图书馆更好地参与到教学和学术活动中。

二、信息技术引发图书馆资源获取方式的改变

随着信息技术的飞速发展，图书馆的资源获取方式也正在经历深刻的变革。过去，图书馆主要依赖于购买和捐赠来获取书籍和其他实体资源，而在当前的信息时代，图书馆已经可以通过多种方式获取所需资源，具体如图 7-1 所示。

图 7-1　信息技术引发图书馆资源获取方式的转变

(一)共享经济与合作收藏

共享经济与合作收藏是新一代信息技术,特别是云计算和大数据技术的重要应用之一。在这个模式中,高校图书馆可以利用信息技术,将自身的资源与其他图书馆进行共享,共同形成一个庞大且丰富多样的资源池,从而为读者提供更多、更全面的服务。共享经济模式在很大程度上改变了图书馆传统的资源获取方式,降低了购买和维护资源的成本,提高了资源的使用效率。

云计算技术使各个图书馆的资源可以连接在一起,形成一个虚拟的大图书馆。这个大图书馆拥有所有联盟成员的资源,读者可以在这个大图书馆中寻找和使用所有的资源,而无须关心这些资源来自哪个图书馆。这样,读者就可以获得更多的信息资源,而且不再受到地域和时间的限制。

大数据技术可以用来分析和预测读者的需求,指导图书馆的资源收藏。通过收集和分析读者的阅读行为、检索历史、反馈意见等数据,图书馆可以了解到哪些资源是最受欢迎的,哪些资源是最需要的,哪些资源是缺失的。这样,图书馆就可以根据这些数据,更加精确地购买和共享资源,从而提高收藏的针对性和满意度。

(二)社交媒体与众包

社交媒体与众包也为图书馆的资源获取提供了新的路径。借助社交媒体,图书馆可以直接与读者进行交流和互动,了解他们的需求和期望,获取他们的反馈和建议,进一步优化资源收藏。例如,图书馆可以在社交媒体上发布新购资源的信息,收集读者的评价和意见;图书馆也可以通过社交媒体进行调查问卷,了解读者对于新的资源或者服务的需求。社交媒体还为图书馆的众包项目提供了一个广阔的平台。图书馆可以利用社交媒体的力量,发动公众参与到图书馆的项目中,如数字化古籍、创建元数据、翻译外文资料等。这样不仅可以提高项目的效率和质量,而且可以提高公众对于图书馆的参与度和归属感。

（三）数据挖掘与机器学习

在信息技术的推动下，图书馆的资源获取方式也正经历着一场由传统向现代的转型。数据挖掘和机器学习等先进技术为图书馆提供了新的视角和方法来理解和预测读者的需求，从而实现更加精准的资源获取。数据挖掘是从大量的数据中寻找有价值的信息的过程。对于图书馆来说，这些数据可能来自读者的检索历史、阅读行为、借阅记录等。通过分析这些数据，图书馆可以了解到哪些资源是最受读者欢迎的，哪些资源是最需要的，从而指导图书馆的资源获取和管理。机器学习则是让计算机从数据中自动学习和提取知识的技术。在图书馆的应用中，机器学习可以用来预测读者的阅读趋势和兴趣，以此来推荐和获取资源。例如，通过分析读者的阅读行为，机器学习模型可以预测读者可能会对哪些书籍或主题感兴趣，然后根据这些预测结果，图书馆可以提前获取相关的资源。

（四）开放数据与开放科学

随着科学研究的进步和社会的发展，开放数据与开放科学的理念越来越被人们接受。在这个理念下，科学研究的数据和成果不再是个别研究者或团队的私有财产，而是属于全社会的公共资源。

对于图书馆来说，开放数据和开放科学为其提供了大量的新资源。这些资源包括但不限于数据集、软件、预印本、科研项目报告等。这些开放的数据和研究成果，都可以被图书馆收藏和传播，为读者提供更丰富的学术资源。例如，图书馆可以收集和整理各种公开的数据集，为数据科学的教学和研究提供支持；图书馆可以收藏和推广开源软件，促进软件的共享和再利用；图书馆可以传播预印本和科研项目报告，提高科研成果的可见度和影响力。

（五）人工智能与自动化

人工智能和自动化技术的应用是高校图书馆提高管理效率的重要手段之一。这些先进的技术不仅可以实现许多图书馆任务的自动化，从而提高工作效率，还可以释放图书馆馆员的时间和精力，使他们能够专注于提供更高质量的服务。

随着数字资源的快速增长，订阅更新的任务也越来越重。人工智能可以自动监测和更新各种电子期刊、数据库和电子书的订阅状态，保证读者能够及时接触到最新的学术信息。例如，一些图书馆已经开始使用自动化工具，定期检查资源的链接，一旦发现链接失效或内容更新，系统就会自动发出通知，图书馆馆员随后可以及时处理。元数据是描述资源内容的关键信息，对于资源的管理和检索至关重要。人工智能可以从资源中自动提取元数据，如书名、作者、主题词等，大大加快了元数据的创建速度。此外，一些先进的人工智能工具还能通过学习和优化，逐渐提高元数据的质量和准确性。版权管理是图书馆工作的一项重要任务，涉及资源的购买、使用和传播等问题。人工智能可以帮助图书馆自动跟踪和记录资源的版权信息，如使用许可、版权期限、使用限制等。一旦发现版权问题，系统会自动发出警告，避免图书馆发生侵权行为。

三、信息技术改善图书馆的管理效率

在信息技术的推动下，高校图书馆的管理效率正在不断提高。这种提高主要体现在以下几个方面。

（一）库藏管理方面

信息技术在图书馆库藏管理中的应用无疑大大提高了效率和效果。先进的计算机系统使图书馆能够对其各种资源进行有效管理，包括但不限于图书、期刊、数据库和电子资源。这主要通过以下几种方式实现。图书馆可以利用条形码或无线射频识别（RFID）技术对其藏书进行识别和跟踪。这些技术可以快速、准确地读取图书的信息，从而实时掌握图书的状态和位置。例如，图书馆馆员可以轻松知道哪些书正在被借阅，哪些书已经归还，哪些书需要维护或者修复。此外，RFID技术还可以防止图书被盗或者丢失，保障图书馆的资源安全。图书馆还可以通过数字化和元数据标准实现对电子资源的统一管理和检索。这意味着无论资源的形式如何变化，例如，从纸质书到电子书，从实体光盘到在线音乐，图书馆都可以以统一的方式对其进行管理和检索。这不仅提高了资源管理的效率，而且方便了读者的使用。

（二）流通服务方面

现代图书馆已经可以利用信息技术自动化处理借还书、续借、预约等流通服务，大大提高了服务效率和用户满意度。例如，自动化借书机和还书机可以让读者自助办理借还书。通过这种方式，读者无须排队等待，也无须在图书馆的开放时间内办理借还书，大大提高了服务的便利性。同时，这也减轻了图书馆馆员的工作压力，使他们有更多的时间和精力去做其他更重要的工作，如参考咨询、用户教育等。此外，通过在线系统，读者可以随时查询图书的状态，进行图书的续借或预约，无须到图书馆现场办理。这不仅为读者节省了时间，而且满足了他们随时随地获取图书馆服务的需求。

（三）参考咨询方面

信息技术在图书馆参考咨询服务中的应用，使这项服务的效率和效果得到了显著提升。信息技术允许图书馆以更加便捷的方式回答读者的问题。例如，图书馆可以通过在线聊天工具或邮件远程解答读者的问题，这种方式既节省了读者的时间，也避免了因地理位置等原因造成的访问难题。此外，通过知识库和FAQ（Frequently Asked Questions，常见问题解答）系统，图书馆可以收集和整理常见的问题和答案。这种方式不仅提供了一个自助式的信息查询服务，使读者可以在任何时间获取所需信息，而且节约了图书馆馆员的工作时间，使他们有更多的时间去处理更复杂的咨询请求。

（四）用户关系管理方面

信息技术的应用，使图书馆在用户关系管理上有了长足的发展。通过数据分析和挖掘，图书馆可以更深入地理解读者的需求和行为，提供更个性化的服务。例如，通过分析读者的借阅历史和搜索记录，图书馆可以推荐与读者兴趣相符的资源和服务。这样的推荐服务不仅提升了读者的使用体验，还提高了图书馆资源的利用率。同时，图书馆可以通过在线调查和反馈系统收集读者的意见和建议。这种直接的反馈机制可以帮助图书馆及时发现和解决问题，从而持续改进服务，提高读者的满意度。

第二节 信息技术与高校图书馆管理的创新融合

信息技术正在持续改变高校图书馆的管理方式，并引领着图书馆向着更高效、个性化和智能化的方向发展。云计算、物联网、人工智能、区块链以及虚拟现实和增强现实技术等新型信息技术，已经深度融入图书馆的各个环节，为图书馆提供了前所未有的创新机会。

一、利用云计算技术实现图书馆管理的高效与便捷

随着信息技术的发展，云计算已经逐渐成为高校图书馆管理创新的重要工具。云计算为图书馆提供了大量的存储空间，使图书馆能够大规模收集、存储和管理各种资源，包括图书、期刊、数据库、电子资源等。此外，云计算也使图书馆能够实现资源的远程访问和共享，大大提高了资源利用率和服务效率，具体如图7-2所示。

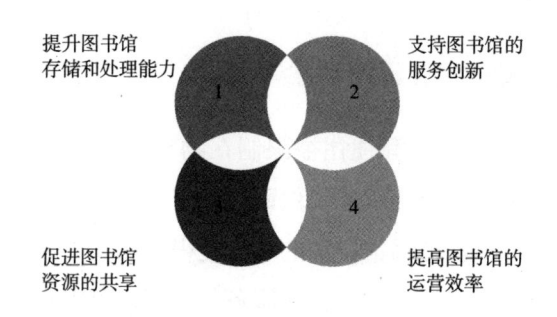

图 7-2　利用云计算技术实现图书馆管理的高效与便捷

（一）提升图书馆存储和处理能力

云计算的出现无疑为图书馆的存储和处理能力带来了前所未有的提升。传统的图书馆存储设施通常被限制在有限的空间内，对于大规模的、多样性的信息资源往往力不从心。然而，随着云计算的应用，这些问题得到了有效的解决。云计算的强大存储和处理能力，使图书馆能够存储和管理大规模的数据资源，包括各类电子图书、电子期刊、图像、视频等。

对于传统图书馆来说，处理大规模数据是一项具有挑战性的任务，然而，云计算的出现将这一挑战变为可能。借助于云计算，图书馆可以轻松地进行数据的存储、检索和分析，以便更好地服务于读者。通过对大量数据进行分析，图书馆可以了解到读者的阅读习惯和偏好，从而对其提供更为精准和个性化的服务。此外，云计算也使图书馆能够对资源使用情况进行全面的监控和管理，提升资源的使用效率，避免资源的浪费。云计算不仅提供了大规模的数据存储空间，还提供了强大的计算能力。通过云计算，图书馆可以进行复杂的数据分析和挖掘，从而获取更深层次的信息和知识，推动图书馆服务的创新和发展。例如，图书馆可以利用云计算进行用户行为分析，通过对用户的搜索记录、借阅记录、阅读记录等进行分析，可以发现用户的需求和趋势，以此为指导，提供更为精准的信息服务。

（二）促进图书馆资源的共享

在过去，图书馆的资源往往被限制在物理空间内，用户必须到图书馆现场才能获取和使用这些资源。然而，随着云计算的发展，这种情况正在发生改变。云计算使图书馆资源的共享变得更加简单和方便。通过云平台，图书馆可以向用户提供远程访问服务，使用户可以在任何地方、任何时间访问图书馆的资源。与此同时，云计算还推动了图书馆之间的资源共享。通过建立图书馆联盟或合作关系，图书馆可以在云平台上共享各自的资源，避免资源的重复购买，提高资源的利用率，节约成本。例如，图书馆可以在云平台上共享电子图书和期刊、数据库等资源，用户可以通过云平台访问到其他图书馆的资源，大大扩大了用户的信息获取范围。此外，云计算也使图书馆能够提供更加丰富和多样化的服务。例如，图书馆可以通过云平台提供在线学习和远程教育服务，支持用户进行自我学习和进修。也可以通过云平台提供社交和交流服务，支持用户之间的交流和合作，构建学习社区。

（三）支持图书馆的服务创新

在云计算的支持下，图书馆不再是一个提供书籍借阅服务的地方，而是转变成一个提供多元化信息服务的中心。在这种趋势下，图书馆的服务形式也发生了显著的变化，从传统的线下服务转向了线上服务。

云计算提供了丰富的应用开发和服务创新的平台，使图书馆能够开发出一系列新的服务，以满足用户的多元化需求。例如，图书馆可以开发在线阅读服务，使用户可以在任何地方、任何时间阅读图书。也可以开发在线学习服务，提供课程资源，支持用户进行自我学习和进修。还可以开发虚拟参观服务，让用户可以远程参观图书馆，了解图书馆的环境和资源。此外，云计算还支持图书馆进行大规模的数字化和开放科学项目。例如，图书馆可以进行大规模的图书和期刊的数字化，使用户可以在线访问这些资源。也可以进行开放数据、开放软件、开放课程等开放科学项目，向社会公开图书馆的资源和成果，提升图书馆的社会影响力和公众形象。

（四）提高图书馆的运营效率

云计算不仅改变了图书馆的服务模式，还极大地提高了图书馆的运营效率。通过云计算，图书馆可以实现信息系统的集中管理和自动化运维，大大减少了人工操作，提高了工作效率。例如，图书馆可以使用云服务进行数据的备份和恢复，确保数据的安全。在数据丢失或系统故障的情况下，可以快速地恢复系统和数据，减少了故障对服务的影响。同时，云服务也提供了强大的负载均衡能力，可以根据系统的负载自动调整资源，保证系统的稳定性和可用性。云计算还可以提高图书馆的管理效率。例如，图书馆可以利用云服务进行资源的统一管理，如电子图书、电子期刊、数据库等。也可以利用云服务进行用户的统一管理，如用户的注册、登录、权限管理等。这不仅简化了管理流程，还提高了管理效率。

二、利用物联网技术实现图书馆设施的智能管理

物联网技术是指通过网络将各种实物相互连接并进行信息交换和通信的技术。利用物联网技术实现图书馆设施的智能管理主要体现在以下几个方面（图 7-3）。

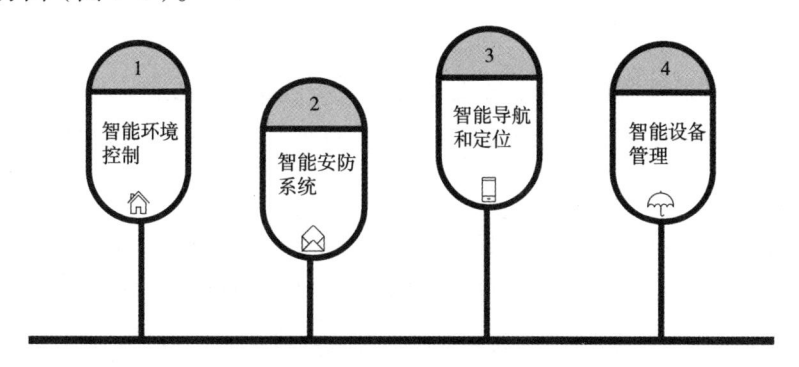

图 7-3 利用物联网技术实现图书馆设施的智能管理

1 智能环境控制
2 智能安防系统
3 智能导航和定位
4 智能设备管理

（一）智能环境控制

通过安装各种环境传感器，并将其与物联网连接起来，图书馆可以实现对环境条件的智能监控和调整，从而为读者创造一个舒适的阅读环境。

在图书馆中，温度、湿度和光照等因素对于读者的学习和研究起着重要的影响。通过温湿度传感器和光照传感器的监测，图书馆可以实时获取环境数据。这些数据可以被发送到中央控制系统，根据预设的标准范围进行分析和判断。当环境条件超出合理范围时，系统可以自动进行调节，以确保读者在一个舒适的环境中进行学习。例如，如果图书馆内的温度过高或过低，系统可以自动调节空调或供暖设备的温度设置。如果湿度超过了设定的范围，系统可以通过加湿或除湿装置来调整湿度水平。此外，通过智能灯光系统，可以根据光照传感器的反馈来自动调节灯光的亮度和色温，以提供适合阅读的光照条件。通过物联网技术实现智能环境控制，图书馆可以提供一个舒适、适宜的学习环境，为读者创造更好的学习体验。不仅如此，智能环境控制还可以帮助图书馆节约能源和资源，提高运营效率。例如，根据读者的使用情况和图书馆的开放时间，系统可以智能地管理设备的工作时间和能耗，避免能源的浪费。

（二）智能安防系统

通过将视频监控系统、入侵警报系统等连接到物联网，图书馆可以实时监控安全状况，及时发现和处理安全问题，保护图书馆资源和读者的安全。

通过物联网连接的视频监控系统，图书馆可以实时监控不同区域的活动情况。这些监控摄像头可以覆盖图书馆的不同区域，包括入口、阅览区、借还书处等。通过与物联网连接，监控摄像头可以将实时视频数据传输到中央监控系统，安全人员可以远程监视这些视频，并及时发现异常情况。入侵警报系统也可以与物联网连接，实现智能安全监测。通过物联网的技术，入侵警报传感器可以实时监测图书馆的安全状态，如门窗是否被破坏、有无非法闯入等。当警报传感器检测到异常事件时，它会立即发送警报信息到中央控制系统，同时触发相应的警报设备，如声音警报器或短信通知。通过物联网技术连接的视频监控系统和入侵警报系统的结合，图书馆可以实现全方位的安全监测。安全人员可以通过中央控制系统随时查看监控视频，对图书馆内的情况进行实时监控和管理。一旦发现异常情况，安全人员可以立即采用物联网技术，还可以与其他安全设备和系统集成，进一步提升图书馆的安全性。例如，通过与消防系统连接，图书馆可以实现火灾和烟雾的实时监测和报警。通过与门禁系统连接，可以实现对图书馆入口和特定区域的访问控制。

（三）智能导航和定位

通过利用物联网和定位技术，图书馆可以为读者提供精确的图书定位和导航服务，帮助读者快速找到需要的图书。

传统的图书馆中，由于图书数量庞大且分布在不同的书架上，读者在寻找特定图书时可能会花费较多的时间和精力。但是，利用物联网和定位技术，图书馆可以在每本图书上附上一个小型的定位设备，这样每本书都可以与物联网连接。当读者需要找到一本特定的图书时，他们可以使用图书馆提供的导航系统。通过在手机或终端设备上下载相应的应用程序，读者可以输入图书的信息或扫描图书上的条形码，导航系统就会根据图书的定位设备发送的信息，准确地指引读者到达所需图书的位置。在图书馆中，读者可以使用手机或终端设备上的地图功能，导航系统会在地图上显示读者所在的位置以及所需图书的位置。同时，导航系统也可以提供最佳的行走路径和指引，使读者能够快速、准确地找到需要的图书。通过智能导航和定位系统，图书馆可以提供更便捷的图书查找服务，节省读者的时间和精力。无论是学生还是经验丰富的教师，都可以轻松地利用这个系统找到所需的图书，提高了图书馆资源的利用效率。

（四）智能设备管理

通过将打印机、复印机、电脑等设备连接到物联网，图书馆可以实时监控设备的状态，并进行自动预测和处理设备故障，以保证服务的连续性。

传统的设备管理方式通常是依靠人工巡检和定期维护。然而，这种方式可能存在漏检和延误的情况，导致设备故障或停机时间增加，影响读者的使用体验。通过物联网技术，图书馆可以实现设备的远程监控和管理。通过将设备连接到物联网，设备可以与中央控制系统进行通信，并实时传输设备的状态信息，如工作状况、耗材剩余量、故障报告等。图书馆管理人员可以通过中央控制系统监控设备的运行状况，并及时处理问题。通过物联网技术，图书馆还可以实现对设备的自动化管理和维护。基于设备状态和使用情况的数据分析，智能系统可以预测设备故障的可能性，并提前采取相应的措施，如自动发送维修请求或替换耗材。这样可以减少设备停机时间，提高设备的可用性和读者的满意度。此外，物联网技术还可以实现设备的智能调度和能耗管理。通过分析设备的使用情况和读者的需求，智能系统可以优化设备的调度，提高设备的利用效率。同时，通过监测设备的能耗情况，图书馆可以采取措施减少能源的浪费，降低运行成本。

三、利用人工智能技术进行图书馆服务的个性化

通过人工智能的算法和模型，图书馆可以根据读者的偏好、兴趣和需求，提供定制化的服务，为每位读者提供个性化的阅读和学习体验。

人工智能技术可以利用大数据分析和机器学习算法对图书馆的资源、读者行为和阅读历史等数据进行深度挖掘和分析。通过对这些数据的处理，图书馆可以获取关于读者的偏好和兴趣的信息，并基于这些信息提供个性化的推荐服务。通过分析读者的阅读历史和检索记录，人工智能可以了解每个读者的阅读偏好和兴趣领域。基于这些信息，图书馆可以为读者推荐符合其兴趣的图书、期刊论文、数据库和其他资源。这种个性化的推荐服务可以提高读者的信息获取效率，让他们更容易找到自己感兴趣的内容。利用自然语言处理和机器学习技术，图书馆可以实现智能问答系统。读者可以通过与系统交互，提出问题并获取准确的答案。智能问答系统可以利用机器学习模型和知识图谱，从海量的图书馆数据中提取出最相关和准确的信息，满足读者的各种查询需求。人工智能技术还可以应用于图书馆的虚拟助手和聊天机器人。虚拟助手可以与读者进行实时的对话，解答各种问题，并提供相关的服务和建议。聊天机器人可以通过自然语言处理和对话生成技术，模拟人类的对话行为，为读者提供更加智能和互动的服务体验。

通过利用人工智能技术进行图书馆服务的个性化，图书馆可以提供更加智能、便捷和贴合读者需求的服务。个性化服务可以提高读者的满意度，增强他们对图书馆的黏性和忠诚度。同时，通过人工智能技术对读者行为和偏好的分析，图书馆还可以优化资源的采购和管理策略，提高资源的利用效率和质量。

四、利用区块链技术保障图书馆数字资源的安全

区块链技术以其去中心化、不可篡改和可追溯的特点，为图书馆提供了安全可靠的数字资源管理解决方案。以下详细论述利用区块链技术保障图书馆数字资源安全的几个方面（图7-4）。

图 7-4　利用区块链技术保障图书馆数字资源的安全

（一）去中心化的数据存储和共享

传统的数字资源存储方式依赖于中心化的数据库和机构的信任。这种中心化模式存在一些问题，如单一攻击点、数据篡改风险以及机构内部不端行为的可能性。而通过采用区块链技术，图书馆可以实现去中心化的数据存储和共享，从而提高数字资源的安全性和可信度。区块链技术的核心特点是分布式的数据存储和共识机制。它将交易数据按照时间顺序链接成区块，并通过哈希算法保证区块之间的链接，形成一个不可篡改的链式结构。每个节点都包含了完整的数据副本，并通过共识算法来保证数据的一致性和安全性。这种去中心化的数据存储和共享方式使数据更加安全，不易受到单一攻击点的影响。

（二）不可篡改的交易记录

区块链技术的不可篡改性和可追溯性使其成为保护数字资源交易记录的理想解决方案。通过将交易数据按照时间顺序连接成区块，并通过哈希算法保证区块之间的链接，区块链确保了数据的安全性和可信度。

在图书馆管理中，利用区块链技术记录数字资源的交易和使用记录具有多重优势。首先，区块链的不可篡改性保证了交易记录的真实性和完整性。每个交易都被记录在区块链中，并通过共识算法达成一致，这意味着任何人都无法篡改已经存储在区块链上的交易数据。这种安全性和可信度使图书馆能够确保数字资源的交易记录准确无误。区块链的可追溯性使数字资源的交易历史可以被追溯和审查。每个区块都包含了前一个区块的哈希值，形成了一个链式结构，因此整个交易链条可以被追溯。这为图书馆提供了一种透明的方式来验证数字资源的使用情况和交易记录。通过查看区块链中的交易历史，图书馆可以确认数字资源的借阅、归还和访问情况，确保资源使用的合法性和合规性。利用区块链技术记录数字资源的交易和使用记录还可以防止双重支付和重复借阅的问题。由于区块链的去中心化特性，每个节点都存储了相同的数据副本，并通过共识算法达成一致。这意味着当一个交易被确认后，其他节点就不会再次确认同一笔交易，避免了双重支付的可能性。类似地，在图书馆中，一本书的借阅和归还记录被写入区块链后，其他节点就能够验证这些记录，确保没有重复借阅或归还的情况发生。

（三）数字版权管理和授权

传统的版权管理方式依赖于合同和中心化的权威机构，容易出现版权纠纷和侵权行为。利用区块链技术，可以建立去中心化的数字版权管理系统，使数字资源的版权管理更加透明、安全和可信。

通过将版权信息和使用许可等相关数据存储在区块链上，图书馆可以确保版权的真实性和不可篡改性。每个数字资源都可以通过唯一的标识符在区块链上进行记录，包括版权持有者、使用许可、授权范围等信息。这样，任何人都可以通过区块链查询到该数字资源的版权信息，避免了侵权行为和版权纠纷的可能性。区块链的去中心化特性使版权管理更加公平和透明。没有单一的权威机构控制着版权信息，而是通过共识算法和网络中的节点达成一致。这种机制确保了版权信息的公正和不可篡改性，增强了数字资源版权的保护。区块链技术还可以提供智能合约功能，进一步增强数字版权管理的效能。智能合约是一种自动执行的合约，可以根据预设的规则和条件自动执行相应的操作。在数字版权管理中，智能合约可以用于自动授权、许可和支付等操作。例如，当用户购买数字资源时，智能合约可以自动执行支付和授权操作，确保版权持有者获得合理的报酬，并为用户提供合法的使用权。

（四）安全的数据传输和共享

传统的数据传输方式可能存在数据泄露、篡改和未经授权访问的风险。而利用区块链技术，图书馆可以建立加密的数据传输通道，确保数据的机密性和完整性。

区块链技术通过使用密码学算法对数据进行加密和签名，确保数据传输的安全性。每个交易都被记录在区块链上，并通过共识算法达成一致，防止篡改和伪造。同时，区块链的去中心化特性使数据共享更加安全。只有授权的节点才能访问和修改数据，其他节点无法篡改或窃取数据。图书馆可以利用区块链技术建立安全的数据传输和共享机制。数字资源的传输和共享可以通过智能合约进行控制和验证。智能合约是一种自动执行的合约，其中包含了预设的规则和条件。在数据传输和共享过程中，智能合约可以验证访问者的身份和权限，并确保数据只被授权的用户访问和使用。区块链技术还可以提供溯源功能，使数据的来源和传输路径可以被追溯。每个区块都包含了前一个区块的哈希值，形成了一个不可篡改的链式结构。通过查询区块链，图书馆可以追溯数据的传输历史，确保数据的可信度和完整性。

（五）去中心化的数字资产管理

数字资产管理是图书馆管理中的重要环节，包括数字图书、学术论文、研究数据等。利用区块链技术，可以实现去中心化的数字资产管理，确保数字资产的安全性和可追溯性。图书馆可以利用区块链为每个数字资产分配唯一的标识符，并将其记录在区块链上。这样，每个数字资产都具有不可篡改的身份和属性信息，可以追溯其来源和转移记录。通过智能合约，图书馆可以对数字资产进行授权访问和使用。只有满足特定条件的用户才能获得数字资产的访问权限，保护知识产权和防止盗版行为。区块链技术还可以解决数字资产的所有权问题。通过智能合约，可以将数字资产的所有权转移给其他用户，实现去中心化的数字资产交易。这为图书馆提供了更灵活和高效的数字资产管理方式，促进了数字资源的共享和流通。

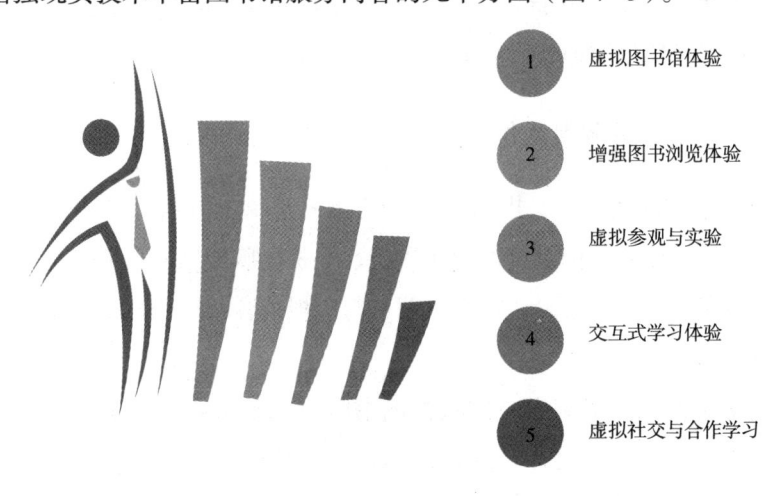

五、利用虚拟现实与增强现实技术丰富图书馆的服务内容

虚拟现实与增强现实技术为图书馆带来了全新的服务内容和用户体验。通过利用这些技术，图书馆可以提供更加丰富、多样化和互动性强的服务，满足读者不同的学习和知识获取需求。虚拟现实与增强现实技术的不断发展和应用将进一步推动图书馆的创新和发展。以下是利用虚拟现实与增强现实技术丰富图书馆服务内容的几个方面（图7-5）。

图7-5 利用虚拟现实与增强现实技术丰富图书馆的服务内容

1. 虚拟图书馆体验
2. 增强图书浏览体验
3. 虚拟参观与实验
4. 交互式学习体验
5. 虚拟社交与合作学习

（一）虚拟图书馆体验

通过虚拟现实技术，图书馆可以创造一个虚拟的图书馆环境，让读者能够在虚拟现实空间中进行图书馆浏览、图书搜索和资源访问。这种虚拟图书馆体验能够提供与实际图书馆类似的氛围和体验，使读者能够身临其境地感受到图书馆的魅力。

通过使用手柄或头戴设备等交互工具，读者可以在虚拟图书馆中自由地浏览书籍、查找资源、阅读摘要等。他们可以通过触摸、拖动和点击等动作进行交互，仿佛置身于真实的图书馆中。这种虚拟图书馆体验不受时间和空间的限制，读者可以随时随地享受图书馆的服务，无须亲自到图书馆现场。虚拟图书馆体验不仅可以提供便捷的访问和使用，还可以增加交互性和娱乐性。读者可以与虚拟图书馆馆员进行对话，获取图书馆的指引和建议。他们还可以参与虚拟的图书馆活动和社交互动，与其他读者分享阅读心得、参与学术研讨等。这种虚拟社交和合作学习的形式可以扩大读者的社交圈子，促进知识的共享与交流。虚拟图书馆体验也可以结合其他技术，如语音识别和自然语言处理，使读者可以通过语音指令与虚拟图书馆馆员进行交流和查询。这种自然的交互方式能够进一步提升用户体验，让读者更加便捷地获取所需的图书馆资源。

（二）增强图书浏览体验

通过增强现实技术，图书馆可以为读者提供一种与实体图书结合的增强图书浏览体验。读者可以使用手机、平板电脑或 AR 眼镜等设备，通过扫描图书封面或条形码，将实体图书与虚拟内容相结合，进一步丰富图书的信息和互动性。

当读者使用增强现实应用扫描图书封面或条形码时，设备上会显示相关的虚拟内容，如书评、摘要、推荐资源等。这些虚拟内容可以帮助读者更好地了解图书的内容和特点，提供更全面的信息供读者参考。例如，读者可以通过增强现实应用了解其他读者对该书的评价和推荐，或者浏览书中的重要章节摘要，以便更好地决定是否借阅该书。增强现实技术可以将虚拟内容与实体图书进行融合，使读者可以以全新的方式进行图书浏览和选择。通过扫描图书封面或条形码，读者可以立即获取相关的虚拟内容，无须额外的搜索和查询。这种实时获取的方式极大地提高了图书浏览的效率和便捷性，帮助读者更快地找到符合自己需求的图书。增强现实技术还可以提供更加互动和沉浸式的图书浏览体验。通过设备的触摸屏或手势操作，读者可以与虚拟内容进行交互，如查看更多书籍详情、添加书签、分享到社交媒体等。这种互动性的体验可以增加读者的参与感和乐趣，使他们更愿意探索和阅读更多的图书。

（三）虚拟参观与实验

虚拟现实技术为图书馆提供了虚拟参观和实验的机会，使读者能够通过虚拟现实设备参观那些远在他处的图书馆、博物馆、历史遗址等地方。通过虚拟现实技术，读者可以身临其境地探索这些地方的文化和知识，无须实际前往。这种虚拟参观的体验不仅拓宽了读者的视野，还为他们提供了更加便捷和灵活的学习机会。虚拟现实技术还可以模拟实验室环境，让读者在虚拟环境中进行科学实验和学习。通过虚拟实验室，读者可以进行各种实验，观察实验结果并进行分析。这种实践性的学习方式能够增强读者的实验技能和学科理解，使他们更好地应用所学知识。

（四）交互式学习体验

利用虚拟现实与增强现实技术，图书馆可以提供交互式学习体验。借助增强现实技术，图书馆可以为读者提供可交互的学习素材，如动态的图表、模型和实验示例。读者可以使用设备（如手机、平板电脑或 AR 眼镜)与虚拟内容进行互动,触摸、旋转和放大虚拟对象,以深入了解和掌握知识。这种交互式学习体验可以激发读者的学习兴趣和积极性,提供更加生动和多样化的学习方式。通过与虚拟内容的互动,读者可以更深入地理解抽象的概念,观察和探索实际场景,以及参与模拟的实践活动。这种身临其境的学习体验能够提高学习效果和记忆力,使学习更加具有趣味性和互动性。

(五)虚拟社交与合作学习

虚拟现实技术为图书馆提供了建立虚拟社交和合作学习平台的机会。通过虚拟现实技术,读者可以在虚拟空间中与其他读者和专家进行互动和讨论,共同探讨和分享阅读心得、参与学术研讨等活动。

虚拟社交与合作学习的平台可以为读者提供一个开放和多样化的交流空间。通过虚拟现实技术,读者可以在虚拟环境中创建个人化的虚拟形象,与其他读者进行实时互动和沟通。他们可以参与虚拟讨论组、学术会议、在线书籍俱乐部等,与其他读者分享阅读心得、提出问题、交流观点。这种虚拟社交的形式能够扩大读者的社交圈子,让他们结识来自不同地区、不同文化背景的读者,促进跨文化交流和理解。在虚拟社交与合作学习平台上,读者还可以与专家进行互动。图书馆可以邀请专家进行虚拟讲座、学术研讨会等活动,通过虚拟现实技术将专家与读者连接起来。读者可以通过虚拟环境与专家进行互动、提问、获取指导和反馈。这种与专家的互动和学术交流可以提高读者的学术素养和研究能力,激发他们的创造力和思维能力。虚拟社交与合作学习的平台还可以提供协作学习的机会。通过虚拟现实技术,图书馆可以创建虚拟项目组或学习小组,让读者共同参与研究项目、解决问题、合作撰写论文等。虚拟环境中的协作工具和互动功能可以促进成员之间的合作和协同工作,提高团队的效率和成果质量。

第三节　信息技术在高校图书馆管理中的具体应用

信息技术在高校图书馆管理中具有广泛的应用，这些应用使高校图书馆更加现代化、智能化和便利化，提供了更丰富的资源和更高效的服务。通过信息技术的支持，高校图书馆能够更好地满足用户的需求，促进学术研究和教学活动的发展，下面就其主要应用进行深入分析。

一、电子书库的建设与管理

随着信息技术的不断发展，尤其是大数据、云计算和人工智能等技术的应用，高校图书馆已经从传统的纸质图书馆向数字图书馆转变。在这个过程中，电子书库的建设与管理成为图书馆工作的重要组成部分。

电子书库的建设是一个涉及信息采集、信息处理、信息存储和信息服务等多个环节的复杂过程。首先，图书馆需要采集大量的电子书籍。这些电子书籍可以从各种出版社、数据库和网络平台获取，也可以通过扫描纸质图书得到。其次，图书馆需要处理这些电子书籍。包括进行格式转换、元数据标记、分类索引等。再次，图书馆需要存储这些电子书籍。这需要一种既可以保证数据安全，又可以支持大规模数据存储和高速数据访问的存储系统。最后，图书馆需要提供电子书籍的在线访问和下载服务。这需要一个用户友好、功能强大、性能优良的图书馆网站。在电子书库的建设过程中，信息技术发挥了至关重要的作用。例如，数据库技术可以帮助图书馆高效地管理大量的电子书籍；网络技术可以使图书馆提供24小时的在线服务；搜索引擎技术可以使用户快速地找到所需的电子书籍；人工智能技术可以提供个性化的推荐服务，帮助用户发现感兴趣的电子书籍。

电子书库的管理是一个长期、复杂的过程，涉及电子书籍的更新与维护、用户权限的管理、使用情况的统计分析和服务质量的提升等多个方面。电子书库的内容是动态的，需要定期更新。图书馆需要添加新的电子书籍，以满足用户对新知识的追求；需要删除过时的电子书籍，以保证电子书库的内容质量；需要修复损坏的电子书籍，以保证用户的阅读体验。这些工作都需要图书馆有一套有效的更新与维护流程，以及一支熟悉电子资源管理的专业团队。电子书库的资源是有价值的，还需要合理地管理用户权限。图书馆需要通过身份验证和访问控制技术，防止非法访问和滥用资源。例如，图书馆可以使用学校的统一身份认证系统，只允许学校的学生和教师访问电子书库；图书馆还可以设置资源的下载次数和访问次数的限制，防止资源被过度下载和访问。电子书库的使用情况是多样的，需要通过统计分析，了解用户的需求和行为。例如，图书馆可以使用数据挖掘和机器学习技术，分析用户的搜索历史和阅读历史，发现用户的兴趣和偏好；图书馆还可以通过用户问卷和用户访谈，了解用户的满意度和需求，以便优化服务。电子书库的服务质量是核心的，需要通过多种方式，不断提升。例如，图书馆可以通过用户调查，了解用户对电子书库的评价，发现服务的优点和不足；图书馆可以通过性能测试，了解电子书库的访问速度和稳定性，提升服务的性能；图书馆还可以通过竞争分析，了解其他图书馆的电子书库服务，借鉴优秀的经验和做法。

二、自动化图书借还系统的运营

利用信息技术，尤其是条码或 RFID 技术，高校图书馆可以实现自动化的图书借还系统。此系统极大地提高了图书馆的运行效率和准确性，并且减少了人工操作的工作量。

对于图书馆来说，最核心的是图书的借还服务。然而传统的借还方式往往需要图书馆馆员进行手动操作，耗费大量的时间和精力。随着信息技术的发展，自动化图书借还系统的出现，为解决这个问题提供了一个有效的解决方案。通过条码或 RFID 技术，每本图书都可以被唯一标识和跟踪。学生可以使用自助借还机器，或通过图书馆网站进行借还书操作，而不需要图书馆馆员的亲自介入。借还机器可以自动扫描图书条码，记录借书人和归还日期，并生成借书凭证。这种自动化系统，不仅提高了图书馆的工作效率，还提高了图书借还的准确性，并减少了图书馆馆员的工作负担。

自动化图书借还系统通过利用条码或 RFID 技术提高了借还流程的效率。条码或 RFID 标签附着在每一本图书上，包含有关图书的所有重要信息，如书名、作者、出版社和出版日期等。当学生使用自助借还机器或在线系统进行借还书操作时，系统可以快速读取图书的信息，减少了手动输入信息的时间。自动化图书借还系统提高了借还过程的准确性。系统可以自动记录借书人的信息和归还日期，并生成借书凭证。这样，就避免了人为记错信息的可能性。同时，当图书超期未还或丢失时，系统可以及时发出提醒，帮助图书馆和学生更好地管理图书。自动化图书借还系统减少了人工操作的工作量。传统的借还方式需要图书馆馆员参与每一个环节，从检查图书，记录借阅信息，到打印借书凭证。然而，有了自动化系统，大部分流程可以自动完成，图书馆馆员可以有更多的时间处理更复杂的请求。

三、多媒体资源的管理与服务

（一）多媒体资源的收集与管理

在当前信息化社会，以文本为主的资源已经无法满足高校学生和教师日益增长的需求。相比传统的文本资源，多媒体资源以其形式多样、生动直观的特性越来越受到用户的欢迎。因此，图书馆的资源收集和管理工作，也从原先以文本资源为主，转变为多元化的资源管理，其中最重要的便是多媒体资源的收集与管理。

多媒体资源包括各种形式的音频、视频、图片等学习资源。这些资源内容丰富，形式多样，包括了各种课程讲座、实验演示、电影纪录片、艺术作品等。由于其生动、直观的特性，多媒体资源在教学和学习中具有很高的使用价值。然而，多媒体资源管理和传统的文本资源管理相比，存在着很多新的挑战和问题。这就需要图书馆建立一个有效的多媒体资源数据库，系统地存储、管理和提供这些资源。图书馆首先需要进行系统的资源收集工作。在资源收集过程中，图书馆应综合考虑学校的教学和研究需求，收集涵盖各学科领域的多媒体资源。此外，图书馆还需要与各种资源提供方建立长期的合作关系，定期更新和补充新的资源。图书馆还要建立专门的数据库系统，用于存储和管理多媒体资源。这个数据库系统应具有强大的存储能力和高效的数据处理能力，能够支持大量用户同时访问。同时，图书馆还需要设计合理的数据结构，方便用户检索和访问资源。图书馆还要提供方便的检索和访问服务。由于多媒体资源的内容和形式丰富多样，传统的文本检索方式往往无法满足用户的需求。因此，图书馆需要提供多种检索方式，如分类检索、关键词检索、全文检索等。同时，图书馆还需要提供在线预览和下载等服务，方便用户随时随地使用资源。

（二）多媒体资源的访问与使用

在信息技术的支持下，学生和教师可以通过网络随时随地访问图书馆的多媒体资源，进行学习和研究。为了方便用户访问和使用多媒体资源，图书馆需要提供一个用户友好的网络平台。这个平台应支持各种操作系统和设备，提供清晰直观的界面，易于操作。用户可以在这个平台上搜索、预览和下载多媒体资源，满足各种学习和研究需求。在多媒体资源的使用方面，图书馆还需要提供相关的设备和软件支持。例如，图书馆可以提供多媒体播放设备，如计算机、投影仪、音响等，以满足用户现场播放多媒体资源的需求。此外，图书馆还可以提供多媒体编辑软件，支持用户编辑和制作多媒体内容，如制作课程报告、参加设计比赛等。

（三）多媒体资源的服务与推广

图书馆除了要提供多媒体资源，还需要对这些资源进行适当的服务和推广，以增加资源的使用率，并提升用户的满意度。这些服务和推广活动通常需要结合具体的用户需求和图书馆自身的条件进行设计和实施。例如，图书馆可以定期举办多媒体资源的展示和分享活动。通过展示活动，图书馆可以向用户展示最新收入的、最受欢迎的多媒体资源，引导用户发现和使用这些资源。通过分享活动，图书馆可以鼓励用户分享自己在学习、研究或者娱乐过程中发现的优质多媒体资源，增加用户的参与度和活跃度。图书馆还可以开展多媒体技能的培训课程。随着信息技术的发展，越来越多的用户开始自己创作多媒体内容。然而，许多用户由于缺乏相关技能和经验，无法制作出满意的作品。因此，图书馆可以通过培训课程，教授用户如何使用多媒体编辑软件，如何设计和制作多媒体内容，帮助用户提高使用和创作多媒体资源的能力。

（四）多媒体资源的互动与交流

信息技术还可以帮助图书馆建立一个在线的互动和交流平台，增强用户之间以及用户与图书馆之间的互动交流。例如，图书馆可以提供在线视频会议和远程培训的服务。通过在线视频会议，图书馆可以邀请知名专家进行在线讲座，分享他们的最新研究成果和经验心得，使用户无须出门就可以获得高质量的学习资源。通过远程培训，图书馆可以提供各种技能训练和学术研讨的机会，帮助用户提升自己的能力和素质。此外，图书馆还可以通过在线交流平台，鼓励用户之间的交流和分享。例如，图书馆可以设置在线讨论区，鼓励用户在使用多媒体资源的过程中，分享自己的学习心得和研究成果，讨论相关的问题和话题，形成一个健康活跃的学术社区。

通过以上的服务和活动，图书馆不仅可以提供多媒体资源，还可以提供多元化的学习体验，满足用户的各种需求，提升用户的满意度。

参考文献

[1] 胡赛.高校图书馆管理与创新实践[M].沈阳：万卷出版有限责任公司，2022.

[2] 王秀琴，郑芙玉.高校图书馆管理创新研究[M].长春：吉林人民出版社，2021.

[3] 陈长英.高校图书馆创新建设与管理[M].长春：吉林出版集团股份有限公司，2021.

[4] 王欢.高校图书馆信息资源建设与实践[M].长春：吉林大学出版社，2022.

[5] 谢薛芬.浅谈高校图书馆工作[M].杭州：浙江工商大学出版社，2018.

[6] 焦青.高校图书馆文化建设研究[M].北京：中国商务出版社，2019.

[7] 李春溪.高校图书馆文献信息检索探究[M].重庆：重庆大学出版社，2021.

[8] 朱毅曼，陈莹作.高校图书馆信息资源管理与建设研究[M].长春：吉林人民出版社，2021.

[9] 李颖.高校图书馆信息服务与大数据思维研究[M].长春：吉林出版集团股份有限公司，2022.

[10] 刘华.高校图书馆管理创新策略[J].国际公关,2022(15):92-94.

[11] 关耀华.分析高校图书馆的管理与实践[J].速读(上旬),2021(15):151-152.

[12] 罗新桦.浅谈高校图书馆管理[J].魅力中国,2019(47):213.

[13] 宋斌琴.高校图书馆管理创新策略探究[J].文化产业,2022(17):111-113.

[14] 段晓莉.高校图书馆管理的信息化实践研究[J].信息记录材料,2022,23(2):26-28.

[15] 何会.新时期高校图书馆管理工作创新[J].中国科技期刊数据库科研,2022(1):23-26.

[16] 熊淑英.高校图书馆管理创新策略探析[J].好日子,2021(26):33.

[17] 吴越,熊淑英.论高校图书馆管理体制改革措施[J].好日子,2021(26):32.

[18] 栾彤彤.高校图书馆管理工作的创新路径探究[J].卷宗,2021,11(20):202.

[19] 曲莉.信息时代高校图书馆管理模式研究[J].中外企业家,2021(18):105.

[20] 燕雪霜.新形势下高校图书馆管理创新[J].卷宗,2021,11(20):213.

[21] 斯琴图雅,史学飞.新时期高校图书馆管理服务与创新[J].百科论坛电子杂志,2021(17):1436.

[22] 祝汉宇.高校图书馆管理工作的问题与对策探究[J].卷宗,2021,11(16):183.

[23] 赵倩.高校图书馆管理工作的创新路径探究[J].百科论坛电子杂志,2021(13):1007.

[24] 赵凤林.浅谈高校图书馆管理人员的素质与培养[J].文渊(小学版),2021(10):1962-1963,2004.

[25] 刘明芳.高校图书馆管理工作的创新路径分析[J].采写编,2021(9):187-188.

［26］李莉. 结合人本思想的高校图书馆管理创新［J］. 文渊（高中版），2021（6）：2264.

［27］马扬眉. 高校图书馆管理现状及改进建议［J］. 环渤海经济瞭望，2021（7）：159-160.

［28］张园园，周军. 高校图书馆管理中大数据的应用研究［J］. 乡镇企业导报，2021（5）：157-158.

［29］王瑞珍. 高校图书馆管理育人实践平台的思考——以河南师范大学图书馆为例［J］. 河南图书馆学刊，2021，41（5）：59-62，66.

［30］李献香. 大数据助力高校图书馆管理创新［J］. 文教资料，2021（5）：41-42.

［31］高峰. 基于知识服务的高校图书馆管理研究［J］. 神州，2021（4）：293-294.

［32］鞠海燕，俞海平，朱爱兵. 浅析高校图书馆管理创新［J］. 办公室业务，2019（17）：174-175.

［33］韩民生. "互联网+"时代的高校图书馆管理与创新［J］. 中文科技期刊数据库（全文版）社会科学，2021（4）：217.

［34］宋福云. 以人为本：高校图书馆管理创新研究［J］. 情感读本，2023（14）：134-136.

［35］奚志红. 基于数据挖掘的高校图书馆管理创新研究［J］. 区域治理，2023（5）：291-294.

［36］赵凤林. 论述数字化模式下的高校图书馆管理［J］. 中文科技期刊数据库（全文版）社会科学，2023（4）：1-4.

［37］王艳凤. "互联网+"时代高校图书馆管理与服务的创新策略研究［J］. 高等继续教育学报，2023，36（2）：76-80.

［38］毕冠群. 信息时代高校图书馆管理创新的建议［J］. 管理观察，2020（21）：118-119.

［39］马景玲. 信息时代下高校图书馆管理模式创新研究［J］. 文化产业，2022（33）：97-99.

[40] 苗壮之.基于物流网技术下的高校图书馆管理研究[J].知识经济,2022（30）:99-101.

[41] 孙凌云.高校图书馆管理中的阅读推广体系建设研究[J].文化产业,2022（29）:84-86.

[42] 高凯.高校图书馆管理工作与校园文化建设研究[J].时代报告,2022(26):110-112.

[43] 任利静.科学发展观下的高校图书馆管理与服务创新分析[J].商情,2022（52）:88-90.

[44] 苗壮之.基于物流网技术下的高校图书馆管理研究[J].知识经济,2022,622（20）:99-101.

[45] 刘莎.探析高校图书馆管理现状及模式变革[J].科技创新导报,2020(4):162,166.

[46] 段珍珍.新形势下高校图书馆管理工作优化探析[J].区域治理,2022(19):217-220.

[47] 周卫.高校图书馆管理人员素质提升影响因素分析[J].黑龙江人力资源和社会保障,2022（14）:119-121.

[48] 罗佳.探究信息时代高校图书馆管理模式[J].中国管理信息化,2020,23（2）:174-175.

[49] 谭艳阳.大数据在高校图书馆管理及服务中的应用[J].世纪之星—交流版,2022（35）:163-165.

[50] 赵建凤.推进高校图书馆管理模式创新的有效策略[J].世纪之星—交流版,2022（6）:153-155.

[51] 张美莉.微信服务在高校图书馆管理工作中的运用[J].内蒙古科技与经济,2022（21）:146-147,149.

[52] 郭华.浅谈如何提升高校图书馆管理服务质量[J].智库时代,2022（5）:45-48.

[53] 胡红霞.大数据在高校图书馆管理及服务中的应用[J].世纪之星（高中版）,2022（6）:196-198.

[54] 曲歌."互联网"环境下高校图书馆管理工作革新路径探究[J].东西南北,2022(16):97-99.

[55] 刘秋萍.新时期高校图书馆管理与服务模式探析[J].知识经济,2022,596(3):114-116.

[56] 李远秀.新形势下我国高校图书馆管理优化措施研究[J].造纸装备及材料,2022,51(2):195-197.

[57] 李远秀.基于以人为本理念的高校图书馆管理创新研究[J].造纸装备及材料,2022,51(12):191-193.

[58] 赵凤林.论激励机制在高校图书馆管理中的运用[J].中文科技期刊数据库(全文版)社会科学,2022(2):208-211.

[59] 赵婷.信息化背景下高校图书馆管理模式创新路径[J].中文科技期刊数据库(全文版)社会科学,2022(1):40-42.

[60] 祖丽菲亚·艾毕布拉.新形势下高校图书馆管理模式改革创新路径[J].中文科技期刊数据库(全文版)社会科学,2022(1):38-41.

[61] 刘芳,杨红莉.论高校图书馆管理人员的素质要求[J].魅力中国,2019(49):15.

[62] 南春娟."互联网+"环境下高校图书馆管理工作变革探究[J].商情,2021(52):67-69.

[63] 刘继荣.如何创新优化高校图书馆管理工作[J].卷宗,2019,9(33):99.

[64] 茹艺.互联网+时代高校图书馆管理与服务的创新[J].才智,2019(27):237.

[65] 张爱球.基于数字背景的高校图书馆管理创新分析[J].速读(上旬),2021(35):129-131.

[66] 王朝鲁.人本管理理念在高校图书馆管理工作中的融入[J].长江丛刊,2021(35):92-93.

[67] 左合拉·阿布列孜,祖拜德·艾乃土拉.浅谈高校图书馆管理员服务质量的有效提升[J].科学咨询,2021(26):88.

［68］苗菁华. 高校图书馆管理中对大数据的应用前景[J]. 卷宗, 2021, 11(25): 179-180.

［69］金明. 高校图书馆管理工作信息化建设路径[J]. 商品与质量, 2021(22): 15.

［70］王平. 大数据在高校图书馆管理及服务中的应用[J]. 科技与创新, 2021(23): 130-131.